荆楚文庫

〔道光〕襄陽必告録

〔清〕周凱撰

〔光緒〕湖北宜城縣鄉土志

〔清〕楊文勛修 〔清〕望炳麟纂

〔民國〕黄陂縣鄉土志

佚名修纂

〔民國〕棗陽縣鄉土志

馬伯援編

荆楚文庫編纂出版委員會
湖北人民出版社

荊楚文庫

〔道光〕襄陽必告録
DAOGUANG XIANGYANG BIGAOLU

〔光緒〕湖北宜城縣鄉土志
GUANGXU HUBEI YICHENGXIAN XIANGTUZHI

〔民國〕黄陂縣鄉土志
MINGUO HUANGPIXIAN XIANGTUZHI

〔民國〕棗陽縣鄉土志
MINGUO ZAOYANGXIAN XIANGTUZHI

圖書在版編目（CIP）數據

〔道光〕襄陽必告録 /〔清〕周凱撰．〔光緒〕湖北宜城縣鄉土志 /〔清〕楊文勛修；〔清〕望炳麟纂．〔民國〕黄陂縣鄉土志 / 佚名修纂．〔民國〕棗陽縣鄉土志 / 馬伯援編．
武漢：湖北人民出版社，2024.11.
ISBN 978-7-216-10917-8
Ⅰ．K296.3
中國國家版本館 CIP 數據核字第 202486E38D 號

責任編輯：陳　典
整體設計：范漢成　曾顯惠　思　蒙
美術編輯：董　昀
責任校對：范承勇
責任印製：肖迎軍
出版發行：湖北人民出版社（中國·武漢）
地址：武漢市雄楚大道 268 號
電話：(027)87679656　郵政編碼：430070
録排：武漢鑫偉創圖文設計有限公司
印刷：湖北新華印務有限公司
開本：787mm×1092mm　1/16
印張：25.75
字數：356 千字
版次：2024 年 11 月第 1 版　2024 年 11 月第 1 次印刷
定價：148.00 元

ISBN 978-7-216-10917-8
9 787216 109178 >

出版説明

湖北乃九省通衢，北學南學交會融通之地，文明昌盛，歷代文獻豐厚。守望傳統，編纂荆楚文獻，湖北淵源有自。清同治年間設立官書局，以整理鄉邦文獻爲旨趣。光緒年間張之洞督鄂後，以崇文書局推進典籍集成，湖北鄉賢身體力行之，編纂《湖北文徵》，集元明清三代湖北先哲遺作，收兩千七百餘作者文八千餘篇，洋洋六百萬言。盧氏兄弟輯録湖北先賢之作而成《湖北先正遺書》。至當代，武漢多所大學、圖書館在鄉邦典籍整理方面亦多所用力。爲傳承和弘揚優秀傳統文化，湖北省委、省政府决定編纂大型歷史文獻叢書《荆楚文庫》。

《荆楚文庫》以『搶救、保護、整理、出版』湖北文獻爲宗旨，分三編集藏。

甲、文獻編。收録歷代鄂籍人士著述，長期寓居湖北人士著述，省外人士探究湖北著述。包括傳世文獻、出土文獻和民間文獻。

乙、方志編。收録歷代省志、府縣志等。

丙、研究編。收録今人研究評述荆楚人物、史地、風物的學術著作和工具書及圖册。

文獻編、方志編録籍以一九四九年爲下限。

研究編簡體横排，文獻編繁體横排，方志編影印或點校出版。

《荆楚文庫》編纂出版委員會

二〇一五年十一月

總目録

荊楚文庫

〔道光〕襄陽必告録

〔清〕周凱 撰

《荆楚文庫·方志編》編纂組

組　　長：賀定安　陽海清（執行）

副 組 長：劉傑民（執行）　王　濤　謝春枝　范志毅（執行）

參編人員（以姓氏筆畫爲序）：

王　濤　李云超　宋澤宇　范志毅　馬盛南　柳　巍　陳建勛

梅　琳　張文静　張雅俐　陽海清　彭余焕　彭筱溦　賀定安

楊　萍　楊愛華　雷　静　劉傑民　謝春枝

編　　審：周　榮

顧　　問：沈乃文　李國慶　吴　格

前言

《（道光）襄陽必告録》七卷，清周凱撰。清道光六年（一八二六）修，抄本。

周凱，字仲禮，號芸皋，浙江富陽人。爲清代嘉慶、道光間名臣，在鄂北、閩南政績卓著，工詩文擅畫。著有《内自訟齋文鈔》《内自訟齋詩鈔》《厦門志》《金門志》《襄陽詩集》等，惜部分已失傳。

道光三年（一八二三），周凱出任襄陽知府，『凡六縣一州，民情俗尚，事無巨細，地無遠近，耳有所聞，目有所見，無不筆之於書。又復采訪輿情，咨諏父老，求時事之廢興，考前人之因革，積累成帙，名曰《襄陽雜識》』。道光六年，周凱擢升漢黄德道，將離襄陽就任他所，心念斯地事未成者，因取卷中親身經歷之尤關治理者，另爲一書，曰《襄陽必告録》，貽後官是邑者，厚望於斯域治理有所裨益。

是志有目録，分七門。卷一曰地理圖説，卷二曰閤郡風俗，卷三曰七屬情形，卷四曰錢糧倉儲，卷五曰隄防水利，卷六曰治理大要，卷七曰經費襍欵、挑濬襄水故道畧節、道光四年地方情形禀稿、各前憲詳請。是志前五卷周凱站在地方官立場上概述襄陽府及其屬縣基本情况，此五卷亦可作本邑常識，卷六、卷七適當列舉内容。《稀見地方志提要》著録是志：『按此書似鄉土志，有謂西方學校有鄉土教科書而仿其例，蓋吾國亦自有由來矣。』是本抄録工整，半頁十行，行二十一字，有字跡漫漶現象。

兹據上海圖書館藏抄本影印。（楊愛華）

目録

襄陽必告録

一本

襄陽必告録序

桂林陳文恭公曰處一地臨一事必就其地其事悉心
講求以期稍有裨益又曰一介之士存心利物於物必
有所濟况堂堂百里侯哉三復斯語未嘗不喟然興嘆
也吾人讀書半生以期有用於世患不得尺寸之柄耳
一旦奉
天子命為知縣為知州為知府則其地其事悉宜知之
而於民為最親事權所屬痛癢攸關興利除弊之謂何
不悉心講求而能有所裨益耶余守襄四載自維於其
地其事無絲毫裨益然惴惴焉不自暇逸者心有難已

也夫無所裨益才識之陋不自暇逸講求之般凡六縣一州民情俗尚事無鉅細大無遺遠近耳目所聞巨有耶見無不筆之於書又復採訪輿情諮諏父老求時事之廢興考前人之因革積累成帙名曰襄陽襍識嘗與諸牧令時相討論時相勸勉且曰惟虛心者能實心蓋事不厭講求也惜力有未逮心竊恧焉今蒙

聖恩擢為漢黄德道行將去襄陽矣而其地其事之欲為而未及為者於心常戚戚也因取卷中之尤切治理與身所閱歷者別為一卷曰襄陽必告録以貽後之官斯土者哉

國家澄敘官方賢才輩出後來者才識之勝余奚啻十倍裨益於其地其事者又奚啻百倍余所講求而筆之書者何足存亦何足告告亦不詳惟此區區之心殊難自已爾然問途已經賢者不恥或者其小有補於十一乎濟與不濟未可知也願後之君子採其可取匡其不及實所厚望焉因事涉案牘理取易明故不文其詞

道光六年九月襄陽府知府陞任漢黃德道周凱序

襄陽必告録目録

襄陽必告録卷一

地理圖説

襄陽居全楚上游東瞰吳越西控川陝南蔽荊衡北接宛洛為全楚之重鎮實天下之襟喉也漢名郡隸荊州部唐名州初隸山南道後隸山南東道宋宣和中名府迄前明成化間分置鄖陽始領州一縣六國朝因之以襄陽為附郭首縣檀溪帶其西峴首亘其南漢水環縈樊城對峙天然之形勢也府東南曰宜城界襄郢之間土地平衍為襄陽門戶其西南曰南漳東臨漳水北接荊山蓋羅與盧戎舊境其正東曰棗陽前

縈白水後阻唐河實襄陽之外屏其西北曰穀城曰光化穀城固與荊襄為脣齒而光化北據鄧淅西循梁益負崇山之固憑漢水之險為襄陽上流屏蔽則光化較穀城尤重也均州又在光穀西北通荊衡之大衢據關陝之要路尤為襄陽上流扼勝之區襄陽憑臨漢水棗陽光化在漢北餘皆在漢南其分疆則南均穀為最大南漳廣袤週八百五十五里均州週八百四十里穀城週六百九十里然其中多山以平地計之亦不甚懸襄棗週各四百六十五里宜城週三百六十七里光化週三百六十里光化昔為光化軍分穀城之餘宜城名最

古分縣為三故與光化最小郡之得名以在襄水之陽襄水昔與漢通明萬歷三年老龍隄合遂與檀溪諸流俱微禹貢嶓冢道漾東流為漢其源自漢中歷鄖陽東流入均口即今均州始入襄陽境又東會均水丹水入光化經穀城會筑水粉水東南行入襄陽南行入宜城自是下經安陸至漢陽大別入江為漢口而襄陽之唐北二河南漳之沮漳棗陽之白水瀴濜無不合流於漢襄郡之名漢川實合一州六縣憑漢水以為池者也故水當以漢為主至襄陽之山當以南漳之荊山為主禹貢荊及衡陽惟荊州蔡註荊山名荊河惟豫州註荊荊

山又導嶓冢至於荊山皆是也蔡註南條荊山地志云在南郡臨沮今襄陽南漳是舊志以郡之華山爲主山考萬山與紫蓋峴首爲三峴晉以後名始著或又以萬山發原於均州之太和當以太和爲主山考太和本名參山又名武當山至前明始名太和成祖永樂稱太嶽世宗嘉靖稱元嶽而武當之名乃大著其不得爲襄陽主山明矣然則山以荊爲主猶水之以漢爲主漢水縈帶荊豫而荊山實橫控荊楚左傳所謂荊山九州之險是也其道路水則溯漢而上達陝西順漢而下達三江四川雲貴廣東西由均光交界之小河通龍駒寨抵

山西襄陽之唐河北河通河南鍾宜交界之沮水通南漳東陽之白水通漢餘皆不可舟楫陸則北通河南之新野唐縣鄧州內鄉淅川東北通河南桐柏正西與西北皆通鄖陽南通安陸東南通隨州其間道河南自東陽徑通安陸漢岑彭潛兵渡沔水破張楊於阿頭山從川谷間伐木開道襲黎邱者是也又鄧州入光化經南漳由當陽可入蜀當陽漢麥城也道路錯襍山川險要自古守楚者必以襄陽為重無襄陽則荊州不足恃矣夫襄陽有山水之固土田之廣天下無事為八達之區有事為兵交之衝楚之興也以滅鄖子而得襄陽其亡

也以獻上庸於秦而失襄陽漢之劉表據襄陽而八郡可定曹操當赤壁之後命樂進守襄陽終吳蜀之世卒不能制魏而魏之能制吳蜀者襄陽也晉之謀吳先在鎮襄陽符秦之窺晉必重兵陷襄陽其後梁之篡齊隋之滅陳唐之滅蕭銑皆首事襄陽南宋初立一時將相力圖恢復者皆曰襄陽襟喉地也元之侵宋誓必攻襄陽蓋襄陽扼全楚之要而天下安危之所繫也明初太祖詔常開平王遇春亦以襄陽為古必爭之地繼命衛國公鄧愈鎮之遂因舊址築城至崇禎間張李之亂襄城僇藩論者以為自古盜賊之禍未有甚於前明而玩

視襄陽亦未甚於前明者蓋未審強弱之勢也我
聖朝深仁厚澤久道化成恩威交濟邪說不行士樂詩
書民安畎畝其俗蒸蒸日上而樊城漢水商旅輻輳舟
車絡繹古所云不持寸兵而可行萬里者其此之時歟
其此之時歟然地瘠而民貧性剛而俗勁富而後教安
不忘危自在守土者承流宣化也夫

襄陽必告録卷二

閤郡風俗

襄陽為天下咽喉古来必争之地漢水天府以限南北自漢晉以来歴代用兵宋元之交尤甚明季張李二賊蹂躪最久

國朝嘉慶初年復有邪匪滋事故民情輕生好鬥剽悍性成其村落皆曰營曰寨自為團練蓋相沿已久也余謂治襄陽者不患民之無勇而患民不知方耳

襄陽古稱文物藪漢晉以降代有聞人習鑿齒著有耆舊傳地有冠蓋里郡城南門内舊有四坊曰德業風聲

文教政澤上鑴元以前名宦鄉賢姓氏後燬於火至明
萬歷後文風稍衰土人謂由長門老龍二隄合而為一
襄水檀溪俱涸之故此堪輿家言也其實因屢遭兵燹
書籍焚燒殆盡士人狃於俗學所致守土者振興文教
是襄陽第一要事

襄郡風俗最儉士人皆衣布間有衣裘帛者乃富家仕
族及商賈也士人與之並處不以為意有縕袍不恥之
風

其紳士多耆舊遺意府縣下鄉皆出迎送偶以地方公
事来謁言不及私慕義樂善勇於急公如襄陽之改築

校士館設義學治道路修城垣施地畝入書院光化之設義塚救生船棗陽穀城南漳宜城之修學宮書院城垣皆由紳士捐辦似較他郡踴躍從事雖其中亦有以意相干者宓子賤所謂陽鱎也為地方官者宜自察之其鄉里愚民尚義氣重然諾故糾人相鬥既許其人不顧親戚每相殺傷紳士素為鄉里所重者尚聽其言爭鬥可為解勸

襄郡地近河南但知種麥及高粱黍稷穄梁其種稻秫者棗陽南漳穀城山坳有水之區統計十不及二三又地多砂磧居民畧加耕耨即行播種水旱聽之於天其

地畝又無丈尺田塍爲界錢糧甚輕官有上中下三則之科小民有金銀銅鐵錫之分又有岡地洲地之別合計地丁錢糧正耗每畝上地不過制錢八文中地六文下地四文納糧一畝地大數畝田地買賣以糧少地多者價昂地與糧不相上下者次之每遇控爭地畝勘丈不可施弓若丈量則兩造皆有餘地洲地尤甚雖較之江浙之地肥瘠迥殊然亦由於民不知耕故也故雖滿山開墾其收成甚薄

襄郡尤多軍屯其地更不可以丈尺計現在屯地半歸於民屯務運務殊多掣肘何也蓋當日軍户指地爲屯

皆膏腴之産完糧三畝其地不知畝數亦有洲地毗連淤生者皆指為軍屯後來軍戶疲乏將屯地割典於民人軍屯日削而糧額猶是民家復以他糧影射輾轉典賣界址混淆日久軍戶子孫亦不知其屯地在何處其地宜若干若以糧計畝尚屬三五倍控官追比亦僅能治其有憑據者襄郡地畝之寬大由於軍屯故也

襄屬沿江地畝淤塌不一纔報坍塌又復淤生纔請陞科又復崩塌故民多留糧待淤及隔江對補影射之案

襄俗服制不知斬衰齊衰大功小功緦麻之别但以白布纏頭而已子為父服孫為祖服婿為舅服皆如是更

可異者白布纏頭居然公行街市買賣鋪戶聽其出入不以為忌甚至親友有喜慶事彼亦白布纏頭赴之公然行禮坐席五禮不分故喪制輕於緦麻始服袒免音紊以布廣一寸從項中而前交於額又却向後而繞於髻謂之免服臨喪葬用之尺布纏頭不成服也其布廣僅一尺今襄陽人以丈許之布為之不必臨喪葬無時不纏之於頭冬則更多間有首纏白布身衣吉色者問之則曰有服問何服則服舅母姑夫姨父等無服之服亦如是見官從不知避余痛恨之出示開導見則必懲稍知避匿而不能改況襄陽邪匪滋事當時皆服此服服

之不束身之災嘗謂爾民深受邪匪之害何故猶復效之當謹遵

國朝定制守土者不可以風俗相沿聽其自然蓋此中所關非細故也

其俗重武而不重文西北一帶有力之家往往設武學堂教習鎗棒延師不惜重聘或至三四百金而延教讀師不過數十金皆取武漢醫卜星相遊食之民為之問其故曰書足記姓名而已武藝可以保身家其識見之謬如是

士人知讀書者絕少余嘗兩按郡試童子中筆氣軒翥

清暢者甚有而無書卷且多夾帶其夾帶之文即其父師窓課已甚不通矣蓋襄郡歲科並考額進有定數文理稍順者不能不取以備額故童子入學鮮有誦五經者左國史漢文選綱鑑等書概未之見讀一二經即令誦時文而時文又取其所謂秘本窓課者讀之為其便於記憶抄襲也學使按臨徼倖入學彼即謀為人師復以其所受教於師者教人師以是傳之弟父以是傳之子子以是傳之孫文風焉有不江河日下者乎余嘗集書院諸生謂之曰爾等可謂讀文不可謂讀書經史子集皆書也如能讀書為文自佳近如襄陽左生聖希能

讀漢書曾生述先能讀八家文崔生淦能為六朝駢體宜城龔生鯤颿周生仁壽能通史鑑光化趙生震鏞焦生學涵及單孝廉兄弟皆知績學洵美材也後之君子倘以此論為然再為提倡數年之後或可挽其積習

襄陽一郡絶少藏書家每逢學使按臨書客隨棚而至其所買者新出考卷近人所刻制藝及學堂書而已未聞有買註疏及他書者以為無用也

新生從不知有入學游泮之事一經考畢武生之有家者乘馬披紅而去經過鄉里親友為之放爆竹文生則一肩行李寂寞自歸學師贄敬十許九空每逢控案學

中門斗不能傳喚宜飭所屬行送入學之典俾知師生之誼況釋奠釋菜其禮最古守土者力宜行之

襄陽闔郡士子赴鄉試者不過十餘人近年中式惟單孝廉懋謙一人而已推原其故半因考費無出半因獲售者少自存無益之心遂相退葸余既加課書院復行賓興之禮爲之勸駕捐廉助以卷費考費又歌詩以送之先期出示曉諭七屬士子躍然興起竟多至百餘人賓興之禮照程月川先生在惠州府章程辦理案存禮房偹查又慮後来赴試者衆則資送愈難因撥黄龍寺田捐入書院者八十餘畝爲鄉試考費之用每年可得

租銀七八十兩三年可得二百餘兩願後之君子無廢賓興之典云

襄陽武試中式者多文試中式者少固由文藝不敵武漢黄三府亦由謄録稍遲獲薦在後每以中額已滿後場微遜見遺余思爲襄鄖施三府另立一字號如直隸之奉天承德湖南之鳳凰鎮筸而未能也常勸士子讀書加意後場工夫

襄俗婦女能矢柏舟之操者惟詩書仕族家有之余每飭所屬教官訪查貞節急爲詳請旌表以正風俗其鄉曲愚民再醮三醮恬不爲怪凡遇

孀寡無不改適閒有家道殷實情願守節者親族亦強為主婚甚至逼嫁強嫁不一而足再可笑者村夫俗子娶婦反重再醮而輕處女謂再醮婦能持家也余初守襄陽見呈詞内有稱王王氏趙趙氏者甚異之詢之皆再醮婦其俗以娶再醮婦可不計及母家之姓母再醮子美其名曰下堂母同母異父兄弟相稱為陽山兄弟亦時相往来既已歷嫁數夫矣後夫又死復就其前夫之子具呈猶稱矢志守節撫孤婦人已生子女猶被拐逃控告三五年關提到案輾轉從人又生子女前夫情願領回團聚余嘗訊此案一士人亦如此再三開導斥

其不知廉耻士人伏地叩頭泣求完聚其婦又復鳩形鵠面醜潑不堪視之真不可解初以為此地屢經烽火干戈擾攘之際但得破鏡重圓足矣遂致相沿成習固結不可解既而思之不然蓋襄郡婦女無以自養間或有操農作者不知蠶桑耕織之事故遇貧苦不能自存即思改嫁余嘗出示勸民栽桑並為文三篇詩二十四首備述種桑飼蠶法名曰種桑詩說反覆開導謂婦人有以自養乃能自守惜樹木之計十年小民不知其利未能徧栽而蠶事亦未興是所望後之君子有以勸教之

襄俗婦女童子見官長經過傲然端坐於門前不知起立即前導及隨從差役亦不加之呵斥余必執而問之爾獨非我百姓乎何以婦女亦知匍匐公庭告狀耶爾不知敬畏官長則平日不敬公姑不畏丈夫可知不敬公姑不畏丈夫之婦所生子女皆屬幼時失教之人尚望其能知禮義明孝弟乎潑悍者掌責之或責其夫城中稍改他處猶未也此事雖細實有關於風教古人重胎教良有以也

襄郡承邪匪之後呈詞控告多書混號如坐山虎插翅虎及大王元帥都督等名目初見駭然細加查訪乃鄉

里無識訟師藉以聳聽者每於鞫案時詳加訊問如實係棍徒從嚴懲辦如屬虛誣提究訟師又飭代書遇此等字樣改大王為代卞元帥為顧死都督為多毒違者責懲其風遂熄

襄陽必告録卷三

七屬情形

襄郡所屬六縣一州一衛最難治者襄棗爲甚宜南次之穀光均又次之襄陽衛屯地分隸七屬軍丁疲憊亦未易辦

襄陽縣附郭首邑東西廣一百六十里南北袤一百五十里漢水自縣西穀城茨河入境過郡城至東津灣折而南行入宜城界其地南界南宜二邑多山民情稍安北皆平岡曠野與河南新野鄧州交界風俗尤爲獷悍盗賊白撞手時時闌入

設驛站二呂堰驛在城北六十里漢江驛在縣治東額設馬一百四十八匹一宿一夫

樊城在縣北臨漢江為南北九省衝衢舟車必經之地商賈雲集北來車輛不能渡漢水惟驢馬可行舟泊樊城巴杆滿江紅車排子麻陽等船皆出湖南及武昌漢陽不應官差須用民僱惟五艙湫子襄褊子為本地船皆窄小應官差過客至此每以舟車為累

又有唐河北河源出河南可通小舟潞私往往由此王家河尤其出沒處

襄邑民情好鬥輕生動以刀錨相仇殺縣令下鄉相驗

兩造各糾人相持屍親欲將屍棺移至兇手家兇手家復約人相阻每見一案未了又生一案宰是邑者非精明強幹之員往往為民所侮當威以蒞之靜以鎮之善言以開導之不可存畏葸之心

襄俗呼光棍曰痞子曰混混鬼盜賊之來必有窩戶皆本地痞子混混鬼為之主窩戶多與捕役勾通一窩戶糾聚數十人日則聚賭夜則為匪偷人牛馬公然勒錢取贖鄉里無如之何控告官府恐其報復即遣差往拏其小者或買信先逃大者公然拒差奪犯余初守此郡即訪一二有名窩戶道路的確與縣令營弁密商期於某時

在某地約會各託言他事不使兵役知之或繞道或附近地方停札俟天將明時會齊撲入出其不意毀其巢穴賊即不盡就獲其逃逸者皆在左近勢散易拏房屋木料即令鄰近居民搬去謂之拔窩子連拔六七處民皆助之盜風稍息然非太守親行身為約束恐兵役乘間滋事也嘗以此事通稟各憲　前臬憲黃李侯前輩云去其城社之憑自少萑苻之警大蒙嘉獎以為辦理得要

樊城商賈雲集每交冬令多一夜連刦之案臘正兩月尤甚前守曾設兵棚多處以蘆蓆為之低矮不可居兵

皆視為具文余與營縣商定稟明本道易以板屋擇其最要處設之僅立八處每棚撥兵五名縣役二名各繫腰牌以便稽查又令居民鋪戶為十家輪流支更牌支更家門懸一燈一人擊柝修木柵於巷口令甲保司之甲保擊鉦謂之長更二更後即禁行人稽出入有燈火者問明放行自十月朔起至二月望止又委佐雜各員分段巡查余每策馬渡江夜巡兵役之恪守者有賞怠避者有罰兩街燈火務令明朗柝聲相聞乃商民每耽安逸日久玩生雇窮民小孩自代或聞官至乃出懸燈擊柝因諭之曰太守冒風雪夜巡旬常三五次為爾民

也爾居民舖戶大者家十餘人少者家亦二三人十夜一輪一月僅得三夜何憚而不為一家怠惓他家效尤守望相助之謂何倘或被刦知是誰家爾時甫叩公庭悔之晚矣並出示曉諭違者查明於次早枷其家一人硃標抗不支更四字押令於樊城前後街走遍即行責放其懶怠者當時查出責懲行之一冬居然有效民始相信矣

又慮賊来皆持兵器商民支更者無以相禦乃户設四牙鈎一桿俗名留客住營中乎為鋒鈎中有尖刄余以民家例不得設軍器且恐尖刄傷人命去其刄桿之長

短相度其地之廣狹大户富商許其多設余每於夜巡時飭令甲保頭然鳴鉦似報官警狀兩街柝聲相震鋒鈎齊出加以兵役雖有盜賊不能逃逸矣故後三年盜案絶少商民便之然非為守者親自夜巡亦恐兵民久而生怠也

以上支更法令各州縣市鎮皆仿照行之冬令發告示曉諭

襄陽兵丁最貧苦樊城屬右營郡城屬城守營道與府縣年終皆酌賞燈油炭火銀二三十兩平時夜巡賞賚每處不過數百錢

襄陽令無片刻暇每月在衙不過數日諸事守當代為之謀余嘗謂襄陽一縣當設三令一令相驗緝捕一令審案一令迎送應手無廢事

襄邑雖有明幹實心辦事之員奈命盜叅罰案太多未二年已在三叅内矣當禀明上憲為之調濟

襄邑又不可多署任之員雖署任者不敢存五日京兆之見而胥役皆存此心嘗見嚴比差役差役逃避加差拘差並加差亦逃向分東西兩班東班為快皂壯西班則專用捕役西班更無好人其招来者皆匪也往往逃避為匪為令者當恩威並用有以駕馭之

襄邑城西北之薛家集泰山廟山耳王家閻家營李百户王家河等處素稱兇悍有匪徒攔截私鹽滋事

棗陽縣在郡城正東東西廣一百三十里南北袤一百八十里東界隨州東南界鍾祥南界宜城北與河南桐柏唐縣新野交界其風俗兇悍與襄邑同尤為私梟盜賊白撞手出没之區中有沙河一道即白河可通小舟至唐北河

襄陽民情兇而不狡棗陽兇而多詐尤多痞棍把持為害地方差役向有四大金剛八大天王之稱近皆老死然差役恣横成習每易滋事其風俗以書役為榮雖紳

士亦與締姻直無貴賤

近日東陽更受西人之害向稱金東陽銀南漳緣東陽有典當七十餘家南漳有典當五十餘家故也自邪匪滋擾後漸改為賬局十室之邑皆有之不須衣物作贄家有數畝地即可向借貸但憑一券紙預扣數月之利又加折色届期不歸連本利扣筭數轉之後地畝盡歸其手又稞於借貸之人使為之耕作巧取盤剥寔為斯民附骨之疽而小民貪其便利墮術中而不知近則西人大盖庄屋榜白某某號借票亦曰號票中設樓堡厚其墻垣外繞屋（韋）以居佃户佃户婦女半為所私春作秋收

汝倉儲富有每年運其糧食居奇糶賣歲歛貲息以歸其家而以餘利轉輾翻騰是東陽之民半為西人之僕以東陽地之所産本不敷東陽民之所食乃以充西人囊槖幾何其不窮且盗耶

西人又不肯入籍東陽自稱客民勾訟公庭富而多詐地畝一入西人之手自相轉輾並不投稅一切地方公事概置不問無典當納課之費而倍典當數分之利故典當盡改為賬局東陽西北半縣已屬西人波及襄宜二邑其流敝正非淺鮮若欲官為禁止票內所載又不過三分未嘗違例居心巧詐莫此為甚寔為地方之隱

害惟望有識者設法禁革之
棗陽多軍屯亦被典買軍丁無以辦運屯地例不准典賣思稟明大憲追出歸運不償價或可殺其厲氣也
棗陽郝家店左右尤多私梟白撞手藏匿其地蓋楚豫四縣交界之所
宜城縣在郡城之北東西廣一百二十五里南北袤一百二十里西界南漳北界襄棗東南界鍾祥漢水北入境南出鍾祥
地當孔道為黔滇要路水陸所經建鄢城驛額設馬八十匹二尖一宿其新店小河二處驛舍皆毀於水借民

房為之

其民軍七民三道光二年奉文將武昌衛屯餉錢糧改歸各縣徵收宜城最多徵收尤難

東北於鍾祥豐樂河接壤其地水溢山隈向為逋逃藪劉盜童四所居雖經正法時有匪人出没為宜城之累風俗桀悍相襍多販賣人口囤户往往毆差奪犯缺分於七屬中最為清苦地瘠民貧又兼差務殷繁其地商賈不聚無步頭夫役每逢差使夫價倍於襄邑為令者視為畏途

南漳縣居萬山中在郡之西南隅東西廣二百里南北

袤三百七十里週八百五十五里幅幀最廣多崇山峻嶺西界鄖陽保康南界荆門遠安當陽北界穀城中有沮漳二水漳水源出荆山東南出當陽沮水源自保康南入境滙清涼河水東出宜城倒口俗呼蠻水

其地東北產稻西南多山種䅳糧以為食民情蠻野而鄙嗇不知有官府縣令每逢相驗動輒往返經旬書役疲玩成風山中之民有七八十歲未履城市者惟書役之言是聽

縣東有李公堰溉膏腴之田數千畝俗呼清泥灣即木里溝古柤中也一邑菁華盡萃於是

南漳典當僅一家錢糧僅五千九百有奇縣令盱入不敷於用因向有銀南漳之稱㧡捐各款比之襄棗列入調劑缺內未免過當

余嘗按部南漳適當七八月間黃雲在野緑荷在池果木在林其村落在山坳中多者十餘家少者七八家不啻桃源仙境蓋其民安居足食不假外求故可終身不履城市

穀城縣在郡城之西東西廣二百四十里南北袤二百二十里東界襄陽北界光化南界南漳西界均州西南界保康房縣漢水北自光化入境東出襄陽民情樸直

湖北提督駐劄其地兵民共處易起爭端為令者當不亢不卑安撫得宜乃易為理

城東有差滸王霸二洲分為兵民牧廠旋又准其開墾兵與民相爭光化之民又與穀城之民相爭部控數次結而復翻現雖畫清界址報請升科而於坍不定之民情齟齬最為棘手

陝西每年采買銅鉛自漢口運至樊城換船向例襄邑預備鰍子一百二十隻光穀二邑各六十隻觧赴襄陽襄光皆商賈所聚容易辦理穀城船隻短少每以為累

光化縣在郡城西北東西廣一百三十里南北袤一百

一十里當日分穀城之餘為光化軍因以為縣故與宜城幅幀最小漢水西自均州入境至老河口迤南入穀城北界河南内鄉鄧州西界均州南界穀城東南與襄穀犬牙相錯其地有晉公廟為鄧州大道山路雜沓私販白撞手出没之所

老河口亦商賈雲集之地五方襍處易於藏奸多外来訟師北有小河可通陝西龍駒寨荆子關

民情較襄棗稍淳士風亦厚易於為治

均州又在穀城之西東西廣二百一十里南北袤三百五十里東南界光穀二邑南界房縣西界鄖縣北與河

南漸川相接萬山崇襍漢水西自鄖縣入境東出光化城臨漢江面有滄浪水一道清濁自分禹貢又東為滄浪之水是也上通漢中為襄郡上游要隘民情於七屬中最為淳樸詞訟亦少

太和山即武當山廣八百里高一百二十里在均州西南前明盱建宮殿半皆坍塌設有道總屬安襄鄖荊道管轄

七屬文風光宜稍佳襄棗南相似穀均為次而均州習俗不許外地延師茍延請他方即傳諸生皆起而攻之故其為文陳陳相因毫無意義

襄陽必告録卷四

錢糧倉儲

襄陽府所屬州縣地丁驛站俱係扒上下忙徵觧年清年款州縣無從虧短其攤捐各款内交代時每多抵交款目清楚無甚轇轕

常平倉穀皆實貯在倉無虧道光五年　前藩憲費飭令買補清查案内虧折及歴任盤折穀石亦皆採買上倉無虧

襄陽各屬因不產稻穀又離水次太遠並無漕糧亦無應觧兵米

府倉存貯提標城守右後三營兵米沔陽州每年應解
南米二千五百餘石以四月初旬為期不致遲悞宜預
行札催及專差守提遇有折色俱照時價折算每年放
米二次
穀城縣倉存貯提標中前各營兵米天門縣每年應解
南米一千餘石

計開七屬錢糧徵數及常平倉實貯穀數

襄陽縣地丁驛站等款除坐支外實解正耗銀共二萬
六千四十九兩二錢零代徵武昌衛屯糧帮費銀
二百兩零

常平倉實貯穀五萬一千三十石

宜城縣地丁驛站等欵實觧正耗銀共九千三十三兩零代徵武昌衛屯糧帮費銀二千六百四十五兩零

常平倉實貯穀六千石

南漳縣地丁驛站等欵實觧正耗銀共五千九百一十兩零

常平倉實貯穀一萬石

棗陽縣地丁驛站等欵實觧正耗銀共一萬四千九十八兩三錢零代徵屯糧帮費銀二百兩零

常平倉實貯穀一萬八千石

穀城縣地丁驛站等欵實解正耗銀共七千二百四十三兩七錢零

常平倉實貯穀一萬八千石

光化縣地丁驛站等欵實解正耗銀共八千七百九十一兩零

常平倉實貯穀六千石

均州地丁驛站等欵實解正耗銀六三千八百二十二兩零

常平倉實貯穀一萬石

襄陽衛應解藩庫起存屯餉正耗銀一萬三百一十兩
零
糧庫軍三安家正耗銀七百九十五兩零帮費運
銀五千一百五十二兩零加津銀一十二兩二錢
九厘一毫閏丁銀四百五兩八錢資役銀二千九
百一十七兩零
常平倉實貯穀五百石
均州社穀因嘉慶初年邪匪滋事駐札兵勇前牧借碾
社穀三千一百三十餘石詳明大憲
奏准發

帑買補歸還歷經正署各牧按年採買而均州紳耆以社倉久已坍塌不肯具領與前任胡牧許訟余因年終奉委至均淅交界四峯山會哨士民環叩不已諭令選舉社長出具領結賫司以符部案隨將穀石稟請暫存預備倉内俟四鄉修建社倉再行結領士民歡悦由胡牧詳明各憲立案是此項穀石現需官為經理與社倉一例與常平倉有別交代時亦須盤查出結但賫府備查可也

襄陽必告録卷五

隄防水利

襄陽之水莫大於漢由鄖陽入境經均光穀襄宜五州縣其源出自漢中嘉慶初邪匪竄入南山老林大兵追戮焚伐樹木事平之後遂有貧民入山開墾深林密箐皆成山塲播種雜糧其山勢高峻屢經刨挖泥土鬆浮隨流而下江身日高兩岸洲地淤漲無定隄塍亦多潰漫李太白詩云遥看漢水鴨頭緑今漢水渾濁如黄河職是故也

襄陽府城北有老龍堤一道西自萬山東至長門楊泗

廟長十里三分為城郭民田廬舍之保障建自晉胡烈唐張文貞公東之守鄉郡因壘為隄歷代修築詳於府縣志初為長門老龍兩隄明萬歷三年巡道楊一魁建議檄知府萬振孫合築為一水患遂息

本朝嘉慶二十二年老龍隄對岸淤出周家洲又長出碎石周家嘴逼溜冲隄頻年潰漫屢次請

帑修築自道光四年後石嘴下移水溜逼侵大北門一帶城腳尤為可虞

襄樊夾漢一葦可杭近年中淤一洲冬令水涸竟須兩渡水溜亦分為二一侵南岸城根一侵樊城自道光五

年來樊城西敵臺以下崩塌幾里許晏公廟馬頭亦將不保余曾勸諭居民在西敵臺〻下築一拖水壩而樊城商賈貿易皆集晏公廟下街以為事〻不關己乃近處居民貧者居多力不能為或又倡為樊城築壩水溜愈逼南岸城池為重之論是以中止不知水勢為老龍隄新修黑龍廟石嘴所逼直冲北岸若北岸築一拖水壩則水勢自直可洗中間淤洲水自歸槽如恐其溜侵城根愈甚於郡城漢皋樓迤上亦築一拖水壩兩壩相峙水勢更不能不直行而淤洲之去愈速矣初則樊城商民所見不遠未知其害近又恐其費大畏葸難成若以崩

去街道房屋計之費亦相勒借乎余去襄郡有志未逮
如果費用浩繁亦可詳請動款興築也
老龍隄向有籌備銀五千兩交各屬典當生息每年息
銀九百兩以為歲修存貯府庫水利係本道襄樊同知
專政江流順軌足資修補自嘉慶二十二年来六次大
修皆係借款興築
奏明以歲脩息銀一半還借款一半為歲脩計自二十
二四五等年在司庫沙洋籌備款内借動銀二萬八千
五百六十餘兩道光元二兩年在司庫正項及商捐隄
河善後工程工賑款内借動銀四萬一千三百八十餘

兩道光四年在司庫善後工程蕭姓生息沙洋堤工逆
產租息商捐隄河軍需三成沔陽江工彌補育嬰堂生
息各款內借動銀一萬八千五十餘兩總計已在八萬
兩以外以歲脩餘息僅止四百五十兩之多何時可以
還清老龍隄要工林立夏秋二汛難保無虞設或再有
大工則舊欠未歸新欠又至愈積愈多何所底止余曾稟
請如江夏蒿麥灣隄工成案另籌庫款生息而司庫又
無款可籌札行道府妥議查嘉慶十五年前撫憲同
奏准商捐隄工生息銀十五萬兩發交漢岸鹽商生息
每年繳息銀一萬八千兩載明工部則例是此項為通

省隄河之用老龍隄未嘗不在應用之內詳請撥銀五萬兩仍交漢商生息每年計得息銀九千兩專為老龍隄經費以一半扣還前款大憲深以為然蒙 前督憲李於道光六年六月內奏准在案若欲建築襄樊兩岸拖水石壩係為保障城郭田廬墳墓起見工費浩繁未始不可詳請動用此款也

漢江又稱襄江楚人呼江為河又稱襄河襄水今無可考府志云水出襄山以水駕山而下故名南流為襄水北流為檀溪水經注云鴨湖水兩分北渠即檀溪一水

東南出即襄水鴨湖在城西南八里一名襄陽湖雖淺猶存毛詩渭陽註山以南為陽水以北為陽按此則城在襄水之北矣孔安國曰漾水東流為沔至漢中稱漢水經沔水至西樂城稱漢水自經武當縣後仍稱沔水漢沔古昔互稱又水經注云沔水與襄陽湖水合上承鴨湖東南流逕峴山西又東南流注白馬陂下入沔則鴨湖為襄水之源余按襄水即指與漢水合流繞出城南逕峴山注白馬陂者是也蓋合鴨湖檀溪諸水而成今襄水故道形跡尚在自老龍隄合而為一而襄水不與漢通其流遂微

城南有土隄一道俗呼曰南隄西自萬山繞城南至城東北即古大隄舊志云唐時所築繞城四十三里以障漢暴者是也自老龍石堤合漢水不能繞城襄水亦微隄遂廢今故址猶存南隄外蒼巖石壁有題記字漫滅不存年代記修隄事

嘉慶二十四年老龍隄龍窩工段潰口前守道吳議就潰口建滚水石壩復襄水故道所見甚大事垂成矣為無識者誤聽一二細民之言中止襄陽士民至今恨之查襄水與漢水合流自漢至明歷年久遠雖中多水患而築堤捍衛代有其人當日襄陽所謂大隄者如何繁

華人才如何盛茂蓋二水繞城不特形勝可觀舟楫所至即商賈所集故襄陽城中尺居數十萬也且二水分流亦可以殺漢水之勢當日所議枟是今則水溜下移非其時矣附吳守道會議稿於後

此議若行水復故道則樊城蔡家洲及西敵臺一帶可不被冲潰何也有以分水之勢也自老龍隄合商賈全歸樊城郡城居民絶少昔時屋宇廢成田畝勢所必然今樊城被水冲潰商賈又將集下游之新打洪而樊城冷落如郡城矣古来都會之地人烟輻湊蓋亦有故焉水道之宜復與不復亦當因乎其時萬振孫明之賢太

守也淬意振興留心水利雖未見全集其議論之見於舊志者實令人心折巡道楊一魁建議合隄檄萬與通判張拱極承脩想萬與張贊成之力不少今守道吴淦厓先生倡議脩復故道垂成而止惜無如萬太守其人者

合隄之議垂數百年民不被水厥功匪細然水勢有遷改老龍隄不能永保其不潰決而郡城下流亦時受水災復故道之議不與合隄悖者何也其道自漢至明如此也雖有水患大隄可以增護而人民聚集成一都會襄水兩岸之地資其灌溉獲益良多

不欲復故道者不過沿檀溪數家佔地之民耳自襄水流微檀溪淤塞兩岸有地之民漸次侵佔墾種成熟戀不肯舍稍不依議余查兩岸地畝並未升科即使升科為之詳請蠲免可也況故道情形尚在所佔無多此時事尚易為乃有謂水淹樊城民不嗟怨水淹檀溪民必怨開復故道之人是以中止試問今日樊城之民居多檀溪民居之多乎君子作事務其大者遠者樊城亦襄郡所屬之地今樊城沖塌過半蔡家洲一帶全崩於水白圭治水以鄰國為壑乃以同郡隔岸之樊城為壑是何言歟是何言歟為此論者乃自全之計為身謀而不

為民謀何其見之淺耶
總之以今日之水勢而論漢水漲決不時合隄以固南
岸而樊城之為禍烈開隄以通襄水而郡城之為患輕
蓋郡城有大隄可衛樊城别無堵禦也吳守道適當龍
窩隄決之時因勢利導其功易為今則談何容易惟有
兩岸築拖水壩使水由中行則淤洲可刷而襄樊均安
堵矣
宜城與鍾祥交界之芝蔴灘有隄一陶公隄明陶太監
所築以障南漳所出之蠻水而不能障漢水前守道王
斷令高止五尺蓋堤在下岸過高則對岸宜城倒口一

帶受其害道光四年鍾祥之民築而高之兩相訐訟襄陽府屬自嘉慶九年以前卷档大半遺失查鍾祥尚有陳案事乃定嗣後如有修築須鍾宜二兩縣禀請守道委員勘估

襄陽大旺洲向無隄防道光六年紳耆王調元等禀請按畝出錢築堤以自衛

宜城城外有護城土堤一道水漲則塞隄缺

光化老河口石隄在漢水東宋知光化軍李仲芳建道光三年居民集萬餘金重甃之

襄陽城南十里習家池泉水仰出不竭惜委之深滀無

所蓄洩相傳先年泉水通渠南流至白馬鋪二十里灌溉軍民田地几百餘頃明嘉靖間駕狩承天脩平御道舊渠填塞泉流委瀉漢江疇昔膏腴之土一旦變為枯瘠府志載萬振孫議甚詳余嘗履其地與所議情形不符僅有濺珠泉一池方不盈丈大池淤塞形跡猶存民佔為田遂捐資就故址買民田三畝紳士劉可掄捐田三畝復鑿為池設東西二石洑可溉田百餘畝劉姓又建亭臺池館於上習氏子姓復脩四賢祠署襄樊同知張維屏種柳襄陽縣知縣蔣祖暅種桃一時稱盛余撰濬復高陽池碑記及四賢祠記勒石按池在東漢稱習

池在東晉稱高陽池為歷代游玩之地從無議及水利者惟明萬振孫言之余因而為之利志稱官泉則地為官地可知今將祠館地基及祠産四十畝撥入高陽池館户下完納選谷隱寺僧住持府縣時加查察考歷来之廢皆由官不經理或為近地居民所佔或為習氏子孫及住持所買後之守土者幸時一至焉

高陽池石洑自半規池通大池者稍高水淺不能灌入大池而大池之出溜太低故常塞其口水不能兩行宜將半規池之洑再低尺許則大池受水矣當日為一幕友所誤惜未能重脩也幸後之君子為余補其弊

白馬坡上有渠一道宜築二石壩以蓄水則自白馬坡以下田皆可灌矣其舊壩形跡猶存

南漳水利莫大於武安靈溪二堰受蠻水以溉田古之木里溝也康熙七年知縣王霖脩靈溪堰使田永無旱澇俗呼為青泥灣即古柤中也康熙四十年知縣李樸鑿長樂堰引夔水灌田民受其惠稱李公堰乾隆二年知縣徐彦疏彭家湖泉水以灌田十七年知縣潘綏藩開咸寧堰以灌田皆受灌溉之利民建徐潘二公祠南漳水利最多故產稻易為山水所湮宰是邑者當不時疏濬

宜城之長渠引南漳蠻水自武安鎮分流而下即昔白
起資以禍楚後世遂因以為利水經注謂溉田三千頃
是也白起封武安君故曰武安鎮渠久湮塞乾隆間宜
人欲復之南漳武安鎮人不肎分其流兩相訐訟宜南
二令亦各為其民至相爭事遂止其實分武安鎮之餘
水於南漳無損也特舊渠半為民居所佔疏鑿之功匪
輕若復此渠大有利於宜城
棗陽穀城亦多水利可與詳載府志萬振孫議惟今昔
情形或異責守土者隨時體察焉

襄陽必告録卷

治理大要

襄陽風俗獷悍民情剛勁守土者執法宜嚴使民知所畏懼法立而後令行稍有姑息則不可為矣左氏傳謂為政莫如猛火烈民望而畏之周禮刑亂國用重典良有以也故余謂治襄當師子産治鄭武侯治蜀

襄陽之最要者先貴收民間兵器余初涖任以為疊奉例禁庶民安得有此然相沿已久驟難禁革乃出示曉諭捐廉收買飭甲保查繳民繳其舊者復製其新者襲遂治渤海使民賣刀買犢自慚未能後蔣君祖暄為襄

陽令禁錢工不許為民間製刀矛而民間一二錢工負爐隨地為人鑄農器私製刀矛何由知之民之以金刃傷人者如故也鄙意謂守土者時宜大張曉諭飭甲保嚴查呈繳並禁錢工不准製造責成甲保查報違者重治使山陬僻壤皆知例禁之嚴雖未能盡革或可稍熄其風

襄郡之富數矛以對兩刃者為錨子一刃者為庫刀皆置長柄窮家小户俱有之富户紳士則多蓄焉云非此不足以自衛蓋與豫省接壤常有外来盜賊刼掠故也名曰防夜器械嘗見民間呈出雍正十年門牌尾注防

夜器械刀幾把錨幾桿則此風已古矣既有兵器或遇爭水爭地口角爭鬥遂相殺傷命案之多職是之故其打降相沿謂打仗糾人持械相打又曰毆氣每遇兩造相鬥殺傷者多雇請之人不過得百十錢性命以之其輕生一至於此

襄郡竊亦為盜雖竊人衾裯細物事主起捕即嚇禁相殺不知竊與盜之分事主起捕亦持械相追殺故每因殺賊自罹於罪緣例有擅殺罪人之條故也不特事主可憫為盜者亦可憫兵器之不可不禁明矣

幕友中多執救生不救死之説余謂所見大謬毆陽崇

公曰求其生而不得則死者與我皆無憾是指情罪兩得而言並非故為開脱若故為開脱則殺人者不死被殺者不含寃於地下乎毆陽崇公之用心全在一求字求者求其情與法不差毫釐也嘗見幕友一案到手並不細心揣求曰吾有陳案可循宜如此辦可免駁斥某某為首某某為從某某入室某某不入室謀故者或改為過失殺曰吾救一人已鞫獄者胸無主見每每藉以為憑不知一案有一案之情形原委鞫獄者宜細心推問辦案者尤當細心詳求失入不可失出亦不可如以文就題添改情節何求生之不可得若劇盜惡棍脱離

法罔為惡吏甚再害數人是誰之咎辟以止辟刑期無刑之謂何可知得情勿喜聖賢之存心求生不得聖賢之執法余與幕友唐楷之諸君討論及此謂襄陽命盜案過多尤宜執法俾無枉縱

襄陽本府提審之案往往屢提不到以致延宕中因府縣差役舞弊故也余到任即懸牌大門如有兩造人証已到書役不稟審者許攔輿喊稟重責書役後有兩造已到人証未齊者先就兩造審問某某係原告要証即着原告自去邀請某某係被告要証即着被告自去邀請其不甚要者概行不傳計其遠近限以時日如再訊

何人要証不到即是何人情虚立為斷結半年之間訊結百餘案笞杖即小有委曲而兩造人証得免拖累均無後言為民父母者有案即審最是要着為人幕友者有案即辦陰隲不淺

嘗見官幕讌會博弈高談無厭余輙謂曰足下則樂矣亦思犯人在獄待質之人凍餒旅店冷廟中作何景狀倘設身細想恐食不下咽也盍省此閒工夫以辦公事耶

案不速訊其中即有人簸弄另生枝節拖累無辜轉不能斷結獄貴初詞蓋初詞情節易明也為州縣者尤宜

速訊

嘗謂友人一詞到手須細看詞内所控情節所重何人見証應傳何人每詞尾被告干証下用筆一勾以防書吏作弊看稿時不關緊要之人可删則删若不細加查核漫施點戳書吏乘間濫開拖累無辜為害匪細州縣幕友更宜慎之

余守襄陽四載三八日期放告無論風雪必坐大堂親自收呈每一詞必詢其情節間有原被俱在即為訊結者或將大義及律意開導擾爾控詞爾身已得何罪間與擲還或詢其作詞唆訟之人當堂籤拘懲辦不過費

半日工夫不知省却多少訟案有急者准其鳴鼓喊冤切不可委員代收及傳遞呈詞其中弊竇叢生

伊莘農先生為雲南巡撫過襄陽謂余曰聽訟之時當多方開導如兄弟爭産即教以孝友之義隨時隨事言之此即是教此言實獲我心為民父母者當常存此心不惜口吻之勞雖所言不過處事接物持家理財和忍敦睦等語即其父母師長平日常教之言彼聽之已熟視為老生常談一旦出自官府之口便覺新異可喜共相傳述余嘗於斷結後復向其人言明所以宜笞杖之故再加開導不可再犯使其自生愧悔小民具有天良不

可以不教也
襄陽西北之民不知讀書間有一二蒙館或請僧道醫卜星相之人教之童子進館身佩小刀謂非此恐同館人欺侮是㓜時已導以殺機所讀之書不過百家姓千字文三字經襍字等書而已每逢鞫案犯罪之人皆目不識丁並不知有尊卑上下之分其愚甚矣故余在襄創立義學使貧民子弟皆得讀書蓋欲以詩書化其嚚凌之氣也兩年之間士民捐設八十餘處不可謂非好義之區已蒙　前督憲李
奏請

獎勵刊有義學章程呂新吾小兒語小學詩禮
聖諭廣訓等書板存禮房及縣前刷字鋪便民買取入
學者務先讀此書然後讀四書五經俾知孝友睦婣尊
君親上之道即讀書不成亦知禮節惟望後之君子隨
時提唱不使積久生玩積玩成廢則幸甚

義學辦法盡載義學章程府縣因公經過其處宜時為
查察攜帶紙筆書籍等物以獎賞之義學章程附後

義學之設初亦甚難余向紳士及有力之家再三開導
爾等教子弟習拳棒以禦侮也何如使鄰里親戚貧民
子弟共知相見以禮有何爭鬥若以拳棒相尚則爭鬥

即甚爾子殺人亦須抵命況田地不能世守令捐入義學將錢糧撥入義學户名永不許典賣倘子孫不肖則義學之田地猶在也子孫尚可讀書互相傳説有識者頗以為是然襄東西北一帶尚須添設不厭其多

襄民貧不可不教以蚕桑蚕事一月之工婦女之事敵農家終歲之利惜樹木之計十年襄民性懶而貪近利余雖為説以勸之而種者未力也南漳界接遠安遠安種桑雍正間一賢大令姓卯者教之也襄陽地土相同何為不可栽

余初栽桑就遠安購買小桑種之大隄活者十之七適

逢乾旱又枯其半牛馬從而踐踏之所存無幾明年又種亦如之遂發給附近居民愿栽者領栽俾得自為照料然自遠安擔來道路既遠根株已傷故不能全活莫若即令廣種襄陽本地之桑葉雖小亦可飼蚕俟其活以大葉桑枝接之較自遠安攜來省且便余所撰種桑詩說內種葚接枝之法尤要

時貴州方通飭各州縣仿照遵義府種橡法飼野蚕謂之橡繭橡樹俗呼青岡樹棗陽紳士孫廷劭言棗陽亦有此樹以燒炭若從貴州購得橡子蚕子來與桑並種其利更普

習家池為漢晉以來名勝之地山公常醉於此倒著白接羅至今傳為佳話況有水利可興守土者宜時至焉緣此處民情稍猾每以官長之至與不至為廢興

郡城為南北要隘全楚上游屏障初襄樊二城夾漢而峙今樊城半毁於水惟郡城為保障嘉慶初年又經燬火坍塌已甚前任屢請脩建或絀於經費或憚於保固事多中止余於蔣大令勘估段落分為最要次要中要先将最要工程勸各屬士民捐修幸士民踴躍急公余僅修東北兩面未能竟事而去署任繼春帆司馬踵余為之其章程有卷檔可查然余初意尚不如此省簡也

襄陽地出硝碱城脚用磚每為所蝕容易剥落城脚捐則城易𪋮裂擬易以石下掘深丈許先以大碎石填之可免地道之攻上用整石纍砌丈許以免硝碱之氣襄陽產石老龍隄工皆用石易辦也再上以磚甃之城本外磚内土土坡牲畜踐履雨水淋漓尤易坍塌亦擬下用石上用磚庶足以資鞏固而垂久遠然工費浩繁適值奉文停止工程之際民捐力有不及故畧從省簡

自樊城至河南新野為南北大道車馬所經吕堰一帶道路低窪每遇陰雨積水數尺泥濘難行車馬旁出田中本係禾稼農户每與過客爭嚷成訟余出示勸諭兩

令有地居民仿照山東河南各省官道式樣路寬三丈兩旁挑挖深溝各寬一丈深一丈即以溝中之土堆高道上俾令垣適可行溝中蓄水可灌稼穡路旁栽種柳樹以蔽行人而廣木植每年十月農隙之時挑濬一次曾飭地方及汛官按段挑挖丈尺未能如式兩旁溝道必須深廣丈餘者緣此處係楚豫交界向多盜賊白撞手之流有此深溝冀其不能踰溝而過也惟望後來者時加查詢飭令按時挑挖

襄陽向多邪教雖經勦平痛懲後亦難保其不故智復萌宜時加查訪有則立辦毋使養癰成患教名不一有

清茶門教牛八教天主教十字教焚香教混元教紅陽教白陽教老君門教大乘門教各名目其初皆一二好民為人治病妄以禍福炫惑鄉愚近如京山縣所獲羅子元一案其符呪皆極不通不過一走方醫生耳有地方之責者慎勿緩視

襄陽又多庫刀會順刀會各種會匪此皆盜賊白撞手兇惡棍徒所糾約恃以魚肉鄉里者尤宜查訪嚴拿又有公正會係鄉里善人集以禦強暴者頗有守望相助之意然持械倚衆往往獲賊並不送官懲治挖眼精挑腳筋亦宜善為禁止

打撞以一名百代首謂其打仗能衝鋒在先也在襄陽謂白撞手在河南謂紅鬍子強搶人牛馬衣物勒贖最為可惡宜嚴治之

白撞手之起由於私販太多襄陽與豫省毘連例食淮塩逆流挽運而上商人以為苦請改為官銷襄樊同知司之每年運塩二十萬包每包八觔四兩又運不足數計算不敷樊城一隅之食河南例食潞塩故多潞私水路從鄖陽以上来者又多川私土人謂官塩曰青塩謂私塩曰白塩因青塩太少殆無家不食白塩者白撞手知私販有犯例禁每於要路糾衆搶奪謂之截塩私販

之弱者出錢回贖其強者復糾衆報復互相殺傷於是私販懼人攔截持械結隊而行遂成大夥私梟其實白撞手即私梟私梟即白撞手不過私梟尚有販鹽本錢白撞手奪鹽而後為私販耳白撞手無鹽可截則搶人牛馬勒贖私梟無鹽可販亦搶人牛馬勒贖是私梟同為白撞手也私梟出錢與白撞手白撞手即為護送是白撞手又合而為私梟也私梟糾人報復其人為私梟所糾即為私梟白撞手糾人抵禦其人為白撞手所糾即為白撞手是白撞手於私梟一而二二而一者也滋私之一以陸路者車載驢馱百十成羣其由水路来

咨更言之[illegible]居[illegible]暗藏鎗礮自河南新野縣之蒼臺圓潭二處下船一由唐河一由北河經襄邑之兩河口王家河歸入襄江販至鍾祥縣之石牌而止雖沿途設有文武鹽卡其船結隊而至一時無如之何蓋此等皆亡命兵役懼為所傷也丁役中間有私得規費者白撞手或於要隘處俟其起剥截奪之

截鹽不必白撞手鄉曲農民閑隙無事或值歲歉或與私販人口角即相聚截鹽私梟將来報復又糾約隣村之人共相抵禦倘有殺傷報官截鹽者指彼為私販私販者假稱搶奪財帛指為白撞手而被糾之鄰人則云

帮人毆氣不知有截盐之故則又不得謂之白撞手矣故余謂欲挽襄陽剽悍之習宜先治白撞手欲清白撞手之源宜先絶私販欲清私販之源必先改襄陽行盐之法

他處私盐價賤於官盐故民貪食賤而食私襄陽私盐價與官盐等有時昂於官盐其味又遜特色稍白無摻襍泥沙耳民懼食淡而食私故每逢地方官拏盐一次則盐價頓時翔貴而官盐又不敷買食民怨沸騰若改食潞盐最為便益以不能自固藩籬曾經 部駁且潞盐成本[illegible][illegible][illegible]甚[illegible]商行非便惟有減價敵私一法庶乎

可行至私塩價相同潞塩丁以浸灌淮塩獨不可以浸灌乎倘大吏飭漢岸商人公議躉塩數萬引至襄陽為減價敵私之需數年之後官塩可以暢銷而清私梟白撞手之源尤為地方要著

襄陽衛額設漕船二十四隻運丁疲憊已甚每逢大造各軍逃散幾至賣男鬻女若不早為調劑將來更難辦理其故由於嘉慶初年邪匪滋事之後凶荒相承運費貧無所出各軍將屯地典賣於民人以致生計日促年復一年伊於胡底惟有借款贖屯一法最為良策查乾隆三十八年運軍控扳摻軍出運案內奉各憲

奏明操軍裁役照運軍一律徵津帮貼造船之用名曰資役每年徵銀三千一百五十七兩四分四厘除坐支門軍炮手工食銀一百八十兩外實銀二千九百七十七兩四分四厘解存粮庫俟十年逢造之期每船發給銀一千兩以為資造計自乾隆三十八年起至道光五年止除陸續發給外應存餘銀三萬五千一百四十六兩若將此項撥借二萬兩交商一分生息每年可得息銀二千兩發交該衛每年按四船分給各銀五百兩各贖各船屯田作為公產收租濟運統計二十四船六年輪贖一次周輪之後每船可贖二千金之產則每年可

今二十八[illegible]之利六十四船每年共多四千八百金以之辦運稍足補苴其守減之船又可隨時贖屯四輪之後仍以原銀提解歸款倘遇另有公需由粮道隨時提解名雖借動核與庫貯無異以本衛餘存之閑款暫借為本衛軍丁贖屯之用僅取息銀無虧正項一轉移間可救襄衛之疲也

道光六年以運河阻滯運丁盤壩賠累量加調劑每船加帮銀二百兩按畝徵收襄衛額船二十四隻計共加銀四千八百兩暫時行之則可然一年為暫次年為例小民不以為加賦即以為苛派每滋訟端余謂不若減

船濟運之策為善查湖北粮船與江西粮船同一丈尺同涉江湖而所裝之米各殊湖北每船裝米七百餘石至八百石而止江西每船裝米一千二三百石不等多至半倍運丁除例得帮津耗米食米外其實皆賴例帶土宜附裝客貨以資沿途運費之不足是江西粮船亦帶貨物不至僅裝一千二三百石也今因禦黄壩閉塞粮運必須盤剝商貨不能携帶遂至虧累何不照江西粮船受載之例每船裝一千二三百石通計每届約可減船三分之一守減之丁只領苫蓋舵水身工銀兩其代耗[illegible]行月載[illegible]帮津等項概不給發即以節減銀米

帮船出運之丁今船加增何止二百兩每帮酌減若干隻或以一百二十船出運六十船守減或以九十船出運九十船守減更換輪流分灑加裝在守減之丁免行運之累固所樂從而出運之丁多得耗米帮津即無商貨可裝亦不至於苦累仿照江西舊例不為負重堪虞無可藉詞且於起運額粮毫無短少不過少帶商貨而已俟運河通暢之後仍照舊章事於軍丁兩有裨益惟一船出運該管衙門書吏有一船之規費減船即減規費書吏之所不欲多方撓阻耳曾有上宋粮道書

襄陽為自古用武屯兵重地余查襄陽庫款除各州縣

額徵錢粮地丁隨徵隨解外別無積貯府庫所存不過數百金道庫更屬無幾設一旦需用孔亟何所措手面稟各大憲求為思患預防之計蒙　前藩憲費札發庫銀八千兩解交襄陽府庫存貯專為籌備之用不准借款挪動余以八千兩為數尚少恐不敷用詳請交襄陽縣典當一分生息每年可得息銀八百兩以所得息銀每年再發各屬典當生息數轉之後利倍於本即將本銀永遠存庫而以息銀再行生息則可得數萬金年終及交代由本道盤查出結以杜侵蝕挪借然此項銀兩[illegible][illegible][illegible]當[illegible]必於查如有虧短即係公項又當錢面無

弘治十年新管中河借也
樊城有榷徵商稅名曰落地稅知府衙門主之歲納正課三千六百餘兩向有贏餘以補養廉公費之不足近因樊城崩塌過甚商賈皆集光化之老河口漸至不敷正課將為主守者之累宜詳請於老河口及下游新打洪地方仿照武昌關之例分設子卡庶不至於賠累前任早有此議因無力墊繳　部費遂中止而日絀也初蒞任者宜力為之

此數則祇就四年來管見所及其餘不能盡載且時事有變遷今昔或異宜惟望後之君子各抒碩畫以惠斯

土又有道光三年通稟稿言當日地方事宜業已次第
准行惟行鹽一事未改附備一覽

襄陽公牘錄卷

經費襍款

襄陽縣為七屬首邑刑錢總滙又有考試一切應辦事宜及發審案件事務既繁缺分又苦宰是邑者每見公私兩累竭蹶時形且為私梟出沒之區緝捕尤關緊要余自道光三年到任後目擊情形實難支持隨於四年正月晉省將一切原委稟明各憲奉　前督憲李札行藩司鹽道會議批准漢商每年捐給襄邑緝捕銀二千兩以道光四年秋季為始分作四季呈繳道庫飭知襄邑具領

又七州縣衛公帮襄邑發審委員薪水幕友脩金每年一千兩原派襄邑發審脩金四百兩棗陽八十八兩南光穀三邑各六十四兩宜均衛三處各四十兩議增委員薪水銀六百兩棗南二邑各一百二十兩光穀二邑各一百兩均州八十兩宜城六十兩衛二十兩仍以四百兩作發審幕友脩金六百兩作發審委員薪水以道光四年秋季為始

各屬應捐武昌府署發審脩金每年一百兩襄棗南三邑各十六兩光穀二邑各十二兩宜均各十兩衛八兩由襄陽府催收四季會送武昌府查收

谷城光化棗陽六縣署發審脩金每年一千兩襄邑二百八十兩棗陽二百二十四兩南穀光三邑各一百十二兩宜城四十八兩均州六十八兩衛四十四兩前任王守以襄邑缺苦應捐銀二百八十兩即為該縣發審脩金因道光四年襄邑新添調劑及各屬帮貼銀三千兩於冬季為始仍送府署

安襄鄖荆道署向無發審脩金緣道光四年襄鄖二府軍流以下由道核轉每年捐銀一千兩按襄鄖所屬十三州縣分捐鄖屬共銀四百六十兩五錢由鄖陽府自行觧送襄屬共銀五百三十八兩五錢由襄陽府彙送

緣襄陽府縣均有奉道轉行發審案件除貼襄陽府發審脩金二百兩襄陽縣發審脩金二百兩每年應解道署銀一百三十八兩五錢以道光四年冬季為始按季申送襄陽縣應捐二百兩即為該縣發審脩金棗陽八十四兩南漳六十八兩光穀二邑各五十四兩均州四十五兩宜城三十四兩

襄陽府署刑錢幕友向請二位不分刑錢發審分管四屬案件修膳各一千金其兼管鄖陽發審及堤工義學各事者加二百金

七屬府[illegible][illegible]里[illegible]士館銀六百二十六兩襄陽一百一

六[illegible][illegible][illegible][illegible]一[illegible]一十兩內光穀三邑各九十兩宜均各六十五兩交襄邑承辦

六屬應捐歲試考棚經費銀六百四十七兩三錢八分四厘八毫棗陽一百零一兩三分一厘宜城一百三十六兩二錢三分六厘南漳八十七兩一錢四分五厘光化九十四兩三錢八分三厘穀城一百零八兩九錢六分四厘均州一百一十九兩六錢二分五厘八毫

六屬應捐科試考棚經費銀二百七十二兩一錢四分一厘五毫棗陽五十四兩九錢五分三厘宜城五十四兩九錢五分五厘三毫南漳三十五兩六錢八分四厘

九毫光化三十五两六錢五分七厘八毫穀城四十六两五錢三分七厘五毫均州四十五两三錢五分三厘以上歲科二考經費歷年已久其攤派之數不鮮其故或因入學額數及童生赴考之多寡核算各縣分攤亦不一例或按三年分攤或歸考試之員一人捐解均交襄邑承辦故不派襄邑後因襄邑賠累太重各屬前後任亦多欠短未歸不敷辦公加增脩理校士館一款余謂此二款襄邑亦因照數分捐使辦理得有數目不得藉詞賠累另生枝節

學使按臨之各年屬歲科並考以上三款逢考試之年

今高台打尖差役之費即在其內每次閱卷脩金一百六十兩由襄邑致送

其餘應捐臬司囚食江夏囚食各款俱有卷可查不載

化導[illegible]古道[illegible]洩江漲[illegible]各節

查襄郡城北漢江南岸之老龍石堤近年以來非決即漫淹損田禾沖坍廬舍甚為民患屢請借動帑金脩築無如上游之周家洲直漲江心水分兩股其南股水勢稍弱漸露淤沙北股為大溜所趨折而南向至老龍堤之頭工嘴復與南股合流其勢已甚湍急詎接連北岸正向頭工嘴下垗灣之處又續淤一灘俗名周家嘴皆石子堆垛而成高有丈餘周圍十有餘里橫截大溜將江身逼窄量較上下游江面不及十分之三每遇伏秋盛漲水勢洶湧逼高二三丈不等致老龍堤

迎面頂冲抑且迴溜搜根刷深數丈俗名龍窩潰易脩難此連年受害之由來也嘉慶二十四年秋汛冲潰之後除承修李丞賠款外蒙前憲

奏請借動沙洋籌備項下銀二萬二千餘兩交該管之署襄陽同知候補知州陶牧承辦脩復非不竭力認真工堅料實無如本年伏汛水勢陡漲漫過堤頂將土戧刷坍僅恃臨江一面石工勢難撑禦遂致潰決口門三丈餘丈其下游一帶堤身及下脚子堤亦多坍矬折裂共計四百餘丈蒙委漢黃善道來襄會同　職道督率府廳逐細[illegible]勘[illegible]分別新舊段落内除承脩陶牧應賠

[illegible]計估需銀二萬五千餘兩現在詳請憲台具奏籌款興脩並蒙鈞諭飭令熟籌良策以期一勞永逸仰見大人慈慮周詳上思國計下念民生職道等不勝欽服曷敢不殫竭愚誠悉心籌畫第就漢江上下情形詳度上游之周家洲綿長幾二十里寬亦七八里不等詢之土人已百數十年不能記憶初於年代即使設法挑挖不惟工鉅費繁且下游周家嘴石子灘阻碍江流水勢仍難暢達而石子灘既高且廣不能挑挖上年李丞任內曾奉慶前憲諭令試挖於近邉稍可挑動之處挖濆數道以冀引溜冲刷詎意旋挖旋淤僅將沙土刷

去淨存石子且更積壘加高不惟無益而反有損是疏濬之工既不能施惟有將本工土戧石堤加高培厚務期鞏固以資捍衛查上年陶牧脩築各工未嘗不慮及賠修竭力辦理除例價不敷外出貲添辦並無偷減所修工段實屬堅固堤身三丈六尺不為不高寬至八九丈不為不厚而甫及一年即行漫潰因水勢逼高即漫迴溜搜根即坍是堤防之術又屬無濟輾轉籌思竟無良策因復旁求博採詢之里老紳耆僉云老龍堤未建之先原有河道繞郡城之南約長十餘里上接漢江洩盛漲之水[illegible]下，仍歸江中合流南下自建老龍堤後垺上[illegible]堵絶每遇汎水漲發無路宣洩先年江水尚係順流近因周家洲所分北股被周家嘴石灘逼窄直射堤工以外石内土之堤何能抵迎溜頂冲之水若不疏宣故道徒恃堤防恐難経久 職 道等因其言似近理又詳查邑志檀溪襄水二河皆由郡城之南上通漢江下口仍歸江合流當即親往履勘查得郡城之西南東三面夲有護城堤一道又於護城之外自西而南有堤一道亦繞郡城東下俗稱南大堤堤之外現有溝渠西接萬山東出峴首入江約長十五里有餘與誌載由峴山之麓繞峴首入江之語脗合其為檀襄二水

故道無疑祇以上流隔斷遂與漢江不通年代久遠日漸淤塞現在滽渠淺窄只可洩南山之水若將此渠疏濬深通仍令上通漢江以復故道現有南大堤二道畧加補築以為重門保障可無浸灌郡城之虞惟通江上口若依邑誌當在萬山之西不惟山坡繞遠工長費重且在周家洲周家嘴之上下游江面逼窄不能暢達勢必順河掣動大溜稍失防備有碍郡城所關非細莫若就現在老龍堤潰口砌建滚水石壩一道壩門寬約二丈過水之處高出歸漕水面數尺兩邊接做裏頭皆與埧身木[illegible][illegible][illegible][illegible]傍閃做雁翅數丈壩外鋪砌海墁以

防留[illegible]引[illegible]接[illegible]海墁挑挖河道面寬五丈底寬二丈
約長三百餘丈即可穿南大堤接入溝渠順渠挑濬共
二千八百餘丈即至入江下口其挑出之土分堆兩邊
築成堤岸以防外溢計堤河挖壓共寬十丈其現有濟
渠窄淺不一亦一律挑挖寬深引水入江以五丈之河
洩二丈口門之水自可通暢壩門僅止二丈只洩盛漲
猛力水落仍復歸槽亦可無虞奪溜伏秋大汛有此宣
洩頂冲力弱迴溜潛銷下游堤岸自不致再有坍塌潰
漫之患至於用項約計滚水壩及石岸雁翅海墁等工
総在萬金内外其挑河土方及築堤硪夫工價約需二

萬有奇現估修堤之費二萬五千餘兩內無須加高培
厚澈底折修尚可節省萬金統計修堤建壩挑河五萬
餘兩即可敷用較之頻年修築徒滋糜費節省寔多堤
內田廬可免水患生全甚衆庶幾少慰大人為國為民
諄諄講求一勞永逸之盛心矣現在襄郡紳士即欲具
呈懇修 職道等因未奉憲示不便收接謹先開具節畧
繪圖貼説敬呈鈞覽如屬可行伏祈憲臺於請修堤工
摺內附片
奏陳倘邀
俞允 職道等亦可照例估計造冊詳請題咨其挑河築

堤垸民[illegible][illegible]除[illegible]有溝渠亦挖壓之地丁錢糧應請豁
免約計不過數十兩為數無多其中如有貧難之户 職
道等按畝捐給銀兩令其别置産地以免失業紳士公
呈俟定議後收批備案再漢江水性挾沙而行每歲節
過白露江水歸槽河流斷溜勢必停淤冬季即須挑挖
深通以備來年三汛宣洩查老龍堤向有生息歲修銀
九百兩已於二十四年修堤案内
奏明撥出四百五十兩補還借用沙洋籌備之欵僅餘
四百五十兩以之歲修一千八百餘丈之堤尚恐不敷
必須另籌生息以為挑挖積淤之用容再議詳合併聲

明恭候鑒核遵行職道吴之勳敬呈

道光[illegible]稟[illegible]郡地方情形稿

敬稟者卑府自問輇材守此劇郡從公罔勉幾及兩年月前憲駕臨襄諄諄以地方情形民生利弊推誠下詢卑府當就所屬大概冒瀆憲聽仰荷大人逾格優容加之訓誨私衷感佩莫可言宣惟是襄陽為全楚咽喉西北要道地經烽火戶鮮蓋藏人好鬥爭而不知耕織俗尚強悍而不讀詩書處處於河南新野鄧州唐縣淅川等處相毗連時有私梟白撞手竄入境內擾害閭閻是以命盜之案甲於楚北卑府不揣冒昧謹以管見所及將襄郡地方情形及辦理事宜所需籌備章程再為大

人縷陳其畧襄郡七屬其最難治者襄棗為甚南宜次之光穀均又次之襄陽地當孔道差務殷繁民情獷悍每以小忿殺傷人命兼與豫省水陸可通尤為盜賊私販所出没故襄陽一郡案居全省之半而襄陽一邑又案居全郡之半棗陽風俗強悍與襄陽相埒其人類皆險詐健訟又係私販必經之地界連豫省地亦遼濶治尤匪易南漳在萬山之中接壤鄖陽山高地險土瘠民蠻周圍八百餘里每逢相驗動輒經旬書役疲玩成風亦稱難治宜城土瘠民貧缺尤清苦而地處衝途差務紛繁與[illegible][illegible]府之[illegible]祥縣之豐樂河接壤該處水溢山隈

向[illegible]宜[illegible][illegible][illegible]以[illegible]、昌衛屯餉錢糧新歸各縣徵解宜城民三軍七為數較多章程初定辦理亦非易〻光化民情稍厚惟老河口係商賈所萃五方襍處易於藏奸穀城為提憲駐劄之所兵民共處時有爭端均州民情於七屬最為淳樸詞訟稍減此襄屬民情缺分之大畧也至於州縣為親民之官惟在人地得宜聽斷允洽始能與民相信現在所屬除襄陽宜城光化甫經到任其餘各牧令亦俱能儉約自守潔己奉公留心案牘徵收錢糧年清年款惟襄陽一縣幅幁廣闊案件繁多相驗勘緝等事層見疊出統計一月之中在署不及十日並有發審之案一人斷難兼顧缺分既苦處分又重捕盜緝私拾解等項在在需費是以歷任視為畏途遂至束手無策自甘參處 畀府 令正因公晉省面將一切清苦情形稟懇各大憲設法調劑三千金以為緝捕之用俾得稍可補苴但必須添委候補州縣以上人員帮同審案方足以資治理本年稟請候補令符其琢来襄旋即晉省實因缺苦事繁又非近水樓臺委員往往不久辭去現將前署令馬倅稟請暫留帮辦遇有一切緊要案件無論上控與否 畀府 又隨時親提審訊以分首縣之勞無如[illegible]案又積實屬最難辦理之區其他各

州縣卑府於命盜案件及各大憲批發督審提審之案每縣多者不下三四十起少者亦六七起及三四起不等卑府到任後擇其違限之久暫分別勒限嚴催審辦詳結在案推其遲延之故或犯供狡展或贓証未確或事主屍親有意牽連射利希圖不結並有刁健之徒圖告不圖審被告既已傳齊原告隱匿無踪又有一種屍親事主既經勘驗獲犯一訊之後聽之於官如遇翻駁再傳永不到案一恐審虛坐誣一恐待質延累遂至輾轉稽遲難於招解卑府察積習之由來思懲治之宜急每逢放告日期必親自收呈逐案先加訊問揆其致

訟之始究其唆訟之人或由府親提或當堂押發嚴加訊究以儆刁頑如有原被告已到即懸牌示審令兩造勒限各邀未到人証覆訊以免拖累小民具有天良經畀府屢次開導漸能相信樂於訊結不復狡展又嚴諭各州縣遵照前憲詳定章程將現在未結命盜襍案及上控各案趕緊復審分別詳辦並將甫經報發命盜等案依限詳報弗稍遲延干咎無如襄屬案牘之繁通省既無倫比缺分之瘠入幕未盡賢賓致有既訊不及詳既詳屢干駁詰者此襄屬居官聽訟之大畧也若夫盜賊之來必有[illegible][illegible]否則豈能越數十百里外肆行竊刼襄郡

州縣[illegible]錯時有匪徒闌入居民又剽悍性成家無積蓄貧即為梟為盜罔知畏法保無相與勾通之人窩藏之家而捕役又皆非善類難免無知情故縱情事

畀府到任後即通飭各屬遴選捕役擇其勤幹可信者厚給飯食盤費分交各汛委員無分水陸遠近細心訪緝遇有逃盜迯兇痞棍窩户及面生可疑拿案懲辦勤者有賞違者重究 畀府又按犯罪之重輕定賞賚之多寡懸立賞格照刷多張發交各屬城鄉張貼俾軍民利得重賞樂於報官又於考試觀風書院時接見士子訪採風俗如地方有窩户痞棍許即面陳使不受控告之

累畀府再加訪查屬實即飭會營嚴拿或親自策騎出其不意爕其窩巢庶盜賊四散易於弋獲去其城社之憑自少萑蒲之警是以去歲拿獲劇盜多名解省審辦搶刦之風日以寢息然襄郡之盜固屬可惡又屬可矜巨盜不過趙毛馮六楊帽圈李十一王雞客等數十名餘皆無籍貧民聽其指揮不知盜與窩之分撬門翻墻事主起捕臨時用強其初皆為小竊其後遂成巨盜倘得將各巨盜解回本郡正法或梟示該處庶幾有所觸目警心而襄郡距省在七百里之外例難解回或該犯罪名係[illegible]畀府惟有將趙毛等案奉到部文處

決情[illegible][illegible]告[illegible]使知

國有常刑不能倖逃至於現獲各犯　畢府已諄囑所屬無論竊盜痞棍其情屬可惡者先行盡法處治令其畏法不敢再犯亦周禮刑亂國用重典尚書辟以止辟之意惟是去歲年書大有隆冬之際尚有乘機搶奪等事今歲夏初被旱入秋遇水襄屬各州縣收成僅止六分上下交界南陽鄧州等處亦屬歉薄恐更易於為匪　畢

府先事豫防九月間即與各州縣捐廉在城內及樊城等鎮添設兵棚多處每棚撥兵五名幹役三名駐劄巡緝要隘處所設立堅固柵欄並令居民十家輪流支更

擊柝鳴鑼彼此相應又分委文武員弁帶領兵役督率牌甲按地稽查互相堵緝　卑府間夜輕騎渡河在樊城及新打洪一帶徹夜巡行稽核勤惰加之賞罰其餘離城寫遠各集鎮遴委員弁駐劄巡查又恐該員等虛應故事未能實心辦理復另委前署襄陽縣馬倅專司督緝週流巡察　卑府與襄陽縣蔣令不時親赴各處以抽查保甲為名密加稽核並嚴飭各州縣實力奉行保甲一面勸諭居民比鄰互察如能拿獲外來盜賊送官及密為呈首者賞給銀牌以示鼓勵倘有知情容隱一經查實[illegible]罪遇有耆民無不停騎親詢隨時開

導勸以大義曉以利害俾知交相警戒實力稽查誠恐此等彼竄難於弋獲復函致南陽廖守及該處營汎囑令無分畛域一體搜拿此襄屬緝捕及現在辦理之大畧也然此皆補偏救弊之為而非正本清源之論 畀府細察輿情曠觀形勢襄陽之所以積重難返者其弊有三襄陽之必需籌備者其事有二一由於農不知耕婦不知織統計七屬山多而田少地俱蕪沙畧加耘耨即行播種水旱聽之於天可種稻秫者不及十之二三餘皆高粱黍稷是以常多歉歲民鮮餘糧 畀府相度地勢南漳穀城棗陽等處均有水利可行倘能設法疏通俾資

引灌則就近瘠薄之地均可變為膏腴現飭該縣等細心體訪履勘辦理襄陽舊有檀溪河一道自城西繞至城東綿亘四十餘里本與漢水相通前明合東西老龍堤為一其水遂塞兩岸水田變為旱地然與大堤有碍不能疏濬復古此外又有習家池先年泉水通渠南流至白馬鋪灌溉軍民田畝數百餘頃嘉靖間填塞舊渠遂成枯瘠王漁洋蜀道驛程記尚言習家池方廣畝許今則僅止數尺情形迥殊 卑府親履其地細加查看珍珠趵突之泉有八尚可疏通居民不知蓄水法致令流入深溪之低而上高不收其利傳集該處耆民面加開

導深以[illegible][illegible]特[illegible]費浩繁緣難脩復自當婉為勸諭以成之至於襄俗婦女蓬首垢面止知坐食既不習女紅又不善蠶織遇有孀寡無不改適再醮三醮習以為常即衣冠士族之家亦不知有柏舟之操推原其故總因無業可依遂致無節可守 卑府察看老龍堤土戧之後近水土潤可以栽桑現已遣人於浙省杭湖地方購買桑秧明歲擬栽種十餘里俾桑根盤結一可以固堤根一可以教民蠶倘民知其利共相栽種則數載之間可期野無曠土室無閑女男耕女織風俗漸淳所慮者南北土性各別未知可能相宜否此襄民不知農桑之所

由貧也一由於父兄不知教子弟不知讀西北一帶與豫省交界處所無人讀書止知請師學武絶少延師課讀之家間有一二村館童子上學無不佩帶小刀以防同學欺侮幼時導以殺機長大豈知禮義東南一帶稍有讀書率皆十餘歲方發蒙二十餘歲方破筆童試已在壯年且初學時父母亦但求能記姓名而已一衿偶博已足自雄於鄉里不知科甲為何物史鑑為何書故歲科兩考入選者半皆城内外附近書院之人居鄉者十不獲一二而鄉人每以入學之難改而習武逞其血氣之勇[illegible]入泮藉其兇悍之勢闔族均可抗糧

武生□□□□□卧碑者更屬絶無僅有此皆由於蒙館太少師教無術之故　卑府訪知原委即刻印朱子小學呂新吾小兒語並

聖諭廣訓諸書分送鄉村耆老令給子弟熟讀並面諭幼時能讀此書即不得科名終身受用不盡然而託諸空言不如見諸實事今歲曾出示勸諭各鄉廣設義學計村落之大小人數之多寡延師授讀俾童而習之以發其孝弟之心改其強悍之俗其有好善樂施者無論銀錢地畝聽其自捐即舉內中一二公正之人掌管其事不必官為經理所捐銀錢田畝計價在三百金以上

者詳請大憲獎勵其百金以上者及未及百金者由畀府分別給區獎賞田畝銀錢數目悉行勒石以垂永久鄉民尚能取信頗有樂輸之人無如今歲適值歉收民力拮据捐輸甚微雖不便阻其樂善之誠但恐創始之初未能踴躍將來難於集事祗好緩至來歲徐圖舉行此襄民不知讀書之所由悍也其弊之切近而格碍難辦者莫如食鹽一事襄樊同知每年領銷鹽觔不過二十萬包每包八觔四兩民間生齒日繁百倍於前總計尚不敷樊城一隅之食小民即知畏法豈能食淡於是私販夫持漁利之徒紛紛無已時矣官斯土者懼罹失

察覈介[illegible][illegible]名[illegible]必嚴檄催緝鮮不查拏嚴緊自顧藩籬而操之太蹙即難保無逞兇拒捕激成事端並有無籍匪徒假冒兵役於要路糾集多人強搶獲利往往互相殺傷被搶之人明知販私干禁遂隱匿實情以搶劫貨物為詞且報盜梟既已混淆獄訟因而增劇且此輩資本一失別無營生不為盜賊即為白撞手為害閭閻患且不可勝言況拿鹽一二次鹽價頓時翔貴居民無所買食怨咨沸騰尤為可慮欲寬緝私之禁而舊例定有章程凡武弁汛員有緝私之責者按月獲不及數記過註冊該員等懼干咎戾每因自買食鹽及肩挑負販為

數無多之貧民易於緝拿不得不藉以塞責然一經到案拖累無窮官即訊明開釋民已失業廢時目擊情形殊堪憫惻倘能將襄陽一郡改食潞鹽最為民便但前大憲既干部議未便更張如改為商銷於民亦不無小補而逆流挽運商人不樂轉輸難於勉強再四思維殊無善策此真萬難措手之舉世所謂必須籌備者何一在積貯查　卑府所屬常平倉項下襄宜南棗光穀均六縣一州統計額存倉穀十一萬九千五百餘石內除動用未經買還外現在寔存穀八萬八千七百餘石核之原貯之數不過十之七八本年奉藩憲檄飭買補因各

屬收成歉[illegible][illegible]價騰貴恐妨民食未経採買此外雖尚有被匪燒存及買還社穀一萬四千石零然係民為收貯官不経理襄郡產米無多各處川販又因逆流而上挽運維艱赴襄售賣者甚少即遇豐收僅敷民食設逢歉歲接濟無從不得不賑糶兼施以資調劑而各屬倉穀有限不足以資一歲之用如謂積穀不敷以銀折給而府縣各處均無存貯備公銀兩且襄陽自古用武兵屯重地較別府尤關緊要雖他處荒歉從不動碾襄倉存穀撥補兵糈歷任各大憲未始不記深慮遠未雨綢繆然以有限之倉儲濟不虞之要用恐臨事緩不濟急

掣肘殊多至襄陽庫款除各州縣額徵錢糧地丁隨徵隨解外別無積貯府庫所存更屬無幾一旦需用孔亟萬難措施　卑府曾將實在情形面陳各大憲求為思患預防之計請援照廣西江南新例借撥藩庫閒款銀一萬兩發襄陽道府交當生息十年之間除繳完本款其利作為存貯備公之用庶幾有備無患而藩庫又無款可籌難於借撥庫藏空虛殊為可慮此襄郡所必需籌備者一也一在城垣夫城垣之設以保障地方捍衛民社必須結寔堅厚方足以壯觀瞻而資鞏固易言王公設險以守其國禮言城郭溝池以為固春秋凡城必書

誠以城之關係於民者綦重況襄陽係豫晉之衝途荊楚之關鍵歷来襄樊二城夾漢而峙明嘉靖三十九年尚修築樊城後始燬於兵燹其北猶存土址其南為漢水所嚙基址無存惟恃襄陽一城為守禦尤宜加高培厚趕緊修整查郡城一座週圍一十二里七分計長二千二百二十一丈七尺高二丈五尺上濶一丈五尺下濶二丈建自前代不知何年順治二年曾經修築從前原建之工尚屬堅固因嘉慶年間屢經兵火以致坍損残缺近因歷年過久磚土硝朽愈形坍塌皴裂嘉慶二十五年前襄陽縣賫令逐段勘丈計朽壞磚城一千五

百二十八丈坍塌排墻一千五百四十五堵垛口三千九百城内炮臺土身多有剥落坍矬城門六坐亦多朽壞共估工料夫價約需銀二萬六千八百有零正欲詳辦適奉憲行一切工程俱行停止致未請脩現在雖隨時粘補恐難經久欲請

帑脩理則需費浩大城工係在緩脩項下未便冒昧具詳欲捐廉脩葺則所費過多力不能及更恐日積月累倒坍過甚轉致難於脩理亟宜預為籌畫至郡城濱臨江滸前明屢受水患萬歷三年始於漢江南岸郡城西北自萬山起至禓泗廟止將東西兩隄合并修建長隄

一道外石內土延亘十里三分以衛郡城名老龍隄
國朝乾隆年間設有生息歲脩銀九百兩為脩堤之費
從前江水順軌並無潰決之虞所有生息籌備銀兩足
敷支用比因萬山以下周家洲之南新淤沙洲之處迆
下緊靠北岸復漲出周家嘴一灘橫截江心石子層疊
隨挖隨淤每遇伏秋盛漲水勢不能暢行全河大溜直
逼南岸堤身易於潰湯城池亦難保固歷任各道府相
度形勢或議挑挖石灘或請建砌石壩或議疏濬檀溪
故道以宣洩盛漲屢以事多窒碍均不果行嘉慶二十
二四五等年及道光元二兩年老龍堤屢報潰坍節蒙

各前憲詳請

奏明借款脩築本年秋汛復將老龍廟等處沖缺矬坍十段統計老龍子堤三百餘丈現在請項興脩非不知國家經費有常第以此堤為全郡保障不惟於民廬田舍有碍實於郡城大有關係本工生息銀兩每年僅止九百金現以一半為借款還項一半為歲脩經費所餘無多而前借沙洋商捐堤工及善後工程工賑各款已多至六萬餘金將來愈積愈多歸款更自無期為今之計似應另籌庫款生息如沙洋籌備章程庶隨時可以濟用臨事不致周章此襄郡所必須籌備者二也卑府

識見迂拘扵諸政體第以平日所讀之書証今日所歷
之事夙夜講求不敢暇逸欲興利深恐興之之無方欲
除弊恒慮除之之無術計惟有正己率屬明政刑以儆
愚頑因地制宜崇教養以厚風俗威克厥愛不敢存姑
息之心猛以濟寬亦不敢開矜躁之漸以仰副大人整
飭吏治除暴安良之新政所有愚昧踈淺之見敬謹縷
晰密陳惟冀賜之教誨不勝戰慄仰望之至臨禀依依
恭請崇安統乞慈鑒　卑府周凱謹禀

荆楚文库

〔光緒〕湖北宜城縣鄉土志

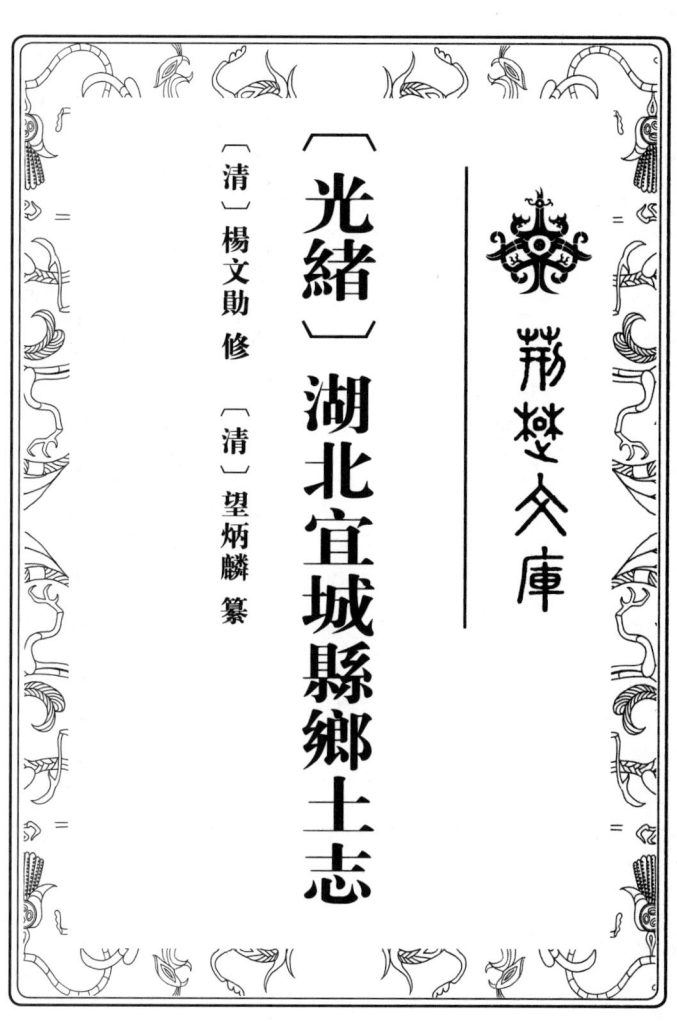

〔清〕楊文勛 修　〔清〕望炳麟 纂

《荊楚文庫·方志編》編纂組

前　言

《〔光緒〕湖北宜城縣鄉土志》，清楊文勛修，清望炳麟纂。清光緒三十二年（一九〇六）刻本暨石印本暨活字本。

是志係清末系列鄉土教材。有《約編》四篇、《韻言》十章、《圖相》不分卷、《便讀》十章、《藝文》不分卷，共五種六册。各零種相對獨立，無總目録，各有内封、牌記。

楊文勛，黔江（今廣西壯族自治區）人，宜城知縣。望炳麟，邑廪生。

光緒乙巳（一九〇五），楊文勛執掌宜邑。逢京師編書局頒發《鄉土志例目》，飭各州縣編撰鄉土志爲初等教科書。楊文勛閲《例目》，知體例大綱。召望炳麟等人采輯綴録，總其成後，修飾增益，潤色類目，區分細節，加以評語，《約編》乃成。切高等小學教科之需，用四字韻語編成《韻言》。爲初學者便覽計，又分類相形繪圖，名曰《圖相》。《便讀》即簡本。《例目》指定體例外，修纂者又『竊』增『附録』，選時下文藝，名曰《藝文》。此五種五册於光緒三十二年（一九〇六）春完成，是年秋縣勸學公所活字印刷補入《宜城建學題訓全録》，另行一册，歸入《藝文》，全志終成。

此志《約編》篇章前載《京師編書局頒發鄉土志例目原叙》《遵修鄉土志告成繕本郵呈京局及省憲鑒定禀》《宜城縣鄉土志叙》，繼有題名、目録。《約編》正文四篇：歷史、人類、地理、物産，篇下又分章節不等，此四篇詳叙宜城鄉土概要。《韻言》計十章，四字成句，『匯作俚辭，便初學誦讀』。《圖相》按類編排石印。《便讀》亦四字成句，行文極簡。《藝文》篇幅最大，選時下文藝，冀『可以知事，兼可作文理法程』。

《約編》《韻言》《圖相》《便讀》《藝文》變换叙述角度方式，相輔相成叙本邑事，可成一體，亦可獨自成册單行。此套鄉土教材采用多種刻印手段，《約編》《韻言》《便讀》《藝文》四册采用傳統雕版刻印，《圖相》采用西式石印技術，《藝文》之『宜城建學題訓全録』主體部分采用活字印刷，又搭配有石印和雕版。此志成書迅速，大體遵《例目》體例。時逢新舊知識匯聚，此志既采章節體，又用傳統卷目，本《前言》據實客觀著録。本鄉土志總體版式一致，乃一套小叢書，惜《中國叢書綜録》《中國叢書廣録》失收。全志分六册裝訂，走訪國内多家收藏單位，目前未見完整藏本。所見皆爲不等零種，蓋與其時發行方式相關。所見多書目不完全著録此志，且著録各異。

此次影印，因全志無總目録，參照叙言酌定編排。《約編》《韻言》《圖相》底本據湖北省圖書館藏清光緒三十二年刻本暨石印本；《便讀》底本據浙江省圖書館藏同年刻本；《藝文》底本據國家圖書館藏同年刻本暨活字本，版心頁碼多處訛誤，比照複本亦然，蓋倉猝分頭刻印，編輯力不逮所致，據實影印。（楊愛華）

目録

圖相……二〇一

便讀……二一三

藝文……二三五

[illegible]宜城縣鄉土志約編

湖北襄陽府穀城縣鄉土志紀編

鳳池語吏

書端

鄉情廣識古俗深語

光緒柔兆敦牂春月

務學公所

藏版

京師編書局頒發鄉土志例目原敘

奏定學堂章程所列初等小學堂學科於歷史則講鄉土之大端故事及本地古先名人之事實於地理則講鄉土之道里建置及本地先賢之祠廟遺蹟等類於格致則講鄉土之動物植物礦物凡關於日用所必需者使知其作用及名稱蓋以幼穉之知識遽求高深之理想勢必鑿枘難入惟鄉土之事為耳所習聞目所常見雖街談巷論一山一水一木一石平時供兒童之嬉戲者一經指點皆成學問其引人入勝之法無逾此者然必由府廳州縣各撰鄉土志然後可以授課海內甚廣守令至多言人人殊慮或龐雜用是擬撰例目以為程式守令雖事繁但能傚本地讀書能文

者二三人按目考查依例編撰不過數月即可成書事必求其詳核文必期於簡雅俟采輯成編一面將清本郵寄京師編書局一面錄副詳報本省大吏以免轉折遲延經局員審定刪潤俾歸一律訂成定本並各種教科書發交各府廳州縣以為小學課本庶可成完全之學科迪童蒙之知識他日進學成才皆基於此賢守令幸勿忽視

光緒三十一年四月初六日

遵修鄉土志告成繕本郵呈　京局及省憲鑒定稟

敬稟者竊卑職質本樗材化慚蒲邑客歲既停科甲英年宜納膠庠當學堂開辦之初正文部講求之候前承

憲檄頒體例之新章謹照式程撰鄉土之舊志以為幼童課讀之本初等教科之書洵乎興學始基育材至計也卑職亟令邑士按門採訪閉戶纂修城池山川與宦跡鄉賢而並錄風俗土物合農學商務以兼收既用評語韻言使兒童之記誦復為圖形繪像啟幼穉之景瞻不徒先正範圍搜求遺冊並使後學文藝附録成編此蓋卑職新增妄陳蠡管備蒙

大人見賞敢詡驪珠惟是吏治紛繁文事疏畧學非淵許才遜馬

班恐或考據未詳陸士衡聞而撫掌徵引貽誤韋侍郎聽則垂頭雖草創已成宜鳩工於梓匠而筆削未定乞

鴻鑒於蘭臺用敢郵寄燕函錄呈

憲局中有魯魚亥豕希考校之無訛上等狐史麟經寓褒貶於至當將見折衷有據潤色堪嘉訂就纖都發交郡邑竟合府廳州縣志書俱著萬全無論城市鄉村課本皆歸一律斯時體育德育迪知識於童蒙他年學成材成切報効於君國足副

朝廷作人之雅化不枉

憲台造士之深心矣為此繕本賫呈伏乞

刪潤賜覆　署宜城縣知縣楊文勳謹上

宜城縣鄉土志叙

歲乙巳余權篆宜邑適奉
京師編書局頒發例目飭各州縣編撰鄉土志為初等教科書童蒙課讀之本誠興學育才之至計也余迺披覽體例大綱細目燦然備列亟命邑廪生望炳麟等采輯而綴錄之余為總其成且修飾增損加以潤色於類目之中區分細節并加評語名曰約編為高等小學教科之助又用韻語編成四字句一卷為初學便讀分類相形繪圖俾童蒙想像易知復選近時文藝附錄庶考言可以知事兼可作文理法程論事必求其詳明行文必歸於簡潔務使初學便於誦讀以牖其聰明激其天良朝考而夕稽自知城池之沿革山川之變遷耆舊之盛衰賢良之政治風俗之隆污土物之厚薄漸摩既久玩味彌深人人知有愛鄉土之誼而後知有愛君國之心知有愛君國之心而後事雜言龐者不得進而淆其知識性情變易其初衰致與故國相牴牾蓋其後教育必出此此鄉土志之不可不作也矣志原於史而實與史異史則綜天下歷代之城池山川耆舊賢良風俗土物而備陳之志則舉一鄉一邑之城池山川耆舊賢良風俗土物而分錄之鄉土志則又舉一鄉一邑之類族種物而合纂之其體製非惟與史異且與府廳州縣全志亦異亦欲為初學便讀而已雖然志之始始於元和郡縣志太平寰宇記而莫善於乾隆府廳州縣志鄉土志編撰之始始於東西各國及陳笙之直省府廳州縣韻語而寔自近日廣南教幼學者有歷史人類地學物理諸歌我
編書局監督黃仲弢學士參考古今會通中外推其意而擴充之其所以興學育才為童蒙計者至矣盡矣蔑以加矣且夫今日之童蒙

其生長倚羅中者日事其驕侈淫佚狎暱於邪
僻徵逐於博戲終日瞶瞶而不自知其非而泥塗
村俗之子弟則又聽其喬野頑劣粗鄙椎魯而
亦不自知非遂使日復一日年復一年消磨歲月隳
壞志氣嗚呼幾何不率童蒙而為禽獸也令得
此篇分發各學堂以誘掖之警覺之非惟教科有
書課讀有本即是邑之城池山川耆舊賢良風
俗土物日往來於胸中有不覺神與古會自油油

三

然生其愛鄉愛國之心而不可一日泯豈不仰副
朝廷作人之雅化與各
大憲遣士之深心耶余因急就是編貢之
京師局憲及省垣
大府以俟裁定因叙其顛末而弁端
光緒三十二年歲在柔兆敦牂仲春月
賜進士出身知宜城縣事黔江楊文勳蘭甫謹
叙於縣署之冰鑑堂

湖北襄陽府宜城縣鄉土志題名錄

鑒定

二品頂戴翰林院侍讀學士京師編書處監督黃印紹箕
太子少保湖廣總督部堂兼管湖北巡撫事張印之洞
頭品頂戴湖北武昌等處承宣布政使司布政使李印岷琛
署理湖北全省提刑按察使司按察使本任安襄鄖荊兵備道梁印鼎芬

督修

花翎二品頂戴署理湖北分巡安襄鄖荊兵備道劉印保林
署理湖北襄陽府知府奏留補用知府楊印宗義
欽加三品銜特授湖北襄陽府知府曹印允源

宜城縣鄉土志首編題名　一

總編纂

欽點內閣中書清軍府銜署宜城縣知縣　楊文勳

纂輯

邑優廩生　望炳麟

協輯

邑歲貢生　張鶴齡

採訪

歷史　兩湖師範畢業邑增生　張鑫
人類　本邑簡易師範畢業增生　杭瀛海
地理　邑歲貢生　張鵬翔

物產邑庠生　雷國慶
商務歲貢生　宋瀛海

繪圖
貴州貴陽府生員　吳君鵬
本邑簡易師範畢業庠生　彭用熙

繕錄
貴州貴筑縣優廩生　楊福瑩
五品頂戴江蘇補用縣丞　石國柱

校對
六品頂戴浙江試用訓導　劉應桂

高等小學堂堂長鶴峯州廩生　李德寅
師範學堂監學武昌縣生員　胡鳳山
高等小學兼師範教員黃陂廩生　梅冠斗

督刊
宜城縣儒學訓導　范楙宣

湖北襄陽府宜城縣鄉土志目錄

湖北省襄陽府宜城縣鄉土志

第一篇　歷史

第一章　歷代沿革

第一節　宜城置治改名之始

宜城屬禹貢豫州之域在襄陽府南建安十三年魏武取荊州置治宜城屬襄郡是宜城置治之始漢惠帝三年改鄢都曰宜城屬南郡是宜城改名之始

第二節　未置宜城以前

本境唐虞之世為豫州夏為邔周為羅鄀春秋併於楚置鄢鄀邑戰國併於秦置鄢邔鄀縣秦漢以降革故號名宜城後世遂沿之

第三節　既置宜城以後

漢魏仍踵其舊沿及南北朝宋廢為華山梁改為率道魏改華山為漢南隋以率道漢南屬襄郡迄唐貞觀中省漢南天寶中更率道為宜城屬襄州宋元至
國朝皆因之

評曰冠蓋顯榮漢惠錫名邔羅鄢鄀三代經營沿及五季輿地紛更華山率道漢南分明天寶七載仍號宜城宋元迄今千載踵行地當衝要北征紀程襄郡門戶要隘縱橫鎖鑰半壁鞏固

皇清

第二章　政績錄官本境者均記之、以年月先後為次、約三大端、

第一節　興利之政

興利之政教養為先、善養民者、如王寵守南郡、鑿木渠以溉田、宋朱紘復修其淫塞、孫永為令、疏長渠以引水、陳表臣復濬其淤廢、興水利而足民食、善教民者、如牛伯衡文會模範課、謝紹佐仍紫峯書院舊址、改小學堂、亦甚廣作育、造英後雖規模稍隘、已立培才先基、豈非興利之卓卓者乎、

查木長二渠、久已淤廢、文勳議濬復故道、東開瀴水、南疏赤湖、修閘築壩、俾水利興復、又擴充學務、另建高等、立師範、設蒙學、竊有志於教養、追蹤往哲、踵跡前賢、但力小任重、終愧不及、

第二節　去害之政

務去則苗興、暴除則良安、故治民以去害為先、害民在流寇、郭泰則築土城、害民在陋規、吳昂則取老畝、徭役多隱蔽、胡明佐釐禁富包、徵解多火耗、王文祺弊革踢斛、他若胡永慶免遮役、謝蘭欒髮逆、宋熙曾懲盗賊、陸佑勤修沿漢長堤、居民無水溢之患、尤為除害之彰明較著者、

查斯邑之害、尤重差幇、藉端需索、文勳已請示大府革除、其次則保胥虐民、凡被控者、即痛懲之、以儆效尤、久之亦不敢作奸、至於囤販刁捉聚賭窩盜害良、積習此間尤甚、隨時查覺嚴治、其風稍衰、

第三節　聽訟之政

明廖仕任宜城、遠讒佞、簡詞訟、盗息而民安、其後劉祚長政簡刑清、獄訟衰息、萬邁精明嚴毅、長囹圄空虛、推之王丕文、郭桂芳、李鼎培等、皆賢能循吏、明斷果决、訟無留獄、聲威赫赫、洵有惟良折獄之風、

評曰、吏傳循良。治績彰彰。木渠長渠。守令留芳。菁莪造士。培養膠庠。熱心教育。歌頌弗忘。剗除弊竇。諳練精詳。嚴禁苛派。增修隄防。奸宄並息。詞訟消藏。洗心革面。各守典常。刑清政簡。世企小康。賢哉令尹。志乘輝煌。

第三章　兵事

第一節　本境之叛黨

東漢光武帝建武二年、秦豐據黎邱、稱楚黎王、為本境叛黨之魁、後漢書

迨後主延熙間、夷王梅數聚衆柤中、分布於西山隔沔二谷、卒為吳將朱然所滅、吳書越千餘年而至

國朝嘉慶元年、忽有賊首王庭詔、祁娘子、柏寡婦等、勾結白蓮教匪、內外煽惑、時知縣徐昱捕獲偽知府劉、偽經畧蔡、偽都督彭、及賊目尹常傅魁等、伏法、境內始安、

第二節　本境叛黨未成事者

光緒十二年五月、南漳九泉觀哥老會首孫同福、羅獅子等、勾串賊匪騷擾朱家嘴、雷家河、孔家灣一帶、衆姓逃匿驚惶、時在籍紳士望樾功、容令胞弟蔭甲赴城面禀縣令舒善慶、嚴拿匪首、請提標差弁帶兵彈壓、賊乃遠颺、迨三十年、為軍稅故、武昌襄陽兩衛軍痞嘯聚不逞之徒、欲謀阻抗、縣令沈俊、與劉游擊水金等、督襄防練勇、並馬隊三百出城、該匪等正麕集朱家嘴、約萬二千、自詡人衆、聞官軍至、排隊出迎拒敵、被官兵鎗斃數人、衆乃潰散、張督檄

委劉道秉彝、鄧守嘉縝與楊令文勲等、查辦嚴拏首要、解散脅從文勲接任事、復委婉開導、衆愚民均各認繳契稅、張督又奏請減稅以䘏窮民、衆情益帖服矣、

第三節　他境叛黨涉本境者

賊匪之竄入本境、莫甚有明劉千斤、以成化元年逼境、劉六等以正德六年入寇、張獻忠、李自成、李赤心、李來享、高必正等、以崇禎中擾亂六堡、焚燬廬舍、縣令陳美以抗節死、士大夫幾無噍類、天心悔禍、至

本朝國初元元安集、遠邇同慶、迄嘉道初年、白蓮教匪張漢潮、蔓延北境、夷匪傳添貴、侵掠西鄙、咸同之間、紅巾賊騷擾小河、捻首任

柱、賴汶洸、屠戮官庄等處、此又叛逆入境之歷歷可考者、

第四節　本境兵事之交戰

屈瑕伐羅、白起攻鄢、春秋戰國、本境兵事已不少、降及於唐、李希烈討梁崇義於蠻水、宋阿剌罕戰范文虎於湍灘、元八都魯攻孟海馬於鄢河、

國朝景安、常德、敗川匪於北境、唐太守巴都、統勦髮逆於西境、靡不摧鋒破敵、同唱凱歌、

第五節　本境險要可屯駐者

易曰、王公設險以守其國、本邑東南東北之險要、以鷄鳴山、兩乳山、馬頭山、大峯頂、兩河口為最、嚴於籌防、可阨隋棗襄陽竄入之路、西北西南之險要、以小河口朱家嘴土地嶺八里舖倒口為最容於佈守、可扼荊南鍾祥竄入之路、水陸衝道、得其要領、自能保我疆塲、而制賊人之命、

評曰、么麽小醜。歷代儘有。游釜跳梁。竊鼠偷狗。秦豐梅敷。山谷據守。白蓮渠魁。哥老會首。獻闖屠戮。紅巾跳走。王旅出征。摧枯拉朽。奸賊預防。慎保隘口。東西朔南。險要足負。外禦凶逆。内鋤惡莠。四鄰安堵。召父杜母。

第四章　耆舊録

第一節　耆舊之儒術上

聖門列文學、史記傳儒林、儒術顧不重哉、我邑自觀射父、宋玉、王

逸、王延壽、王仕源、段成式之徒、著述宏富、燦然史册、無庸贅述、而未見史册者、如王羆博物洽聞、闞幼安段園詩文、尚其志制藝詩辭、李明英指南全集、范振聲覺齊詩集、黄元吉史評二卷、魯桂元防勦議、及採訪記、立言精核、周輝先課幼草、及揀金録、堪備典要、陳心齋鈔纂經史、曾大勇類解左傳、明春秋之義、蘊楊敬書砥礪品學、何宏先瀟洒琴書、著家學之淵源、王萬舒洞悉奇門、六壬玄妙、楊旅垣侍疾高堂、醫學始精、皆卓卓燦著於咸同以前者、

第二節　耆舊之儒術下

若夫咸同以後、上下六十年間、萬紹晋著宜城風俗志、姚德華手録十三經、李椿齡博文强記、受知於單文恪、望懋修經史新義、見

賞於金侍御李文林脉証新論深契於陸彥祁、魏崇本張炳鍾教諭武漢江沔、啟澤、曾觀海魯鍾泗司鐸漢黃、膠庠流芳、曾述先魯鍾濂魯國望訓導施鄖、山林沐膏、碭肇端闢邪戒烟之詞、足維風俗、望蔭甲祠堂族譜之文、足化宗支、而孔廣元李文鳳張致中賈永洛張達化孟錫成李士貞何大楷黃紹度王和中之儔、教授門徒、增光泉壤、宋瀛海易文馥李鳳藻李儀鸞李儀星張鶴齡張文采張鵬翔程履中王道隆施懷玉之倫、學業深長、執經教誨、老而彌篤、嗚呼盛矣、

第三節　耆舊之孝友

我邑自龔謙劉銓龔楚秀劉紹芳尚履享諸先生、敦飭倫常、輝映

前代者、舊志已詳、迨

國朝黃會極、以孝廉舉萬年慶以孝友節儉重、洗近揚以祖孫壽考顯望、際唐躬侍母疾、廬墓三年、姚廷揆謹事伯兄、走尋千里、杭漢儒親侍祖母、不離三年、龔淡遠龔鯤鵬、至性聞於鄉里、姚國搢姚際銓、天倫篤於家庭、望登瀛奉事祖母、晨昏上謁、風雨弗輟、比分産以腴田予昆季、而自取瘠者、其孝友豈人所能及哉、

第四節　耆舊之睦婣任恤

慳吝刻薄之風、人情皆然、故急公好義者、實不數覯、然蹇士範之輕財、彭音之好施、李燦之賑饑、張文光之傾囊、各垂聲於歷代、沿及

國朝、梁京豊之讓産、魯懷瑜之殉義、李殿元姚執中雷春融周之鏞李如蘭之義塾、造就多士、皮桂華胡德選龔龔氏劉趙氏張周氏之賓興、襄助秋闈、其餘魏汝樂吳道南之謙和、竭力周急、李茹蕙朱如珍之誠篤、多法全文范宗炎姜聲和嚴振聲之揮霍、不吝千金、張錫榮熊炎才王和中之慷慨、屢賑四鄰、孰非亟亟以憂貧窮卹困之爲務者哉、

第五節　耆舊之名臣名將

鄉士著名、垂休青史、將帥立業、紀績丹庭、自春秋以至宋明、傳不絶書、如伯嘉莊善觀丁父觀射父之經綸、建勳荊楚、黃尚秦頡馬良馬謖向朗向寵殷觀之謀略、播譽漢室、柳渾邱瑜胡價王凝劉

鎬之才猷、抒謀畫於唐明、流芳靡窮、嗟乎、處常易、處變難、想我

國家經粵逆捻匪之亂、斷頭陷脰、義不旋踵、而乘時奮不顧身、報効

朝廷、如彭體道邱時成胡大貴奮勇秦隴、力捍回難、劉清南著名新疆、迭受

懋賞、嚴大紀陳端誼王丕秀黎晋寶盡忠關陝、屢膺節鉞、斯皆當多忠勇在文襄之拔擢、而爲三軍所極稱道不置者乎、

第五節　耆舊之循吏

守令與吏民最親、殘酷非、懈弛亦非、本境以循良著者、前明有鍾亮周鼎王麟胡振佩惠政愛民、不事權貴、

國朝有王金邱天民劉岱周名炎蕭峯原除暴安良、各展經術、乾嘉

以來、胡棠善於治民、龔國榜善於決獄、唐承忠善於制敵、易萬里善於勦賊、周仁壽善於修堡塞而安流亡、王家謨周丕紳菈任山陝、善於理詞訟而絕苞苴、望懋功權篆陝西商州直隸州州同、修倉廒、懲游勇、嚴課試、撫疾苦、勤勤懇懇、以民生士習爲先務、州人至今德之、

第六節 耆舊之忠節

高宗純皇帝勅史館編立貳臣傳、又錄殉節諸臣、分專謚通謚二門、袞鉞大義、炳如日星、緬懷邱之陶蠟丸貽書、以罵賊死、郝步瀛堵賊陣亡、以盡忠顯、吳珍公服被害、吳先登傳及自刎、李文苑義不受辱、傳作楫禦賊而歿、周仁傑龔紹渤等引頸受戮、蓋自嘉慶蓮匪

之亂、咸豐同治粵匪捻匪之禍、有以捍禦死鄉井、有以軍籍死戍所、攖鋒鏑、蹈白刃、奚啻千百計、非獨

列聖德澤入人之久且厚、抑亦漢沔光也、

第七節 耆舊之壽民

五福以壽爲先、華封人祝堯、亦曰多福多壽、上古渾樸、享耄耋者極夥、迨後世嗜慾日開、精氣日耗、夭折者纍纍、我

朝治安既久、民生日遂、邱峒旌百歲之坊、鄒洪道飲千叟之宴、望遴百有八歲而度量寬宏、李文燦百有三歲而精神矍鑠、李泰精岐黄而大年重於士林、黎邦興和門庭而遐齡慶於同室、豈非

熙朝之人瑞哉、

第八節 附婦女之節孝上

詩詠柏舟、易占苦節、古今勵冰霜之操、其抗節罵賊者、自彭娥起至陳于蕃妻周氏止、計二十二人、其烈女未字者、自廖女始、至邱宜楷女止、計二十一人、其節婦十六歲至二十歲者、自馮永安妻張氏始、至蔚開芳妻李氏止、計二十四人、其節婦二十一歲至三十歲者自郭獬妻王氏起、至王松一妻張氏止、計一百七十六人、其節婦無年月可稽、僅記事蹟者、自甄逢母起、至王校妻張氏止、計三十八人、詳載宜志、參考無訛、知江漢之化人者深矣、

第九節 附婦女之節孝下

若夫光緒已來、其未入志乘者、當髮逆蹂躪之交、陳俊妻梅氏以罵

賊死、梅於金妻黃氏母女四人投井死、貞烈之志、昭昭耳目、至於未歷危險、全節自矢、則有曾大美媳胡氏、劉鴻媳王氏、李大盛妻劉氏、楊文藻妻王氏、李源遠妻熊氏、潘文笏妻王氏、文氏、冰霜皎潔、皆足以激勵頑懦、尤可慕者、全母道、享高年、如望懋功母申宜人、壽享八十、孝事繼母、克勤克儉、王建中母胡氏、五世同堂、元曾繞膝、嚴德修母李氏、壽九十六、朝夕紡織、婦功罔懈、鄭貴妻陳氏壽九十五、樸素自安、辛昌後裔、王仁祥母曹氏、壽八十、撫前妻遺嗣、視如己出、節婦壽母、增光門閭、洵可風已、

第十節 名宦祠

祀守土之有功德者、如漢南郡太守王寵、隋鄀州司馬房彥謙、宋

宜城令孫永、陳表臣，元宜城尹晏亦奇，明宜城知縣尹希文、陳義林、典吳昂、朱崇學、郝廷璽、雷嘉祥、陳美，教諭陸純，

國朝宜城知縣王文禎、胡永慶，襄陽知府多山，

第十一節　鄉賢祠

祀鄉士大夫之賢者，如楚大夫宋玉、漢侍中王逸、後漢侍中馬良、顯明亭侯向朗、將軍向寵、唐宜城伯同平章事柳渾、處士王士源、太常寺少卿段成式、宋徽士蹇温、明鹽運司副使鍾亮、雲南巡撫王凝、刑部右侍郎胡價、東閣大學士邱瑜，

國朝保康訓導吳珍、歲貢鄉飲賓萬年慶，

第十二節　忠孝祠

祀先正殉難盡節及孝事父母者，如明東閣大學士邱瑜、殉城盡節邱氏、忠圖賊被害邱之陶，

國朝職員易廷選、通判周宏謨、鹽知事周仁傑、周兆璣、州同皮長煊、貢生易鳳池、易廷弼、文庠蕭仁傑、龔渤海、周顯名、劉文照、羅忠璧、武庠李懋官、劉離東、監生徐可章、明孝子馮宦、尚履亨、龔楚秀、劉紹芳，

第十三節　節烈祠

祀列女殉難及節孝可風者，如漢彭娥、唐甄逢母、明馮永安妻張氏、郭獬妻王氏、胡觀妻彭氏、尹恂妻朱氏、廖女、何述妻王氏、于躍妻劉氏、黃會極妻閔氏、劉鑑妻郭氏、張聯奎妻何氏、羅氏二女、邱瑜妻龔氏、龔必達妻吳氏，

國朝李天福妻蕭氏、李慶蘭妻雷氏、王興遠妻譚氏、張炳常妻魏氏、望廷儀妻蕭氏、王貴然妻王氏、黃熠妻郭氏、屈功賓妻王氏、黃坪妻魏氏、李鳳鳴妻王氏、左滐臨妻萬氏、陳貞文妻雷氏、魯蒂饒妻邱氏、蔣王甲妻周氏、魯瑾妻張氏、魏常泰妻陳氏、望坦瀛妻張氏、梅黃氏、温羅氏、劉易氏，

評曰：事業學問，包羅先正。名儒名臣，經綸德行。達在朝廷，同敷化政。李郢敵愾，龔黃治郡。殉義文謝，出使富鄭。窮處山林，經史陶性。格致理深，數學精蘊。振飭彝倫，湔除驕吝。耄期遐齡，松柏堅勁。俎豆千秋，肅然起敬。忠孝節義，道遵孔孟。

第二篇　人類

第一章　原種

第一節　本境黃種

西人分五洲之民為五種，歐洲白種，非洲黑種，美洲紅種，西南兩印度棕色種，亞洲黃種，東至日本，西至崑崙，南至南海，北至東三省，其地皆亞洲，其人皆黃種，宜邑介荊豫之交，屬翼軫之野，雖蠻爾獞，亦黃種也，豈以荊蠻盧戎之裔，遂疑種類頓殊哉。

第二節　本境另有袁笪鄭三姓回種

回部居天山之南，葱嶺之東，即漢書城郭三十六國也，唐肅代時始以戰功留京師，錯處雍梁兗豫荊襄之間，雍正初，自袁家灣移

境內派衍九代、散處蔡家灣楊家崗黃家林彌陀寺等處、分袁鑿、鄭三姓、計戶口一百三十有餘、其自奉忌豕肉、其婚姻不與他族、其賀年以三百六十足日為度、無閏餘盈虛之說、其祀先無木主、惟供一宗佛、其死喪葬埋、不用形家風水之言、棺槨衣衾之制、大略風俗如此、

評曰、五種名揚、亞洲色黃、邑居亞境、土德流芳、同種回紇、下拜汾陽、戰功留處、散布荆襄、同我事業、士農工商、異我風俗、婚姻死喪、昔霍集占、割據回疆、近白彥虎、吞噬鴟張、聖主哲相、天討昭彰、畏威懷德、永安善良、

第二章 戶口

第一節 本境無旗戶

國家發祥東土、盛京 興京為老滿州、吉林黑龍江為新滿州、滿州人編入旗籍、故有內八旗外八旗、漢人投旗者編入漢軍旗、每旗七千五百人、定鼎以後、各旗分處省會及名勝府治、而窮僻之區絕迹、故宜城盡屬漢戶、而旗戶絕無、

第二節 漢人之戶口

國初經獻闖之亂、漢戶幾無孑遺、繼經白蓮之禍、漢戶又去十分之半、又經髮匪捻匪之屠戮、漢戶又去十分之三、又聞江蘇有招人開墾之令、漢戶移江南者、又去十分之一、曾文正公平髮匪、僧親王平捻匪、境內安堵、生齒漸衆、雖水旱昆蟲、天災時有、然戶口未甚耗減也、以丁口冊總紀之、大約有三萬八千四百八十餘戶、大小男子、有一十六萬九千九百餘口、地狹人衆、實有人滿之懼、撫既庶之民、而可無富教之加乎、

評曰、人安庸愚、田少膏腴、要衝孔道、四達康衢、低窪澤國、鄢漢水汙、東西山麓、地多荒蕪、中連麗陽、土性堅粗、生齒雖繁、生涯全無、啼飢號寒、孰憐泥塗、婦孺坐嘆、人滿堪虞、民風強悍、民智缺如、總覈丁口、盈盈版圖、誰司撫馭、教養兼敷、

第三章 氏族

第一節 城內之氏族

古人族姓、受氏不一、率以郡國官爵名字邑謚為準、即如宜邑氏

族多且久者、有楊氏嚴氏魏氏王氏張氏邱氏彭氏姚氏、楊氏係周宣王之子尚父封於楊、後因為氏、至宗翰雍正十三年、遷居城內、九代肇端、歲貢生、兄弟子侄輩、多名列膠庠、戶族繁衍、嚴氏楚莊之裔、以謚為氏、自唐世居邑、明末獻闖之亂、應奎始入城內、魏氏畢萬之裔、以國為氏、至魏聰由山西遷城內、十四代孫崇本、司鐸大冶、王氏可類氏之裔、至宜剛由河南遷城內、九代孫州同建中、孝友傳家、子嘉謨成進士、官山西、張氏晉大夫張侯之裔、以字為氏、始祖蘭譜籍山西、官宜城、家於五路崗、至文仲遷城內、煙戶百餘家、邱氏係太公營邱之支庶、以邑為氏、至瑜明大學士、子之陶以抗節死、至今簪纓弗絕、彭氏大彭之裔、以國為氏、順治五年、

祖舜由天門遷城內、七代體道總鎮陝西新安、八代瑞麟、官江蘇、姚氏者、因舜生姚墟、以生為氏、傳至磻溪、萬歷間、仕山西、回籍遷宜城、夫城內氏族之繁、難以悉數、而最盛者、亦只此數氏、論世家者、當屈指計之云、

第二節　西南鄉之氏族

西南萃諸峯之靈秀、受鄢水之涵濡、山川鍾毓、氏族綿延、若李氏、吳氏、龔氏、杭氏、王氏、張氏、曾氏、魯氏、杜氏、王氏、郭氏、皆支派繁盛、而最先入籍者、莫如魏興望氏、昔天皇氏名望、獲字子輿、後裔受氏、以此、家望儀、望嚴、登進士第、數傳至大進、佐明太祖定鼎有功、錫田宜昌、大進少子如松、分封宜城、受軍田三千畝、代有文人、十

四世懋功、廩貢生、任陝西州同、懋修恩貢、蔭甲歲貢、候選訓導、家學相傳、後嗣多有聲庠序、至今宗族二百餘戶、不可勝紀、李氏高陽大業之裔、至明英官廣東樂昌縣、歷十五代、有儀星、儀鴻、儀鸞、皆歲貢、子孫蕃衍、入泮食餼者甚多、吳氏泰伯之裔、至應俊遷宜城、龔氏晉大夫龔堅之裔、傳至國榜、以進士官山東知縣、後嗣多蜚聲黌序、杭氏乾隆時始祖廷儀宦游宜城、入籍、王氏武侯之裔、至聶倫遷宜、十七代占魁、道隆、郢隆等、世業詩書、又如辛常營張姓、魯家灣魯姓、雅口茅草洲李姓、有瑞庭者、家富饒、好施予、又曾家竹園曾姓、王家洲王姓、杜家灣杜姓、郭家坑郭姓、皆氏族繁昌、多則數百家、少亦數十戶、簿狀譜系、雖不可攷、然亦可謂巨族矣、

第三節　東北鄉之氏族

論近日東北之氏族、北以宋氏為最、東以何氏為最、而周氏、胡氏、張氏、范氏、王氏、易氏、黃氏、程氏、嚴氏、亦皆宗族焜燿、各爭顯榮、宋氏微子之裔、康熙末年、元進寄籍境北小河、越數代而至以詩博學、未遇、友愛性成、取舍不苟、子瀛海貢生、張氏留侯之裔、明初芙蓉隨太祖征元、至宜城家焉、越十餘世而至鶴齡貢生、胡氏胡滿之裔、至岱遷邑、歷十八世至楚珍中式武舉、何氏叔虞之裔、至萬華明末遷邑、歷十二代大楷縣丞、大枋候選知縣、周氏黃帝之裔、至名炎、恕先、仁壽、皆官知府、丕績、丕緯、丕紳等、皆宦游秦晉、范氏晉大夫范武之裔、至宗炎慷慨好義、他如五車里易姓、東山程姓、

段家河王姓、太平崗黃姓等、大率采芹食餼、光寵宗族、支庶之多、子孫之繁、有不可一一臚列者、

評曰、元元羣生。派衍古帝。或盛或衰。或隆或替。官有簿狀。家有譜系。以人以名。以謚以字。以爵以官。以邑以地。遂成氏族。綿綿百世。王儉僧儒。同撰譜事。宋著姓苑。魏官氏志。三書參考。地望備記。名邑冠蓋。漢居高位。後裔繁昌。足徵祥瑞。南昌遷居。汴京移至。魏興名族。山西國器。佐命功臣。宦游循吏。山林逸民。廊廟列侍。同愛鄢陵。喬遷旅寄。支派紛紜。昭穆序次。祖德宗功。哲嗣毋墜。

第四章　宗教

第一節　三教之源

孔子集聖教之大成萬世奉為儒宗儒教之外有道教釋教道教宗老子李耳奉其教者曰道士本境約二十餘人釋教宗釋迦牟尼奉其教者曰和尚本境約百餘人秦漢而下釋道盛行儒教幾湮今則二氏衰微矣

第二節　回教

回教創於穆罕默德皆以猶太國阿剌伯罕為祖所著古蘭經文義約其要得三支曰以色拉維會曰墨塞樗微會曰穆罕默德會其始穆罕見惡中國追捕甚急移居墨底那教化廣行即據阿剌伯全土後流入中國本境從其教者約三百餘人

第三節　喇嘛教

元世祖封西番高僧八思巴為帝師大寶法王領西藏地至明成祖迎西僧哈立麻封大寶法王大乘法王大慈法王及國師等號皆宗紅教非黃教黃教創於宗喀巴二弟子曰達賴喇嘛曰班禪剌麻剌麻者華言無上也以活佛闡中國順治九年迎達賴至京師封西天大善自在佛領天下釋教普通鄂濟達賴喇嘛於是黃教盛而紅教衰今天下釋教皆黃教之支派統名和尚本境和尚約百餘人

第四節　天主教

天主歷代相傳自東漢迄今共二百六十三主總攬政教權歸一原後立說紛龐各執一是遂分三支曰猶太教即天主古教曰基督教曰耶蘇教中國名羅馬教曰天主教其始王曰伯都祿今之教王曰良第十三一線相傳不期明正德時有羅德作論九十五篇駁斥天主叛教者遂分耶蘇教一種大抵天主教尚拜偶像終身不娶教師之權歸畫一

第五節　耶蘇教

耶蘇教分四大派曰路德教派曰改正派曰英國國教曰小教門總原於耶蘇耶蘇猶太人母馬利亞不夫而孕大闢王之裔約瑟娶之生子曰耶蘇時中國漢哀帝建平三年也生而神異授徒十二人各立會長不屬教主教師娶妻生子最惡偶像無煉獄之說

此其與天主教相殊者本境從天主者四十分之三從耶蘇者四十分之一

評曰三代以前政教一源三代以後政教判然孔門宗旨儒教心傳如來老子釋道興馬穆罕默特回教居先班禪達賴活佛西天曰伯都祿天主教宣曰耶蘇教奪伯祿權異教紛紜五洲蔓延風同道一終歸聖賢

第五章　實業

第一節　綜計

統核境內之丁口約三十四萬之多除入回教者若干人黃教者若干人天主耶蘇教者若干人婦女不能任役者已耗其半老弱不

能勞力者又耗其半、下餘丁壯齊民各安其分、各勤其業、大率八萬人耳、此八萬之中、業農者十分之八、業工商者十分之一、業士者亦十分之一、境內有實業者總不外此數、

第二節　士

士名最古、書言作士、禮言俊士、選士、造士、孟子言上士、中士、下士、周官言朝士、遂士、鄉士、縣士、或有位無祿、或有祿無位、列末秩、忝庶政、猶得從卿大夫之後、與聞國是、秦漢以降、始無職事、必其誦詩書、嫻禮樂、專門名家、通六藝以上者謂之士、此儒林藝文歷史所以特傳也、我邑名士生東漢者、文章事業彪炳史冊、迨宋元後、競尚聲韻八比之學、雖鮮實學、然而耆德碩儒背誦十三經、手錄廿四史、老困場屋、以青衿終者、彫頤、洵乎王阮亭所謂宜邑山水頑劣、而多產才士也、自廢科舉、興學堂、通習經學歷史國文算數輿地格致圖畫體操各門者、高等初等二十堂、近八百人、並擬來年四鄉分設八十堂、每堂四十名、又三千二百人、約計有四千之多、其貢監廩附千餘人、不在此數、

第三節　農

神農后稷列祀典者無論矣、即如洪範衍食貨之政、漢書詳力田之詔、有天下者、靡不重農、我邑人勤勞渾樸、固原性生、亦由素聞

憲皇帝有勤於耕種、不時嘉獎之詔、遂人人以務本力作、不辭艱苦為務、相沿既久、閭閻故常、非徒備維正之供、抑亦束縛其馳騖之心、使之遵循、夫高曾矩矱、相率而服、先疇而不至踰非分以貽羞、故業農者尤眾、惟民性稍愚、尚有未興之利、而不知因、自農學報傳佈後、漸知一切靈智之器、巧便之法、惟地方貧苦、無力以採購之、查其農事、現在僅有耕耨種藝栽插收穫之勞、其農器有耒耜鋤鐮錢鎛鎒鑼、水車手車牛車之屬、其農人業山田嶺田河田者、率婦孺女子、有二十餘萬之多、業水田者、率成人丁男、有七萬之多、現已籌款專人赴省購辦機器、以資試習、

第四節　工

自后倕作工、公輸製巧、後世以藝鳴者、更僕難數、閒嘗讀考工之篇、而知匠人、車人、廬人、玉人、陶人、筐人、築氏、冶氏、裘氏、㡛氏、桃氏、韋氏之屬、各精其業、各食其力、各世其家、往往製造精巧、垂稱於通都大邑、行道者猶得屈指而樂道之、我邑僻處窮壤、格致失傳、偶以藝成者、僅供日用之急需、而絕少良匠、彼城市鄉曲之間、金工不過百人、石工不過百人、木工不過千餘人、土工不過千餘人、設色之工、不過百人、畫繢之工、不過數十人、雕鏤之工、不過數十人、陶冶之工、不過百餘人、見擬籌款設立勸工所、奈地方匠人甚稀、俟學堂落成、即可開工造屋、並一面購料置物、以備將來之用、

第五節　商

日中為市、致民聚貨、始成市廛交易之業、後世魚鹽致富、貨殖列傳、善居積、通有無、管鮑陶朱、嘖嘖史冊、甚盛事也、今天下二十三

行省四十餘口岸、尤以商務為急、自
國家專設商部、振貝子為商部尚書、駐節滬上、總轄中外商務、鄂督
張宮保為南洋通商大臣、近來設法整頓、商務日有起色、而各府
州縣出産、均極加意考求、我邑業商賈者、綜城市合算、客籍少而
富、本籍多而貧、本籍四千之數、客籍自秦晉川蜀南昌汴梁武漢
來者約一千之數、其自本地買賣販運雜糧赴漢轉售洋商者、約
百餘船戶、

評曰、富國强兵、治術維新、朝無倖位、野無游民、管子治齊、商
君治秦、四民生業、教誨諄諄、南阡北陌、東作西成、闤闠羅列、
奇貨雜陳、百工居肆、技藝經營、終歲勤劬、利用厚生、若興禮

讓、飭紀敦倫、凡屬俊秀、庠序化申、庶廣造就、文質彬彬、

湖北襄陽府宜城縣鄉土志

第三篇　地理

第一章　方隅

第一節　本境在省城之北府城之南及四界四隅

宜城在湖北省之北、陸路六百八十四里、水路一千零八十七里、距襄陽府東南九十里、東界棗陽、西界南漳、南界鍾祥、北界襄陽、此四界也、東南交棗陽鍾祥界、東北交棗陽襄陽界、西北交襄陽南漳界、西南交鍾祥荊門南漳界、此四隅也、

第二節　本境分區及鄉村園里之總數

境內之地、舊分十六社、二十八鎮、三十九村、六十七區、一百二十

八園、其閭里村落、未列志乘者、更難一一數、謹將四境鄉村著名者、臚列於左、

第三節　區在正東正南及東南東北之名目里數

其區在正東者曰縣園洲、新河、鄒彭庄、距城三里、實潼河、距城七里、范家營、距城十二里、官庄、獅顧菴、王旗營、朱旗崗、龔家堖、距城十五里、安家堖、距城二十四里、姚板店、距城六十里、南泉村、田家集、距城七十里、其在正南者曰故襄城、距城十五里、梅家灣、距城二十里、郭海營、柳林套、葛籐灣、下武墻、璞河堖、距城四十里、劉尚集、距城六十五里、倒口、距城七十里、其在東南者曰湍灘堖、距城十里、古梅園、距城二十里、夏家台、百姓營、距城二十七里、果河口、

茅草洲、清水港、距城三十里。姚家崗埡口、距城三十五里。練港、距城四十里。安家洲、距城六十里。陰港、樊村洲、距城七十里。黃鱔港、木香村、距城七十五里。其在東北者曰五車里、漣泗洪、南營里、距城十五里。孟園坑、距城二十五里。辛家畈、盧家畈、龍坑里、距城三十里。

第四節　區在正西正北及西北西南之名目里數

其區在正西者曰淇梁村、距城二里。石灰窰、距城二十里。廖家河、濫泥灣、距城三十五里。其在正北者曰小河口、距城三十里。明正店、距城十五里。其在西北者曰侯塘營、距城十七里。朱家嘴、距城三十里。古杞岡、距城四十里。其在西南者曰雷家河、距城二十里。椒里園、距城二十五里。蓮花寺、距城三十里。橙子園、唐家湖、距城四十里。孔家灣、距城四十五里。龔家營、距城四十八里。卜船山、柏樹林、八里鋪、距城五十里。

第五節　東北分區之四界

東城外之區、鵓潼河居中、南界湍灘埡、北界雲水洲、西界縣園洲、東界漢水、又踰漢水東宜庄居中、南界興隆集、北界孟園冲、東界蔡家河、西界漢水、又踰漢水東北、南營里居中、南界燕家營、北界王家集、東界五車里、西界漢水、又漢水東南埡口居中、南界流水溝、北界官庄、西界漢水、東界獅顧山、又東南田家集居中、東界上馬石、南界南泉河、北界大峯頂、西界脈旺旗、北城外之區、小河市居中、東臨漢水、北界潼口站、小河口、西界官路口、草場、南界明正店。

第六節　西南分區之四界

西城外之區、淇梁村居中、東界木渠溝、北界侯塘營、南界龔家嘴、西界石灰窰、又西朱家嘴居中、東界淇梁村、西界界牌頭、北界陳朱營、南界石灰窰、蠻水西濫泥灣居中、東北界蠻水、西界石梁山、南界廖家河、又西南雷家河居中、東界蠻水、西界鵓子山、北界辛常營、南界龔家河、又西南孔家灣居中、東界新店、南界龔家營、北界椒里園、西界八萬山、南城外之區、故襄城居中、東界黃家溝口、西界金家舖、北界梅家灣、南界胡家崗、又南璞河埫居中、南界八里舖、西界蔣家灣、東界倒口市、北界安家洲、又東南郭海營居中、東界漢水、南界柳林套、北界茅草洲、西界下河埫。

第七節　城內區內之古蹟

城內之古蹟有賈子園、杜康台、酈子台、紫蓋山、甘井、四區內之古蹟、赤山有釣魚台、故襄城有楚王宮、昭王墓、流水溝有浣紗嘴、覆船山有馬良塚、南有夫子埡、臘樹園有宋玉宅與其墓、故宜城有王逸宅、豬蘭橋有習郁宅、段家營有段成式宅與其墓、鯉魚橋南有王逸墓、縣西十五里有黃憲塚、邱南有黃公闕與秦頡墓、縣東有匡王塚、毛家港有向寵墓、曹公冲有歐陽公墓、樊村洲有蹇溫墓、紫蓋山有鍾亮墓、葉家塝有王凝墓、胡耳冲有胡價墓、濫泥灣故

有邱瑜墓小河口有善詭驛、泰山廟前有冠蓋里、團崗有打鼓台、果河口有走馬堤、漢水上下有陸公長堤、

第八節 城内區内之祠廟

城内外之祠廟有文聖宮、武聖宮、萬壽宮、文昌宮、城隍廟、鎮宜樓、熒惑宮、魁星樓、鄭侯祠、馬王廟、護國寺、朝陽觀、泰山廟、四區之祠、楚王城有伍子胥廟、范旗營有范文虎廟、卧牛山有元真觀、大峯頂有雲霄寺、姚板店有喜山寺、官庄有白雲寺、埡口有迴龍寺、南營有關帝廟、田家集、璞河堖、孔家灣、雷家河、茅草洲有泰山廟、石灰窑有靈廟、熒惑宮、廖家河有含珠寺、石梁山有黑龍大王廟、木里溝有彌陀寺、朱家嘴有杜坪寺、蓮花寺、小河有文昌宮、晏公廟、

淇梁村有白寅寺、普濟寺、棗林有三台寺、故襄城有龍池寺、江家坡有塔裏寺、龍王洲有圓通寺、

第九節 城内區内之坊表

坊表之列城内區内者、鍾亮立進士坊、王瓛立攀桂坊、熊育立冠英坊、田和立鳴鳳坊、羅英立恩榮坊、張楨立攀龍坊、王震立步蟾坊、王通立騰霄坊、軒冕立凌雲坊、王麒立彩雲臨歧坊、楊孟和立象魏清秩坊、王凝立世命秩宗坊、胡價立兩臺總憲坊、邱峒立昇平人瑞坊、其餘烈婦坊表、不可枚舉、

第十節 城内區内之橋梁

城外區内之橋梁、東門外有善善橋、大通橋、樂善橋、彭氏三道橋、東南有清水港橋、官田小橋、闕家營橋、三义港木橋、郭海營石橋、黄家溝口大橋、流水溝南橋、北橋、南門外有磚橋、鯉魚橋、豬槽橋、利官橋、蘇湖橋、鄔家橋、西門外有龍門橋、大石橋、宜南橋、西北有北樂善橋、衆濟橋、丁家冲橋、正北有衆議橋、通津橋、明正店橋、牛路口橋、雙龍橋、新石龍橋、占旗營橋、歐家坡上下橋、東北有鐵練橋、楊林溝橋、正東有承志橋、勝因寺石橋、郗家城石橋、水濟橋、中和橋、大板橋、大沙橋、

第十一節 城内區内之學堂

城内之學堂有紫峯高等小學堂、師範學堂、文昌宮初等學堂、師範附設初等小學堂、邱家堰新建高等小學堂、六善公立學堂、區

内初等小學堂有官庄學堂、南營學堂、小河學堂、流水溝學堂、茅草洲學堂、璞河堖學堂、雷家河學堂、朱家嘴學堂、孔家灣學堂、李氏公立學堂、田家集學堂、興隆集學堂、周氏公立學堂、楊家崗公立學堂、白寅寺公立學堂、鳳山公立學堂、

第十二節 區内之市鎮

區内之市鎮、城東十五里曰官庄、東七十里曰田家集、東南六十里曰流水溝、正南四十里曰璞河堖、曰郭海營、又南七十里曰倒口、東南三十里曰茅草洲、西二十里曰雷家河、曰石灰窑、又西三十里曰朱家嘴、又西南四十里曰孔家灣、正北十五里曰明正店、又三十里曰小河、東北十五里曰南營里、

評曰鄉黨閭里紛紜難紀析地分區始得條理四方村落目視手指勝迹留貽玩賞靡已祠廟清幽坊表崛起道經橋梁貨盈鎮市氣象維新培植多士經營學堂景行仰止州序國學開通風氣栽成人材楩楠杞梓上貢廟廊黼黻國是

第二章　山類

第一節　東西山距城之里數及在各區

境內漢東之山以大洪山為少祖而發源於桐柏漢西之山以團山觀為少祖而發源於荆山西山由團山觀來者曰覆船山距城四十里曰牛心山距城四十三里曰紗帽山距城四十八里曰八

萬山距城四十五里在孔家灣區內曰夫子埡距城四十里曰鷂子山青牛山距城二十五里曰女冠山萊公山距城二十八里在雷家河區內曰石梁山距城四十五里曰天池山距城四十八里在澀泥灣區內東山由大洪山來者曰五車山雞鳴山距城二十五里曰長山排山距城四十五里在南營里區內曰小洪山距城七十里曰大峯頂距城九十里曰獅子山曰丁家岩山曰十八盤山距城九十八里在田家集區內

第二節　東山與漢水相近及山中水源流歸於漢

東山近漢水山中諸水故入漢若五車山玉屏山麒麟山香鑪山雞鳴山杏兜山偏頭山石龍山俱在漢水東北十餘里若長山排山俱在漢水東北二十餘里若小洪山大峯頂丁家岩山十八盤山俱在漢水東南六十餘里其山中之泉水五車山有虎沖泉天龍山有天龍洞深不可測離漢水二十餘里大峯頂上有兩池上有黃龍池下有黑龍池雖大旱不竭諸水皆西流入漢

第三節　西山與蠻河相近及山中之水源流入蠻河

西山近蠻河若牛心山距蠻河十里山左右俱大溝東流入蠻若鷂子山距蠻河八里山腰有龍潭流至含珠寺入蠻若天池山距蠻河三里山頂有池下流入蠻若萊公山距蠻河五里內有口泉東流入蠻

評曰羣山萬壑發源崑崙太祖高峙數千里程道經秦蜀地

勢中分少祖大洪團山峥嶸蜿蜒綿亘對列宜城西山秀麗松柏向榮上盡石梁下起牛心懸崄負固千巖縱橫東山聳出雲氣氤氳南眺大峯北望雞鳴羣嵐捍蔽纍纍結成山中泉源晝夜流行西山灌溉救田無垠東山沮洳直流漢濱山不在高有仙則名水不在深有龍則靈杳深繚曲水秀山清

第三章　水類

第一節　水之源委均在他境

本境水之最大者曰漢水蠻水漢水源出嶓冢山自漢中新安鄖陽襄陽至小河口入境又自小河口逾連泗洪鵝潼河萬楊洲官庄埡口流水溝至倒口出境共一百六十里蠻水源出保康縣康

狼山東南流曲折二百餘里逕南漳縣城南清涼河八都河至武安鎮界牌頭入宜界經朱家嘴石灰窰廖家河雷家河孔家灣破河堖至倒口下屬鍾邑入漢共行百餘里二水源委俱在他境特漢水四時行大舟上可達之陜西蠻水春夏行舟由倒口入孔家灣至武鎮可容大舟秋冬只能行小舟耳

第二節　水源在他境委在本境

水源在他境者曰泝水曰疎水泝水在縣西自鄖陽保康流入南漳東至宜城界歷軫鄉謂之軫水又東經西山謂之泝谿明史地理志泝水自漢東流入境與蠻水合在城南三十里疎水出中盧縣西南東流至鄖縣北界今境北大橋灣距城二十七里溝口即

疎水入漢處通志謂之襄水漢書注謂之陵水文獻通考謂之涑水皆疎水之別名此二水源在他境而委在本境源雖遠而時有涸轍之患秋冬愈見枯竭不足供水利之用

第三節　水之源委均在本境

東北有朱家港馬源出雞鳴山在城東北三十里經毛家港郝家堡西流入漢其東南曰練港源出臥牛山經徐家堖孫家灣流水溝入漢離縣治五十餘里逾漢水而西南曰黃土溝源出下覆船山南歷柏樹林站冢灣至象鼻嘴等處入蠻在城西南四十餘里蠻河西曰雙目泉東北流老鸛冲經葫蘆冲黃土山草廟板橋胡家灣趙家溝至雷家河南入蠻在城西四十餘里雙目泉北曰黑河口泉源出朝陽洞歷安家集至朱市入蠻在城西北四十餘里

第四節　附溝洫　境中舊塞新疏之渠

漢水之西蠻河之東介其間者有二渠曰長渠木渠二渠自西北入東南遶城西南二隅出南門里許過鯉魚橋即木渠故道再行十里餘至高官鋪西南即長渠遺址長渠者秦白起鑿以灌楚出南邑武安鎮張家營歷泰山廟黃家臺方家崗東經縣屬之楊家河南經黃家林並過侯塘營姚家湖又東經拖鍬溝即秦師掘渠處歷艾崗魏家崗秦林及故襄東南達赤湖會木里溝口合注於漢木渠即木里溝漢南郡太守王寵鑿之源出南邑清涼河歷襄邑丁家集及境內七里溝壬子陂西經梁家壋東注大溝橋及西

潭港龍門橋鯉魚橋猪蘭橋又東南經臘樹園蘇湖橋抵黃家溝口入漢二渠淤塞已久現循遺跡募工開渠仍可灌田萬頃

第五節　境東新開之渠

東山十二泉俱流入瀴河最著者曰南泉源出瀴源山由南泉而東北曰象鼻山泉潛出停成污池曰雲臺寺泉源出丁寨山曰沙河泉曰六眼坑泉曰老泉側出筆架山西麓曰朝陽洞泉曰珍珠泉源出大洞陂南或側出或湧出水泛如珠曰核子山泉曰鐵冠山泉曰涂家灣泉曰二泉源出二泉山南麓流入舒家灣衆水注洋會於瀴河環流數十里至雅口入漢前此聽其入漢視為無用今相形揆勢惟菖蒲寺前河身高兩岸狹可扼衆水因建閘築壩

塹水高丈餘、向東南里許開一小岡、自高及下、引水周流陳家灣、余家灣、鳳凰坑、馬蹄畈、駱家畈、張家畈、辛家畈、桂家灣、唐家畈、孔家畈、毛家林、劉家灣等處、上下四十餘里、灌田三萬餘畝、因名曰東渠、

第六節　境北新開之渠

木渠東北有潼水、源出南邑中盧山、經南邑丁家集、泉水畈、褚家廟、襄邑王家新崗、北經伍家大埠口、艾家庄、盧家畈、周家岡、潼口站、至小河口入漢、擬由東王家岡、另開一渠、引潼水至境內七里溝入木渠、可救北境水田萬餘畝、

第七節　境西舊淤新疏之渠

西山鍾宜之交曰牛心寨、南北俱大溝、南溝發源於灣豆坑、歷王家灣下覆船山、萬家屋場、黎林、翟家溝、馬家灣、膈膀灣、唐家湖、雙龍橋、八角廟、入三叉港、北溝發源於黑凹、歷魏家坑、泰山廟、綠林灣、馬良坑、七星樹、趙家臺、石橋頭、至三叉港、與南溝合流二里許、入蠻河、近皆淤淺、蠻河泛漲之時、上下二十餘里、禾稼漂沒、受害靡窮、現議疏濬、情皆踴躍、

第八節　境南舊淤新疏之渠

故襄城東南有赤湖、水口二道、一自下武壋出口、一自望家崗下出口、入乾河、近年水口壅滯、夏日泛漲、水勢湧進、一片汪洋、竟成澤國、募工疏通、重為建閘、得沃田數十頃、況分水以灌田、則低窪之處永無漂流之患、水利既興而水害亦除

評曰、漢書溝洫。脉絡分明。道元水經。流注紀程。江河之間。漢水東行。嶓冢導源。伯禹功成。康狼蠻水。碧浪洄瀠。淙水疏水。發洩太清。長渠木渠。疏濬淺深。北開潼水。西決牛心。南赤湖水。故道重興。墾茲淤地。實力經營。東十二泉。混混莫停。建議修築。壩閘嶙嶙。其餘諸泉。龍潭著名。廣開水利。澮瀆皆盈。變成沃壤。職盡川衡。食用既足。樂歲含聲。

第四章　道路

第一節　四境之幹路

自治地出北門、十五里至明正店、再十五里至小河鎮、出境入襄

邑界、自治地出南門、西南過鯉魚橋、十里至高官鋪、再二十里至金家鋪、再十五里至新店、再十里至八里鋪、出境入鍾邑界、由小河至八里鋪、皆往來之通衢、上下之要道、今驛路由此、由正南行七里至蘇家站、再十五里至故襄城、再十里至胡家崗、再十五里至璞河壋、再十五里至倒口、出境入鍾邑北界、自治地出西城十五里至黃憲塚、再十五里至朱家嘴、再十五里至界牌頭、出境入南邑界、自治地出東門、三里至窰灣、渡漢水、上八里至南營、下十里至官庄、中十二里至安家壋、再二十六里至姚板店、再十里至田家集、再十里至上馬石、再二十里至大峯頂、出境入棗邑界、此四門出入之幹路也、

第二節　北幹之支路

出北門附城支路、東北至段家河、西至龍頭鐵家湖、北至明正店、明正店支路、南至壬子碑、西至朱家嘴、北至小河鎮、小河鎮支路、北至潼口站、西至楊家集、南至詹旗營、正南至明正店、東至漢水、

第三節　西南幹之支路

出南門至高官鋪之支路、西至蓮花寺、東至故襄城、南至金家鋪、金家鋪支路、西至潘家河、東至上官田、南至新店、新店支路、西渡蠻水至孔家灣、上下覆船山、東至蔣家灣、老營、南至八里鋪、八里鋪支路、西至王家集、東至倒口、南至快活鋪、入鍾邑界、

第四節　正南幹之支路

出南門至蘇家站、其支路至高官鋪、東至湍灘堖、北至野雞城、南至故襄城、故襄城支路、西至撈屍湖、東至茅草洲、北至梅家灣、南至胡家崗、胡家崗支路、西至楊家崗、北至槐樹井、東至安家洲、南至璞河堖、璞河堖支路、東至流水溝、西至蔣家灣、北至望家崗、南至倒口、倒口支路、西南至蠻河、東至漢水、北至軒家庄、魯家灣、

第五節　西幹之支路

出西門二里許、逾龍門橋、行支路十五里至雷家河、北至黃憲塚、黃憲塚支路、北至詹旗營、東至邑南、至辛常營、西至朱家嘴、朱家嘴支路、西至明正店、北至楊家集、南至石灰窯、西至界牌頭、出境入南邑界、

第六節　東幹之支路

出東門窑灣、逾漢水至南營里、南營支路、西至漢水、東至雞鳴山、北至王家集、南至官庄、官庄支路、西至漢水、北至孟元冲、東至蔡家河、東南至姚板店、姚板店支路、南至朱旗營、西至范家營、北至紅廟、東至田家集、田家集支路、西至板橋店、南至南泉河、北至大峯頂、東至上馬石、出境入棗邑界、此四幹中支路之大畧也、

評曰、王者經緯。兼營道路。周禮野廬。四畿前度。合方匠人。軌制展布。中外夷夏。坦途趨步。宜邑通衢。八省來去。詳記四門。支幹依附。北至小河。南八里鋪。界牌西行。大峯東顧。四幹羅列。支路昭著。跋涉郊原。棠犯霜露。砥平矢直。行人小住。昔設地官。各掌職務。今乏專司。視為細故。條分縷晰。庶免謬誤。

湖北襄陽府宜城縣鄉土志

第四篇　物產

第一章　天然常產

第一節　獸屬之天然常產

讀爾雅釋獸之篇、知獸屬有家畜野畜之分、其家畜曰馬、牡騭牝騇、七尺騋、絕有力駥、曰牛、其子犢、體長㸬、絕有力欣犌、曰羊、牡羒牝羘、絕有力奮、曰犬、生三為猣、二師一玂、絕有力狣、曰豕、生三為豵、二獅一特、絕有力豟、曰驢、長頰廣額修尾、有褐白黑三色、曰騾、李少君乘青騾、即此、曰猫、禮迎猫、為其食田鼠也、其野畜曰鼠、穴地為鼢、在樹為鼰、在田食粟為鼶、曰豺、狗足、曰狼、牡獾牝狼、其子獥、絕有力迅、曰兔、其子㝹、其迹远、絕有力欣、曰貍、其子隸、曰狐、其性疑、其色中和、小前豐後、曰獺、其色黑、水居食魚、禮、獺祭魚、虞衡志、土人呼山獺為插翹、本境獸屬之常產、已盡於此、

第二節　禽屬之天然常產

本境羽禽之屬、有同物異名者、鶴即仙禽、鷗即浮鷖、鳩即勃姑、雀即馬婦、鷰即元鳦、鴿即鳳髻、鷄即白唐、鷂即義鵲、鸛即墮羿、鶻即神女、鷹即大曲、鷺鷥即春鉏、淘河即鵜鶘、烏鴉即鵯鶋、禿鶖即鶩鵝、鸜鵒即寒皋、子規即杜鵑、鶺鴒即錢母、百舌即望春、倉庚即黃鳥、鸑鷟即文禽、翡翠即天狗、啄木者啄樹食蟲、其名鴷、布穀者時至呼種、其名鳲鳩、白頭翁者、頭生白羽、即白頭鳥、雁與鵝相類、野曰雁、家曰鵝、鳧與鴨相類、野曰鳧、家曰鴨、雉與雞相類、野曰雉、家曰雞、此禽族之大宗、有一物一名、一物數名、土音方言、不必泥也、

第三節　鱗屬之天然常產

周禮設魚人之職、月令著魚師之官、川澤之利、供之王府、魚稞顧不重哉、迄今日、英得魚稞歲約二千五百萬、美得魚稞歲約一千五百萬、法得魚稞歲約一千二百萬、濱海各國、皆征魚稞、我中國失此利權久矣、本境山地多、水地少、魚稞雖不必興、然漢水蠻河之中、亦不乏鱗族、如赤鯉白魚、秋鱘冬鯽、烏鰂黃顙、草鯗石鰻、鰼鰌鯖鰱、鰺鰋鰔鱔之屬、掉尾揚鬐、羣樂澤國、要其味美而鮮、則莫如縮項鯿、長鬚蝦、尤為境內之異饈、堪取澤藪云、

第四節　介屬之天然常產

本境介屬之最靈者、首推神龜、作清江之使者、為元衣之督郵、負卦建圖、無慚靈壽子矣、其次則鼈、含綠珠、蠏獻紫貝、蚌成元蠣、任天然之質、以泳以游於波浪之中、雖生湖澤、實困泥塗、奚足齒數耶、然而長卿文章、橫行一世、前身居然蟛蜞矣、則蠏之為物、尤不可一日無也已、

第五節　蟲屬之天然常產

爾雅、有足謂之蟲、無足謂之豸、本境蟲豸之類、曰蛇、有螣蛇王虺、烏梢松花之分、曰螽、有土螽馬螽木螽果蠃之分、曰蠍、有蟦蠐蝤螬蛣蝠桑蠹之分、曰蜥蜴、有蠑螈蝘蜓蠷蠦守宮之分、曰蜈蚣、有

螾衙蚰蜒⿰虫長蠣蚨虷⿰虫丑蚭之分、類分則毒生、毒生則害滋、固有大為人患者、若夫無利無害、羣然蠢動、卻行仄行、連行紆行、以脰鳴者、以注鳴者、以旁鳴者、以翼鳴者、以股鳴以胸鳴者、則有螻蟻、蝦蟆、螳螂、蟬蜩、壁虎、蝸牛、田雞、蒼蠅、絡緯、促織、蚤蝨蚊蟲之類、其形齷齪、其聲啾唧、豈可與吐絲之蠶、織成桑繭樗繭棘繭者同日語哉、

第六節　穀屬之天然常產

國以民為本、民以食為天、食不外乎百穀、穀成於四時、而收於三季、上季則貴有大麥小麥玉豌馬料蠶豆之豐穰、中季則貴有黃粟紅粱芝蔴黍稷之熟成、下季則貴有粘稻糯稻棉花黃豆綠豆

黑豆赤小豆之庭碩、而茄豌蕎麥、又備乾旱水溢之用、本境無百貨奇珍、惟此百穀為仰事俯畜之資、此豳風無逸、所以示稼穡之艱難也、

第七節　蔬屬之天然常產

樊遲學圃、老人灌園、先主種菜、豈故勤此瑣務哉、亦以日用所需藉此飽口腹之欲、當春夏之交、有葱蒜韮薤、芸薹莧菜、蔓菁萵苣、椿頭玉環、黃練藜菜之屬、秋冬之交、有白菜油菜、波菜紫菜、萊菔芹椒、芥菜茴香、茼蒿冬筍、豇豆、刀豆、蛾眉豆、馬齒莧之屬、和以鹽梅、調以醯醬、領畧風味、即知本境常產、有非田舍翁能言其妙者也、

第八節　瓜屬之天然常產

詩詠瓜瓞、易占包瓜、禮詳削瓜、傳言及瓜、瓜之見於簡冊者屢矣、本境種類既殊、錫名亦異、最早者莫如王瓜、而西瓜南瓜香瓜稍瓜絲瓜苦瓜金瓜冬瓜之層見疊出、次第食之其可也、若夫瓠茄葫蘆、不謂之瓜、要亦瓜蓏之類、皆本境常產之大宗也、

第九節　果屬之天然常產

西蜀之纍纍、東苑之磊磊、其果品皆上珍、非下邑所常產、本境產於水者、不外菱角芡實紅蓮白藕與荸薺、產於陸者、不外柿栗梅李胡桃櫻桃桃子棗子石榴銀杏與無花果、山林原隰、皆不擇地而生、而膏腴沃壤所種者、只落花生一種、尚為貨殖之大宗、沿漢

河田多有之、

第十節　木屬之天然常產

坎之為木堅多心、艮之為木堅多節、天下至堅之木、無若槐檀柘桑黃楝黃楊楸橡棠棣之屬、其次則樸榆冬青烏臼馬尾松合掌栢、亦屬勁質、至於楊柳桐楝郁李棱櫚皂角蛇欄樗櫟白楊各木、祇供微器與炊爨之用、求其作棟梁、任桷楹、備榱題者、則惟松柏大椿、為梓匠不可少之林、各木俱本境之常產、樹木者其計及十年乎、

第十一節　草屬之天然常產

釋草著於爾雅、草人詳於周禮、草雖微物、亦有不可闕畧者、本境

百草、有謂蘋蘩藻茅者、可以致祭、有謂艾萬葛蒲芭蕉者、可以療疾、有謂吉祥含羞者、可知好惡之同情、有謂蒲萸蘆莎葦茗萱荻者、可知詩人借物以起興、有謂龍鬚虎耳鳳尾雁來紅者、可知象形禽獸以命名、集枯集菀、隨在皆是、不獨為本境之常產云爾、

第十二節　竹枲屬之天然常產

易繫蒼筤、書貢篠簜、詩詠叔苴、史記通明、經史言竹枲者、連篇累牘、豈徒淇澳見衛武之好學、與枲見周禮之設官耶、本境竹之屬、有筆竹、叢竹、水竹、紫竹、與鳳尾東坡竹、麻之屬、雄為枲、雌為苴、有山麻、火麻、䔖麻、疏麻、油麻、苎麻、一可製器、一可索綯、固足以利用而厚生矣、

第十三節　花屬之天然常產

閒嘗游洛邑、玩河陽、歷潘縣、步隋隄、百花燦爛、觀者如雲、深淺濃淡之糚、亦不外五色耳、其色白者、有若玉簪、玉蘭、粉團、麥香、梨花、梔子、杏花、酴醾、繡毬、及剪春羅、其色紫者、有若紫薇、紫荊、絳桃、薔薇、木槿、辛夷、雞冠、鳳仙、及觀音蓮、其色朱者、有若海丹、龍爪、剪絨、石榴、及海石榴、其色黃者、有若葵藿、迎春、金鳳、金錢、海桂、臘梅、其色兼有朱紫水紅者、有若李花、桃花、瑞香、百合、牡丹、芍藥、罌粟、芙蓉、及玫瑰花、十姊妹、夾竹桃、徵之羣芳譜、草花譜、花木攷、知百花之常產、本境約得其半云、

第十四節　藥屬之天然常產

自神農著本草、製醫方、萬物皆藥也、本境草木之藥共六十種、藥在花、則為菊花、槐花、萹蓄、金銀花、藥在根、則為蒼朮、白芷、土牛膝、藥在皮、則為五加皮、地骨皮、桑白皮、大椿皮、藥在根之實、則為半夏、香附、麥冬、何首烏、藥在枝葉、則為紫蘇、紫菀、薄荷、益母、木賊、細辛、菖蒲、鳳尾、白鳳仙、百風藤、豨薟草、夏枯草、馬鞭稍、打雷科、淡竹葉、蒲公英、藥在子、則為杏仁、桃仁、枸杞、車前、萊菔、山梔、皂角、槐子、山查、瓜蔞子、花椒、蛇床、蒺藜、花粉、葶藶、橡子、火麻、石蓮、萆麻、金櫻、桑葚、蒼耳、牛蒡、湖蓮、芡實、苦楝、鳳眼、冬青、松柏子、莨菪子、菟絲子、王不留行、凡此諸藥、宜分君臣佐使之品、表裏虛實之用、審慎詳度、足以濟世而活人、扁鵲和緩之功、不難再見今日矣、

第十五節　鑛屬之天然常產

歐洲富強之術、先盡地利、彼俄羅阿爾泰山之金鑛、倫敦三島之煤鑛、取不盡而用不竭、富強遂甲於列邦、我中國如平度金鑛、徐州鐵鑛、三山銀鑛、鶴峯銅鑛、開採者多、卒鮮成效、非惟化學不精、抑亦成本不足、始誤於官督商辦之說、而動輒掣肘、再誤於洋股合開之說、而利權外溢、今雖力矯積弊、人人皆視為畏途、致天然之利、盡歸無用、本境雖少五金鑛產、而鷂子山南之煤苗、久已外著、母猪嶺西之炭坡、久未發洩、黃土山之火石鑛、採取者尚無多、巴家洲上下東岸之沙金、雖有淘汰、而披揀亦非易易、豈非失理財之道、自安貧弱者哉、

評曰、山林川麓、盈盈百族。動植飛潛、胎生卵育、五金特產、境内閒出。惟有煤石、大宗鑛物、天然製造。兩產列目、常產禽獸鱗介蟲屬、花木蔬果、藥材並錄。庶彙蕃昌、數難更僕

第三章　製造產

第一節　動物之製造爲大宗常產

動物製造之類、如黃鼠毫可作筆、狐皮可作裘、獺皮可作冬冠與領袖、歲出無幾、獲利亦無幾。他若蜂蜜可熬黃蠟、蠶繭可繅素絲、牛皮可成皮膠、翠羽可飾婦冠、閒有製造、皆非恒業、亦非常產之大宗。本境大宗常產、其牛羊騾馬之皮、豬鵝雞鴨之毛、上行襄樊、下運武漢、在華人不過以皮作鞾鞹、毛作氈毯、骨角作器具、而西

人則製成精妙之件、以謀中國之利、斯非本境所可能者

第二節　植物之製造爲大宗常產

植物之製造、本境可詳言之。如紅粱釀酒、大麥作醋、芝麻榨油、粘稻熬糖、綠豆造粉條、糯稻造米花、黃豆造豆腐、藕造藕粉、柿造柿餅、小麥磨麪可造食物、木棉紡紗可造布疋、松柏堅勁之節可造棟宇、楊柳柔嫩之質可造器具、推之竹可造篾、麻可造繩、栗樹可造炭、皆植物之大宗、運至他境、亦屬常產云

第三節　鑛物之製造有常產特產

黃山之石、爲碾磨及各石器、則在本境製造。其山中之火石、運至江西、碎入磁器、燒成極佳、此在他境製造者。城内及璞河墈、有以熬硝爲業、法取墝土入鍋、鎔化便成硝芽、鍋底味鹹者爲硝鹽、每歲運至武漢萬餘斤、此在本境製造轉運他境者。璞河墈下、左家河有鐵廠、凡鋤耰棘鈴、刀鐮剪鍋之屬、靡不備具、此亦大宗常產、在本境製造者、若夫巴家洲上下沙金、居民每向洲中淘洗、所得區區黃金、爐火煉成、名曰砂金、此特產在本境煉就、而運至武漢襄樊造器者

評曰、製造經營、百工繁縟、技藝擅長、飲食衣服、日用器具、新樣簇簇、爭奇呈巧、共賞雅俗。獨惜鑛質菁華、汩沒採取、寂寥化學不熟、速開利源、喚醒世局、貨無棄地、永濟不足

第三章　商務

第一節　本境所產之物每歲若干

本境長渠溉田四千頃、木渠溉田三千頃、共計七千頃、而東西兩山水田不與此數、統算有一萬一千頃。惟地屬瘠土、如遇豐收之年、春季應收麥子豆子三十萬石之多、中季應收高粱芝麻粟穀十萬石之多、秋季應收粘稻百萬石之多、棉花一千餘萬斤之多、此本境常產之大宗

第二節　本境所製之品銷行若干

本境城内及各市、粘米應銷行三十萬石之多、麥麪豆粉應銷行三十萬斤之多、高粱酒應銷行五百萬斤之多、芝麻油應銷行百萬斤之多、棉布應銷行五萬疋之多、麻餅應銷行三十萬斤之多、

菜油菜餅棉餅、應銷行五萬斤之多，棉紗棉線帶、應銷行三萬餘斤之多，此本境銷行之大宗。

第三節　各物運出本境在各地行銷

各物有在他境行銷者，若漢口銷行之貨，芝蔴約每歲二萬石之多，粘米約每歲十萬石之多，綠豆約每歲二千石之多，小麥約每歲八千石之多，蔴油蔴餅約每歲五十萬斤之多，黄豆白豆則在湖南銷行，每歲約三千石之多，此皆由船南運者，若夫棉花棉紗棉布之屬，北運至河南，南運至沙市，西運至武安鎮，每歲約銷行三萬斤之多，絲則運至河溶銷行，每歲約二三千斤之多，此皆由陸車轉運者出境銷行之大畧如此

第四節　各物運入本境在各地行銷

各省貨殖由沙市至沙洋、沿漢水運至倒口、入蠻河，轉運璞河墕、孔家灣、雷家河、石灰窑、朱家嘴各鎮者，曰川盐川糖川土、川藥材、川雜貨，由沙洋運至本境，沿漢水上下鎮市，如流水溝、茅草洲墕、口官庄、及城内各鎮者，亦屬川盐川糖各大宗，由武昌漢口運至本境各鎮者，曰淮南引盐、東西洋貨、蘇杭綢緞、福廣湘湖雜貨，此皆由水路入，每歲銷行川盐川土淮盐約三十萬之譜，銷行川蜀湖湘蘇杭福廣東西兩洋各雜貨，約十五萬之譜，由荆門當陽南漳鍾祥運至本境者，曰煤炭粘米松木椽、繭絲、茶葉火紙、石灰，由河南陝西鄖陽運至本境者，曰汴綢汴緞、南陽毛筆、紫陽茶葉、漢中藥材、鄖陽紙張草繩、禹州藥材雜貨，此由陸路入，漢中鄖陽，則由水路入，每歲約銷行二十萬之譜。

評曰、日中立鵠。會萃萬物。水湓山陬。闤闠販鬻。百貨雜陳。光怪離陸。利權子母。市井勞碌。往來商務。銷暢百穀。湘鄂汴晋。吳越秦蜀。貿易境内。呼奴使僕。漢水蠻河。舟艫馳逐。車騎紛紜。道路陵谷。有無懋遷。嚚然塵俗。英甲列强。管鮑奇術。但求富國。商務毋忽。貨殖列傳。深思熟讀。

湖北宜城縣鄉土志韻言

湖北宜城縣鄉土志韻言

金筑楊福鎣書首

蒙養須知

光緒丙午萅用韻語編錄付梓

叙

春秋萬法託於始箴何萬象起於點人生百年立於幼學古之教幼學也觀曲禮少儀弟子職諸篇法製雖詳節文雖備猶未若泰西立教初訓粗切之事物漸授淺近之言辭多爲歌謠易於記誦多爲俗語易於索解多爲指點眼前名物易於明白而通達所以教幼學者無微不至近世深悟此旨每撰韻語俚辭以便幼學之諷咏如步天歌天文歌略地理歌略地球韻言史鑑節要通鑑韻語

十七史彈詞歷代紀元歌等書率爲幼學編譔使讀之者性靈活潑情懷暢達誠童蒙之實筏稗子之指南也余於鄉土志編撰之餘猶恐幼學艱於記誦乃仿天文歌略等書凡歷史人類地理物產皆編爲韻語彙作俚辭便初學誦讀詞近凡俗意尤淺顯了然於口者自了然於心庶吟哦易而記憶熟天機自此而流動人文自此而蕃昌幼學之基礎立矣易曰蒙以養正聖功也余蓋體養正之旨因作此編云 黔江楊文動麟閣叙

湖北襄陽府宜城縣鄉土志韻言題目錄

宜城縣鄉土志韻言　目録　二

襄陽府宜城縣鄉土志韻言

第一章　歷史

宜邑沿革

名區盛軌。負山環水。禹貢分疆。荊豫故址。周屬鄀羅。夏時為
邔。楚雄漢陽。長蛇封豕。蠶食鯨吞。江黃不祀。柏舉敗師。鄀都
遷徙。秦肆憑陵。鄢陵焚燬。弌廓幅員。郡縣南鄙。更名宜城。漢
惠三紀。置治建安。新築壁壘。宋魏六朝。沿革記史。率道華山。
漢南孔邇。易轍改途。歷代疆理。唐天寶中。宜城復始。宋元迄
今。形勝扼此。翼軫分星。彈丸芥子。城池高深。都邑百雉。吳越
上游。屏藩相倚。保障南州。捍衛桑梓。勝迹江山。冠蓋故里。

宜城縣鄉土志韻言　歷史　一

第二章　政績

興利

甘棠愛留。武城化譜。百里才長。勳娩召杜。王寵漢人。南郡知
府。開通長渠。蠻河之滸。六千膏腴。灌溉無阻。孫永朱紘。前賢
踵武。陳令表臣。水門增補。明代牧司。治善循撫。濬堰築塘。罔
辭艱苦。崇學汝滈。堞修環堵。郝君張君。隄立基礎。文會育英。
菁莪治普。
國朝陸公。長隄利溥。力捍水災。禾稼盈庾。改設紫峯。謝公鼓舞。志
在培才。樂輸眾户。卭堰學堂。新勞支拄。金碧輝煌。高樓峻宇。
膠庠作人。春風化雨。濬湖疏渠。教養兼覩。慨慕循良。居今希

古。

除害

蒲邑單父。彈琴優游。人情不古。寬猛抒猷。風格峻厲。條畫詳
周。奸宄屏跡。土城築修。至畝老畝。斟酌去留。富包占役。痛革
輕抽。城垣頹圯。策禦漢流。新建撫字。隄壘金甌。張泰陳義。嚴
明寡儔。除弊舉墜。榮任知州。

國朝循吏。糧擾增憂。淋尖踢斛。弊竇消勾。胡令梁令。政化歌謳。緩
征遞役。利害搜求。菊墀藤浦。盜賊縲囚。嚴刑峻罰。安輯貽謀。
凡茲良牧。治理優優。盤根錯節。利器始投。攷績稱最。陟明黜
幽。

聽訟

皋繇作士。五刑克明。聖門季路。片言平情。是非曲直。兩造紛
更。夫惟賢宰。矢以精誠。去思廖仕。詞訟息爭。御史內召。愷悌
公平。明敏康惠。梁雍許纓。案無留牘。積弊弗生。通達治體。勤
石垂聲。

國朝申錫。政簡刑清。空虛囹圄。靈州著名。秉性誠愨。折獄寬宏。垢
篇列肆。卓異治行。朝邑簡易。繁劇理成。明決果斷。折服暴橫。
我來聽訟。懲切冤鳴。宥過赦罪。狡黠莫爭。惟良非佞。先正法
程。塞流治末。哀矜庶氓。

第三章 兵事

叛黨

草竊。奸宄。聚綠林中。羣盜亡命。帶鈴持弓。偽王僭號。梅敷秦
豐。黎邱鄀沔。割據稱雄。竄入本境。自成獻忠。千斤劉六。蹂躪
西東。焚燬廬舍。猛力火攻。王祁劉蔡。煽惑羣蒙。白蓮邪教。蔓
延靡窮。夷匪騷擾。潰亂內訌。紅巾捻首。侵掠咸同。孫羅勾串。
簧鼓瞶聾。萑蒲鉅野。猖獗狂風。誰抒謀畫。卒見奇功。

戰功

振我六師。如熊如羆。好整以暇。扶傾定危。屈瑕白起。攻伐靡
遺。洛東四送。朱佑護之。討梁崇義。旌旗離離。灌子灘側。阿述
窮追。元八都魯。運策幄帷。力禦流寇。郭泰良規。

國朝順治。英王至宜。偽官逃遁。進勦紛披。康乾中葉。賊匪伺窺。大
軍捕獲。偉績敷施。初元嘉道。內變潛滋。逆黨嚴挐。事行便宜。
盧坤慶保。會勦飈馳。軍旋奏凱。溯想英姿。大守都統。忠勇偉
奇。日夜逐北。捻髮疲羸。光緒卅載。軍務堪悲。調停安靖。守令
指麾。內憂外患。掃鋤險夷。元戎樹烈。世樂雍熙。

第四章 耆舊

事業

睦婣任恤。孝友循良。忠義節烈。事業輝煌。敦倫飭紀。冀尚劉
黃。三年侍疾。漢儒際唐。家庭敦篤。廷揆近揚。急公耆義。登瀛
文光。蹇彭梁李。讓產傾囊。賓興義塾。造就膠庠。內和里黨。外

忠君王名臣名將豈徒漢唐斷頭陷脰宣力廟廊體道大貴秦隴名彰清南著績節鉞新疆蕭周劉岱除暴安良治民決獄國榜胡棠承忠周易制敵籌防邱吳郝李罵賊陣亡作楫仁傑引頸自戕攖鋒蹈刃邢及處常壽民渾樸百歲旌坊慶鍾人瑞望遴流芳州同權篆課最陝商還多節孝志厲冰霜先賢名宦志乘考詳山川鍾毓漢沔增光

學問

蒼聖造字經史分類諸子百家四部載記古今文人書傳列備宋玉三王及段成式尚李闢王范黃書笥揀金洽聞防勤新議大勇心齋洞明經義瀟灑琴書奇門詭異醫學掖垣邑

風俗志懋修文林國士佳器曾魯魏張木鐸任寄肇端精詳蔭甲淵懿手錄羣經椿齡拔萃承中名奕一身頼異反切定聲音學酷嗜博物達尊行敦節誼潛心典墳老宿純粹永列儒林弗忘夢寐

第五章　人類

戶口

司徒稽數古有遺編版圖生齒天府登全休養生息盛衰使然昇平蕃衍皇衷惕乾歷經禍患蹂躪無邊縣志所載萬歷初年戶千八百丁七千焉近查戶口滋生綿綿
聖祖頒詔遠勝從前丁壯繁庶編審無懲總核戶口三萬八千男女老弱盈盈村烟三十三萬奇零絡聯是為實錄詳列簡篇

氏族

氏族蕃昌盈盈宇宙簿狀譜係神明貴胄地望字聲三種氏授三十二類姓苑考究備列城鄉稱先道舊楊氏肇端周宣之後嚴氏德修楚莊之後魯氏鍾泗伯禽之後魏氏體仁畢萬之後王氏嘉謨可類之後姚氏尚純虞舜之後張氏文采張侯之後彭氏達尊大彭之後邱氏光燦太公之後望氏懋功天皇之後李氏儀鸞高陽之後吳氏應俊泰伯之後龔氏國樑龔堅之後杭氏瀛海廷儀之後王氏占魁武侯之後李氏家暢李淵之後郭氏永泰汾陽之後余氏光烈余靖之後

宋氏瀛海微子之後張氏鶴齡留侯之後胡氏楚珍胡滿之後王氏立勳王凝之後黃氏紹度庭堅之後譚氏雨亭譚子之後何氏大枋叔虞之後周氏丕紳黃帝之後范氏宗炎范武之後李氏毓芬西平之後孔氏廣元聖人之後曾氏紀言宗聖之後支派紛繁還多遺漏繼繼繩繩總歸忠厚孝子慈孫丕營堂構

第六章　宗教

回教

中華孔教萬古流傳鄒賢私淑淵源綿綿俗儒曲學異端思遷中外教育各挾秘詮回教悖理黙特初宣支派流入雍正

初年居境西北數百人烟阿剌伯罕是其祖先古蘭文義附會鑿穿國本猶太三支分權

天主教

天主古教近日紛歧辣丁基督猶太三支英法各國多來牧師尚拜偶像立說務奇二百六十歷代傳之良第十三今王名馳立堂設會蔓延我宜邑人入教百家護持言罷事襍咸歸羈縻

耶穌教

耶穌之教羅德流傳作論駁斥九十五篇分四大派路德居先曰改正派小教門宣英國之教四教綿延溯厥源委耶穌執權母馬利亞父約瑟馬生於哀帝建平三年歐西化廣列强牽連漸入亞境各省皆然本境從者人不滿千十戒授受欲絕俗緣

第七章　實業

士

四民之中惟士最先家誦詩書戶有歌絃砥行礪節希聖希賢秦漢而後攷試相沿文章經濟分途爭妍降及唐宋詩賦流傳明及本朝八股貫穿今廢科舉帖括棄捐本境學堂到處絡連各門科學嫺習三年以後士額約四五千

農

力耕為農最為勤苦廿有九萬零星可數山田河田各耘爾土婦子曾孫主伯亞旅南阡北陌春秋耕穫足塗體沾百穀納取千萬倉箱盈盈室宇大有豐年歡欣鼓舞各服先疇高曾蒦矩詔遵世宗肇安農圃

工

百工居肆以成其事飭化八材審曲面勢珠切象磋骨角攻治玉琢石磨古玩酷嗜木刻金鏤梓匠細緻革剝羽析皮毛不棄中矩中規作巧成器更精化學愈為妙技本境習此三千總計設所勸工泰西格致

商

行貨曰商賈居成行漢鑾口岸鎮市各方阜通財貨善積深藏乘堅策肥輻輳匆忙負任擔荷販夫不遑四方來雜駔儈牙郎操贏制餘心計孔桑客籍來者秦晉汴梁川蜀武漢閩越南昌宗聚實業四千攷量商務閱報從此改良

第八章　地理

方隅

鄂省之北漢水之傍中有宜邑平原高崗東界棗邑西界南

漳北界襄郡南界鍾祥分經分緯正位四方東南棗邑並界鍾祥東北棗邑毗連襄陽西北襄郡接攘南漳西南鍾邑並交荆漳犬牙錯雜四隅考詳

市鎮

舊分宜境二十八鎮今則大小共十二鎮曰田家集通官庄鎮曰李家街通南營鎮曰流水溝通雅口鎮曰璞河瑙通倒口鎮曰茅草洲通郭海鎮曰孔家灣通雷河鎮曰朱家嘴通石灰鎮曰明正店通小河鎮闤闠羅列交易以信

古蹟

鄢羅遺墟例歸沿革古蹟紛賾宜慎詳擇首述城中歷歷勝

迹賁于名園王凝故宅鄖子杜康臺築疇昔紫蓋青山甘井瓊液陳美孤墳節烈貞惜外核四區情動騷客楚王宮殿輝煌金碧燈烟流火釣魚潭澤昭王古墓磚作硯石浣沙嘴傍烈女情迫夫子埡中聖人行役澑于髡墓兼善謔騂打鼓操軍臺上烜赫冠蓋里前簪纓雲集宋玉王逸增光閒册宅雖消磨墓藏魂魄漢唐名士黃憲德碩向寵馬良蜀漢畫壁習郁黃尚之蹟建策秦頡匡王垂勳竹帛段氏成式文章之伯塚墓崔巍聯絡阡陌沿及宋明名臣採獲蹇溫歐陽任文衡責王凝撫黔鍾亮詩癖胡價卬瑜委質朝籍纍纍青塚森列翠柏金汁金雞疑塚莫覈上走馬隄漢江咫尺陸公隄長萬民悅澤勝概貽留眺望昕夕畫工詩人足供擒摭

山類

石盤嶽峙萬壑羣山城内紫蓋對毓秀山城東玉屏對五車山麒麟恨虎對偏頭山鳳凰石龍對杏兒山長山排山對雞鳴山鯉魚豺狗對小紅山鐵冠梭子對二泉山大峯高峙對獅子山十八盤山對轎頂山曹家山東對象鼻山兩乳山南對光頭山獅顧琵琶對馬頭山香爐蠟燭對劉家山卧牛芙蓉對南泉山團山窄山龍山赤山蜿蜒埡口地盡東山逾漢而東排列西山毛狗洞下對鳳凰山焦子嶺側對黑凹山筆架山左對轎頂山覆船山二對牛心山鷹子嘴南對紗帽山

土地嶺北對八萬山鯉魚鑽天對白雲山過夫子埡對鷄子山牛心山右對女冠山虎山龜山對天池山石梁萊公對小尖山又名寶蓋西盡蜂山嵯岈崱峷綿亘其間東西遥望形勢廻環

水類

元冥之精習坎為水發源嶓冢是為漢水奔流宜城千里來水至石羊灘本境出水發源康狼是為蠻水下注倒口曲入漢水新河老洪分支溝水發源中廬是為疎水東流入漢又名涑水發源房保是為泝水南流入蠻又名零水發源清涼木里溝水始鑿王寵稻田溉水發源蠻河為長渠水白起攻

楚灌鄢壅水現與紳民議濬二水修復故道利興邑水城南七里為蘇湖水故襄城東為臭湖水東南赤湖古鏡溺水近日淤塞疏通湖水丈田數頃害除積水鐵甲天鵝及龍池水造酒香冽金沙泉水東山諸泉首南泉水汧泉老泉珍珠湧水二泉濺泉小紅泉水豹子龍潭雙池滙水上泉大泉潑陂流水七十二泉總注灅水予今測量深惜眾水菖蒲寺前築壩遏水因名東渠成有用水西山口泉源天池水清漪不竭龍潭泉水雙目之泉北會衡水黑河之源朝陽洞水黑凹山泉東北流水牛心左右有兩瀆水議疏沙石溝深潴水庶值陰雨患免夷水方圓曲折詳記涯涘道元水經殊多略此

道路鄉村

自治地起先紀道里至窰灣渡城東三里東北南營間隔八里東南官庄間隔十里至安家瑙正東十里至姚板店二十六里至田家集又東十里至上馬石又東十里至大峯頂又東廿里大峯出境棗陽故里　至宋玉塚城南三里至蘇家站又南四里至周襄城又十五里至胡家崗又南十里至璞河瑙又南十里至倒口鎮又南十里倒口出境鍾祥故里　至侯塘營城西十里至黃憲塚又西五里至朱家嘴又十五里至故宜城又西五里至界碑頭又西五里界碑出境南漳故里　至王家廟城北四里至太平崗又北四里至明正店又北七里至巴家洲又北五里至大橋灣又北五里至小河鎮又北五里小河出境襄陽故里　至鯉魚橋西南二里至高官舖西南八里至金家舖又二十里至新店河又十五里至八里舖又南十里此舖出境鍾祥故里四門幹路砍明轍軌八省往來坦坦率履

第九章　物產

動物獸類

牛羊馬駒驢騾犬豬狼兔獺鼠猫貛狸狐家畜野畜豢養薪芻四足而毛獸屬無餘

動物禽類

鶴鷗鷺鷥野鴨雉雞淘河點水飲啄河湄禿鶖烏鴉鸜鵒畫眉鳩鴿鷹鶻翡翠豔姿鴛鴦鵪鶉麻雀子規倉庚練鵲燕雁在茲布穀啄木百舌鳴呀鵓鴿鶺鴒銅嘴雄雌曰白頭翁野鳥靡遺雞鴨與鵝家禽離離二足而羽翩翩追隨呼羣引類不絕四時

動物鱗屬

紅鯉潛淵兼縮項鯿鰔鯖鱒鯽白魚鰍鰱草鯗鰻鱔金魚色妍烏魚黃顙鰺鰋屬焉江漢蠻水澤藪清漣鱗族繁殖味美而鮮

動物介屬

龜靈猶龍。曳尾塗中。鼉從河伯。盤跚從容。紫貝五百。螺圓而
紅。蝌能橫行。介士威風。含珠老蚌。五味和同。凡此介屬。川澤
不空。

動物蟲屬

螻蟻蠶蜂。蛇蝎蜈蚣。蟬蜩壁虎。蝦蟆蠨蛸。螳螂怒臂。蜥蜴守
宫。田雞絡緯。促織蟣蠓。蝸牛蒼蠅。蚤蝨褌中。山豈能負。還多
蚊蟲。

植物穀屬

粘稻糯稻。水田最妙。大麥小麥。旱地至要。黄粟紅粟。黍稷倉
窖。黄豆綠豆。玉豌馬料。蠶豆黑豆。芝蔴騰糶。茄豌蕎麥。總備
旱澇。曰赤小豆。雜糧備告。凡此百穀。三農依靠。大有豐年。事
畜老少。食衣既足。還興學校。

植物蔬屬

蕓薹白菜。葱蒜韭薤。油菜莧菜。馬齒齊蕺。黄練白花。紫菜蔾
菜。菠菜芫薺。辣芨痛快。茼蒿冬笋。園圃鬻賣。鹽梅調和。田舍
風味。

植物瓜屬

西瓜南瓜。冬瓜更嘉。香瓜王瓜。慈吐黄花。絲瓜苦瓜。葫蘆王
瓟。稍瓜金瓜。更兼瓠茄。綿綿瓜屬。最宜田家。

植物菓屬

菱芡蓮藕。柿栗富有。胡桃櫻桃。梅李適口。石榴銀杏。葡萄釀
酒。桃子棗子。桑椹味厚。荸薺杏黄。筐盈左右。曰落花生。樹藝
隴畝。曰無花菓。種植已久。彼實離離。田園澤藪。九秋熟成。地
利不朽。

植物木屬

松柏椰楊。黄楊白楊。桐榆楸楝。槐檀柘桑。椿樸樓櫚。郁李棣
棠。冬青烏桕。馬尾松良。皂角蛇爛。合掌柏長。樫橡黄楝。樗櫟
連崗。丸丸鬱鬱。孰禦秋霜。參天拔地。材作棟樑。

植物草屬

蒲荑艾蒿。蓼蘋蘩茅。龍鬚虎耳。萱荻芭蕉。吉祥菖蒲。雁來紅
嬌。蘆莎鳳尾。含羞葦茗。衆卉向榮。綠滿春郊。

植物竹枲屬

筆竹叢竹。水竹凝綠。鳳尾東坡。紫竹簇簇。檾麻大麻。利用縛
束。苧麻葱龍。索綯乘屋。周官典枲。衛武淇澳。裨益民生。不殊
百穀。

植物花屬

荼蘪牡丹。芍藥雞冠。紫微紫荊。麥冬粉團。海棠葵藿。薔薇山
丹。金鳳罌粟。芙蓉鳳仙。剪絨龍爪。落地金錢。迎春海桂。並觀
音蓮。桃花李花。石榴花鮮。杏花梨花。剪春落殘。海桃碧桃。菊
種奇觀。絳桃梔子。海石榴看。石竹天竹。繡毬玉蘭。洛陽月季。

二花斑斕玫瑰梅花桂花玉簪瑞香百合十姊妹蘩木槿辛
夷夾竹桃鮮四十九種花譜校刊

植物藥屬

半夏白芷及香附子南星杏仁及枸杞子蒼朮紫蘇及車前
子薄荷紫菀及益母子桃仁木賊及萊菔子細辛麥冬及山
梔子皂角野菊及黃槐子山查五加及瓜蔞子蟬退商陸及
牽牛子蜂房花椒及蛇床子扁蓄二花及蒺藜子菖蒲花粉
及金櫻子曰百風藤及冬青子曰豨薟草及桑樹子曰地骨
皮及蒼耳子曰夏枯草及牛蒡子曰馬鞭梢及松柏子曰打
雷科及湖蓮子曰土牛膝及兔絲子曰鳳尾草及莨菪子曰

淡竹葉及紅茨子曰甘菊花及葶藶子曰何首烏及橡樹子
曰桑白皮及苦楝子曰蒲公英及大麻子曰鳳仙草及石蓮
子王不留行終草麻子六十六味本境止此

鑛物之屬

歐洲富强地利蕃昌五金鑛產泰西昭彰中國金鑛平度參
詳徐州鶴峯銅鐵靡疆邑東西山樹木蒼蒼惜少鑛產氣質
堅剛但聞東山觀音巖傍離巖十里鐵洞山崗曾出銀鑛外
著毫光西山火石黃土山藏鷄子山南煤苗露芒母猪嶺西
炭坡成鄉漢水東岸沙金輝煌開採者鮮理財無方謹獻芻
議上達

廟廊

動物製造

動物製造一一搜求黃鼠作筆狐皮作裘獺皮作冠領袖兼
優蜂蜜熬蠟繭絲織綢驢皮煮膠翠羽飾頭牛羊騾馬皮毛
兼留骨角不棄貿易藏收或作韆靸或作鞍鞦或作靴鞋或
作韋韝或作箱盒針簪帳鉤微物器具切磋不休

植物製造

植物製造徵諸俗務稗粮釀酒大麥作醋菉豆粉条黃豆豆
腐芝蔴榨油熬糖稻黍小麥磨麪食物樸素木棉紡紗織之
成布大木梁柱棟宇堅固小木器皿日用不誤竹劈為篾堪

作雜具兼為屋椽茅屋小住

鑛物製造

黃山之石碾磨鍛冶石磙石槽石磴支地大石大宗日用弗
棄運出江西碎入磁器璞市鄉村熬硝為利硝芽下行武漢
生意左家河邊鐵廠列肆鋤钁棘鈴鋒鋸斫刺刀鐮剪鍋農
器咸備巳家洲東沙金細緻爐火煉成菁華珍祕物產雖繁
未精格致趨步泰西化學講肄

第十章　商務

本境運至他境銷行

長袖善舞多錢善賈四方來雜貪三廉五旱路車輪水道舟

艤。本境運出。百穀爭取。白豌。黃豆。直行湘浦。芝蔴油餅。兩粵商估。粳米小麥。武漢之游。棉花綿布。荆沙會聚。繭殼抽絲。河溶利普。

他境運入本境銷售

本境運入。貨殖可數。川鹽川糖。川藥川土。川中百物。鎮市快覯。武漢來者。作東道主。淮鹽洋貨。環列如堵。蘇杭綢緞。吳越雜組。荆南煤炭。松脎松柱。大紙石灰。負販勞苦。晉豫陝鄖。各物夸詡。汴綢汴縐。五色繡黼。碑帖毛筆。南陽接武。紙張草繩。鄖陽小補。漢中禹州。藥材大股。轉運遙遙。跋涉今古。漢蠻沿岸。闤闠列戶。八市通財。資賄周溥。

湖北丘城縣鄉土志圖相

宜城縣鄉土志圖相

光緒三十弍年
丙午蓍仲石印

宜城縣鄉土志圖相序

圖繪之學東瀛已擅勝場而㝡精者莫如歐卤近年如海失耳亨力才生吴耳告耳等皆極力研求設專门立勝會幾於無地不繪無人不繪無事無物不繪微特歐卤疆域編列圖中燎如指掌即亞洲之阨塞險要久為英法德俄所測繪星羅棊布形勝烱然今中國效法歐西特設專科以達坤輿而恢智識圖學顧不重哉本邑學堂既興肄業之士頗多能運筆者爰命測量諮訪探討確寔並隨時商督而訓儆之大則城池山水一幅之名勝可尋小則祠墓宅閭四境之古蹟在望仰則名宦名儒忠孝節烈之梗概善寫生於化工俯則動物植物昆虫草木之形容妙傳神於阿堵握管者雖非聖手開卷者尤覺賞心豈僅供臨池濡染之資并足增觀物興起之感則夫後生小子見茲續影續形惟妙惟肖不覺手為舞足為蹈而目為之怡豫精神為之暢適津津而樂道而不自知其所以然斯固誘掖奬勸引人入勝之一端也因亟付諸石印藉以作初學之楷範云楊文勳

宜城縣鄉土志圖相 序言

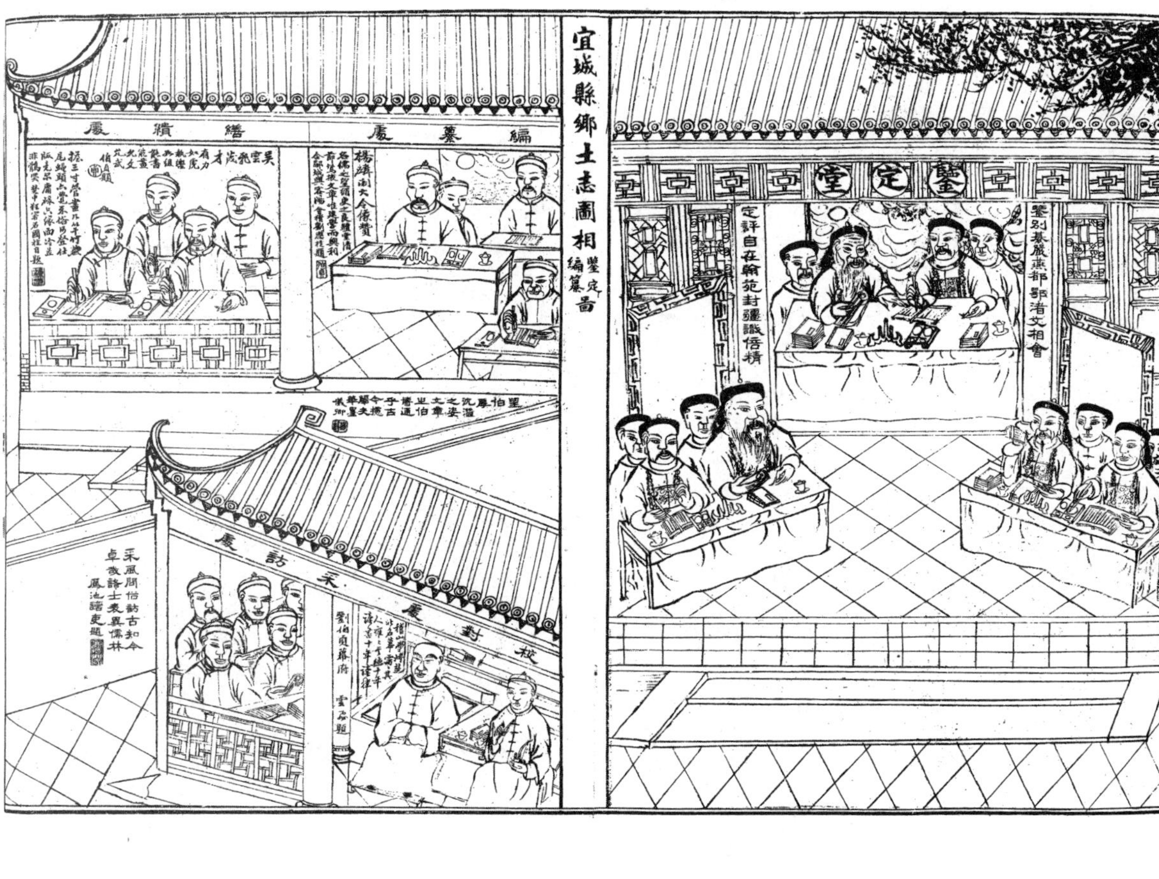

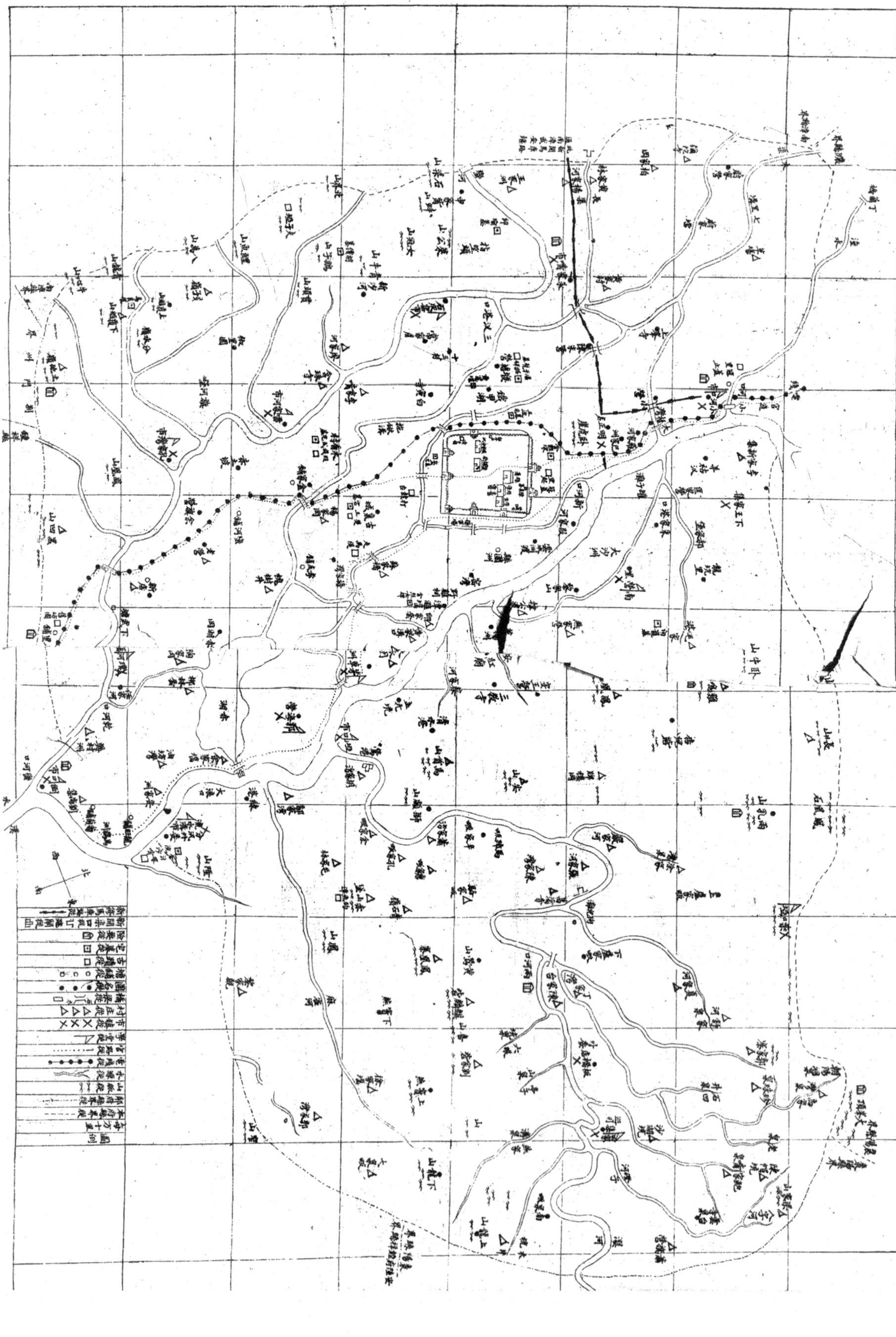

宜城黌宮聖像碑

是碑相傳昔年湮臥鯉魚橋下邑民修橋掘土見石役衆舁起摩挲驚異乃移置黌宮神座東隅其像為唐吳道子進摹五岳尊嚴目光炯炯鬚髯古秀端拱容肅謁瞻致敬想見申天之儀形矣此間童謠有鯉魚橋邊聖人出一語如是碑之歷劫弗磨

燦然復見於世足徵斯文未墜聖教益覺昌明但碑雖起而座猶遺去夏建學堂水閣缺一石柱匠人稱是可假用募工百餘舁之不起乃止而子幼子即時得疾越日竟殤地方皆以斯役犯忌所致雖云適逢其會亦知古物之不可妄動也慎之哉

光緒三十有弍年歲次柔兆敦牂仲普月黔江楊文動麐閣識

九辯洵工才徵詞托諷憐襄夢

光緒叁拾壹年乙巳清明日

[illegible]嘉靖十七年秋七月之吉

楚大夫宋玉之墓

欽差提督撫治都察院右僉都御史路迎題石

一坏長瘞玉落日招魂續楚辭

署宜城縣事黔江楊文勳麟閣謁墓謹題

名宦芳型
漢南郡太守王寵
隋郢州司馬房彥謙
宋宜城令孫永
宜城縣鄉土志圖相 名宦
一
宜城令陳表臣
元宜城尹晏希奇
明知縣尹希文
知縣陳義
知縣林典
知縣吳昂

知縣朱堂學
知縣郝廷璽
知縣雷家祥
教諭陸純
國朝襄陽知府多山
知縣王文禎
宜城縣鄉土志圖相 鄉賢
二
鄉賢令範
楚大夫宋玉
漢侍中王逸
漢侍中馬良

後漢顯明亭侯向朗
唐處士王士源
將軍向寵
唐宜城伯同平章事柳渾
唐太常寺少卿段成式
明雲南巡撫王挺
宜城縣鄉土志圖相 耆舊
三
耆舊遺像
明刑部右侍郎胡價
東閣大學士邱瑜
保康訓導吴珍

文苑著名
關射父
王延壽
曾桂元
宜城縣鄉土志圖相 文苑
四
忠孝爲式
節烈可風
國朝李文苑邑庠生遇白蓮教匪之難義不受辱罵賊被害
王氏貢生何述妻年二十而孀繼姑葉逼其嫁誓死不從撫子成立皆名列膠庠
明龔楚秀康生早孤事母至孝晨昏定省常懷甘旨以奉親數十年勿輟
漢彭娥不受賊污以頭觸石呼天山忽裂數丈娥遂趨入

宜城縣鄉土志圖相
獸
五
驢
狼
馬
貓
騾
兔
水牛
黃牛
犬
羊
鼠
狐
猪

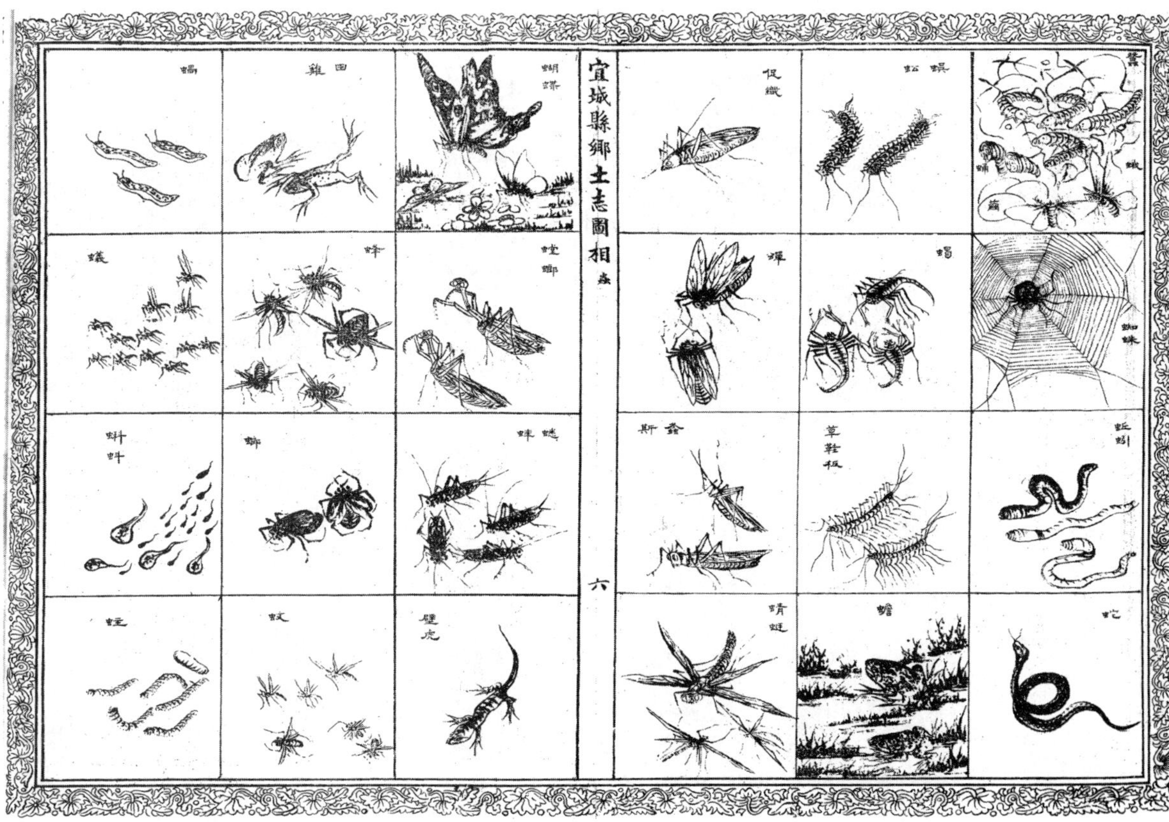
宜城縣鄉土志圖相
蟲
六
田雞
蝴蝶
蜈蚣
蟻
蜂
螳螂
蟬
蜘蛛
蝌蚪
蟋蟀
螽斯
草鞋板
蚯蚓
蚊
壁虎
蜻蜓

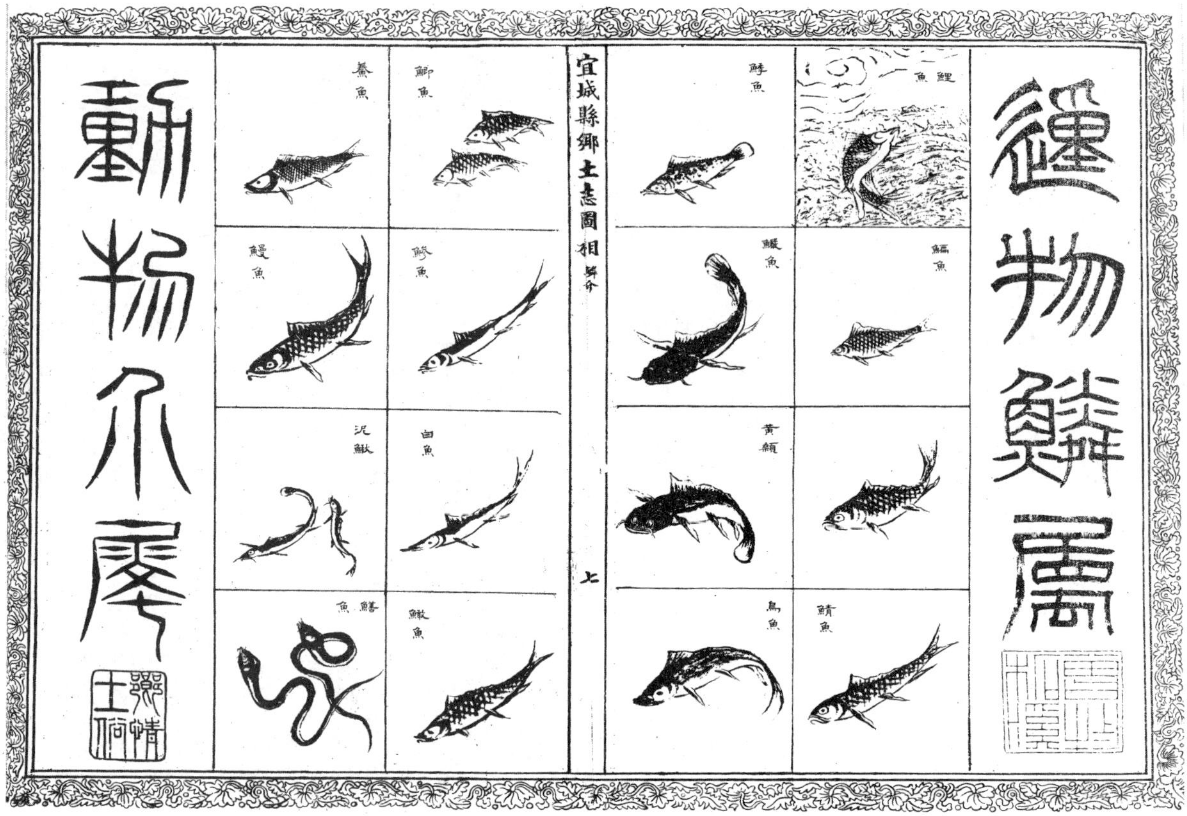

動物鱗屬
鯉魚
鯚魚
鯿魚
黃顙
鯖魚
烏魚
宜城縣鄉土志圖相 鱗介
七
鯽魚
鰻魚
白魚
泥鰍
鱔魚
動物介屬

蟹
龜
蝦
鱉
螺
蚌蛤
動物禽屬
宜城縣鄉土志圖相 禽
八
鶴
烏
鷹
鷗
雉
鷺
鵲
鳧

宜城縣鄉土志圖相 禽類
九
畫眉
鵞
鴛鴦
麻雀
鴨
燕
銅嘴
雞
白頭翁
八哥
雁
鵪鶉
倉庚
水翠
點水
啄木
植物穀屬
稻
粱
黃豆
麥

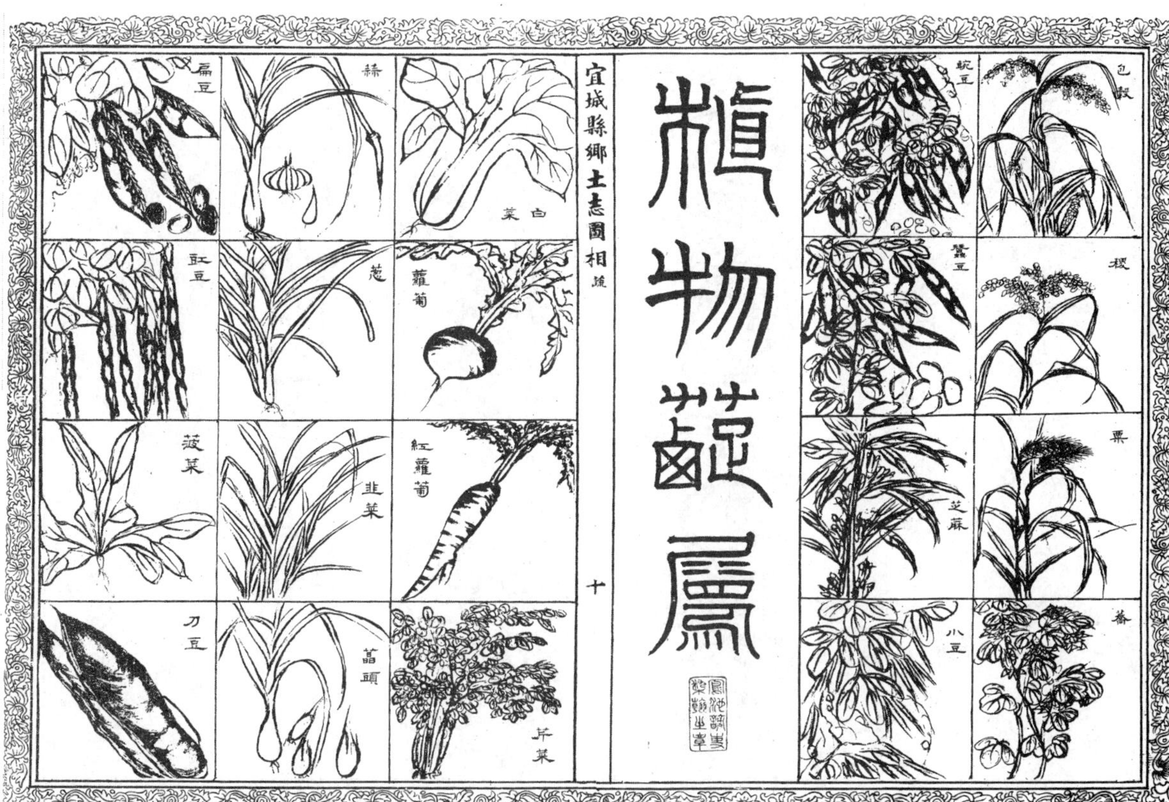
宜城縣鄉土志圖相 蔬
十
植物蔬屬
包穀
稷
粟
蕎
豌豆
蠶豆
芝麻
小豆
白菜
蘿蔔
紅蘿蔔
芹菜
蒜
葱
韭菜
藠頭
扁豆
豇豆
菠菜
刀豆

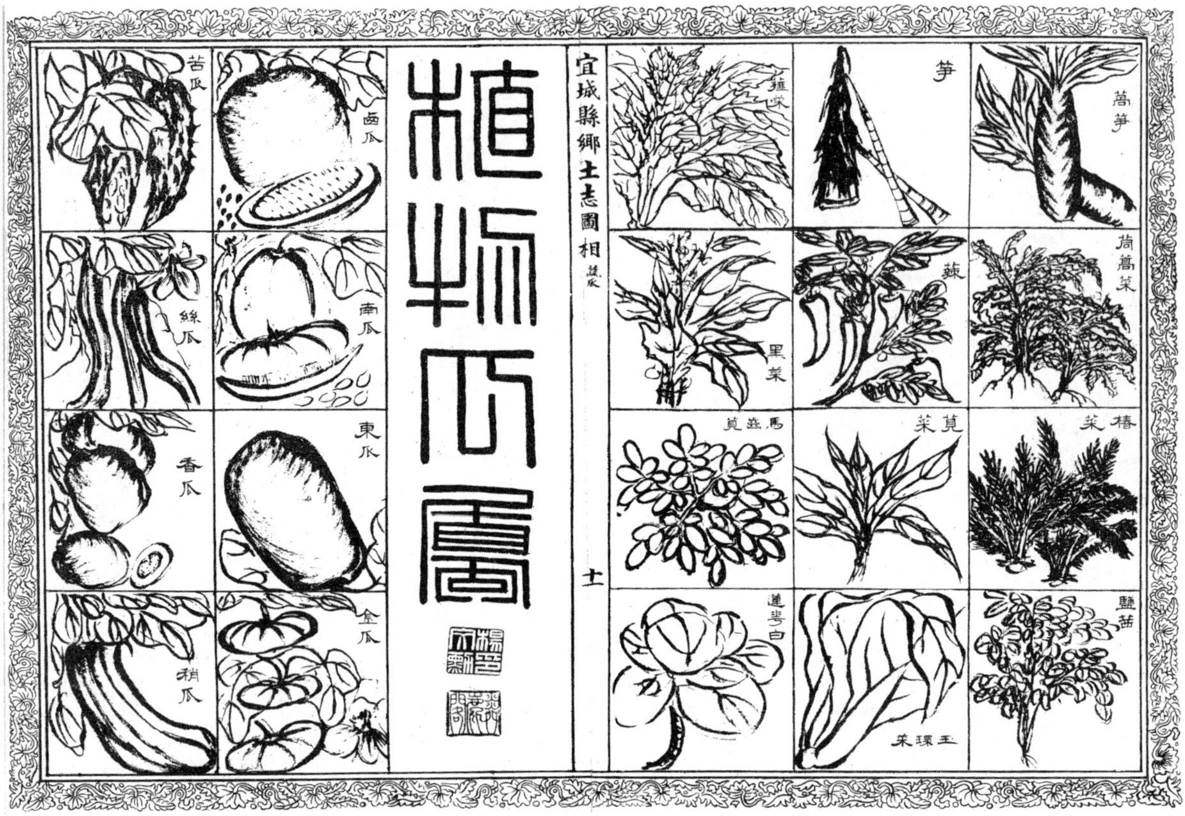
宜城縣鄉土志圖相
蔬
十一
植物蔬屬
苦瓜
西瓜
絲瓜
南瓜
香瓜
東瓜
梢瓜
金瓜
蕹菜
笋
萵笋
蕨
茼蒿菜
馬齒莧
莧菜
椿菜
蓮花白
玉球菜

宜城縣鄉土志圖相
果
十二
植物果屬
菱角
葫蘆
芡實
黄瓜
荸薺
瓠瓜
藕
茄子
柿
櫻桃
葡萄
梨
李
石榴
桃
梅
桑椹
核桃
杏
落花生

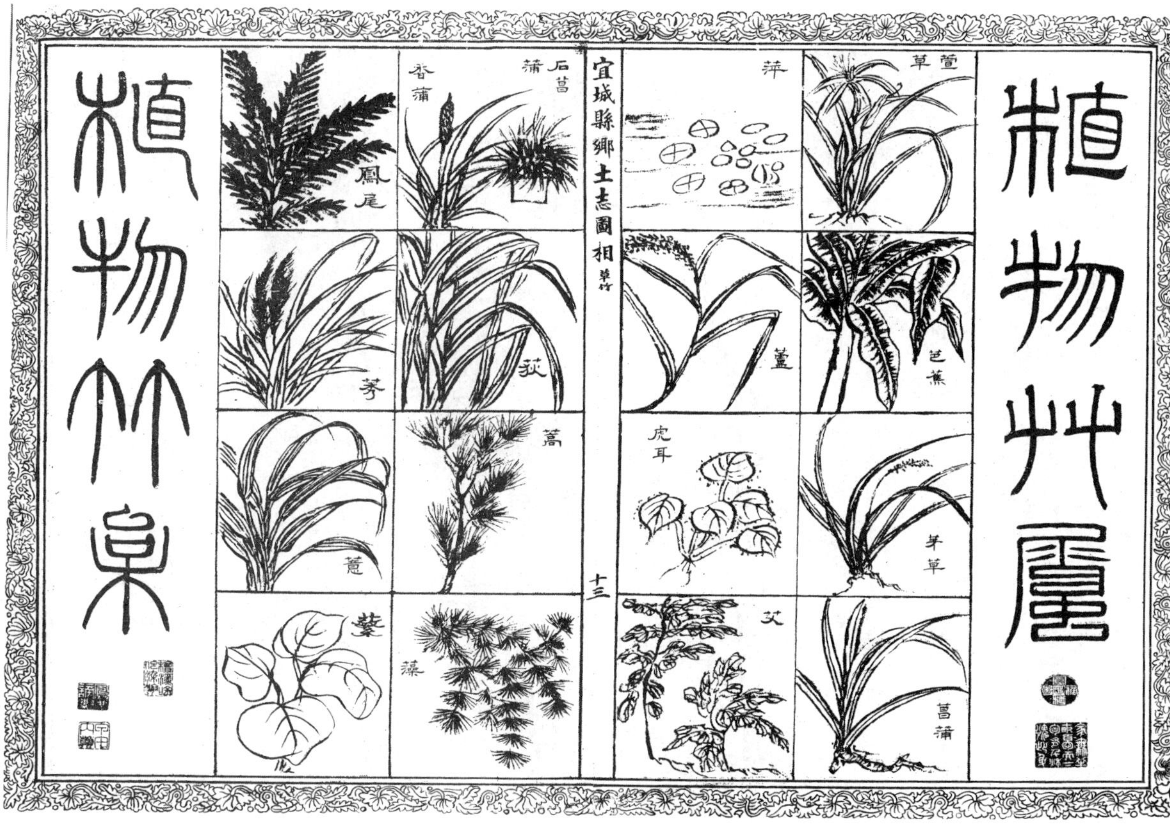
宜城縣鄉土志圖相 草竹
十三
鳳尾
香蒲
茅
荻
蒿
藻
萍
萱草
薑
芭蕉
虎耳
艾
菖蒲

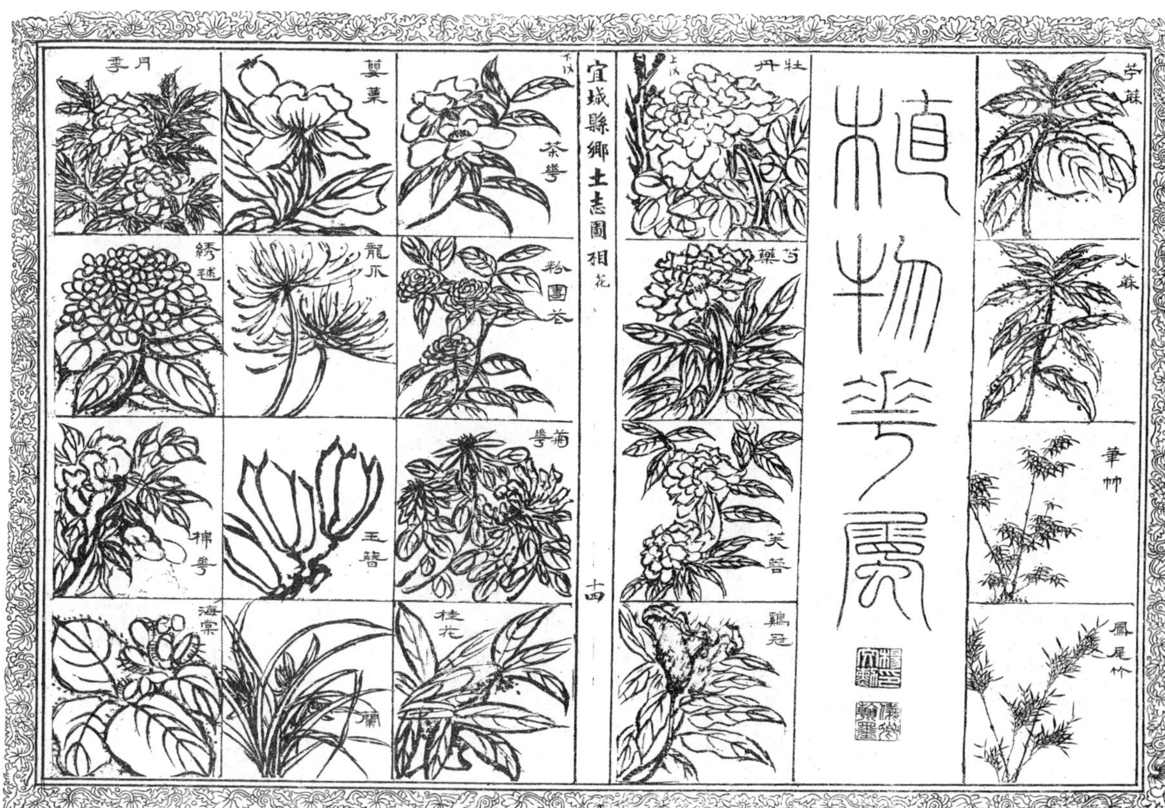
宜城縣鄉土志圖相 花
十四
月季
繡毬
龍爪
粉團花
玉簪
海棠
桂花
牡丹
芍藥
芙蓉
雞冠
火麻
鳳尾竹

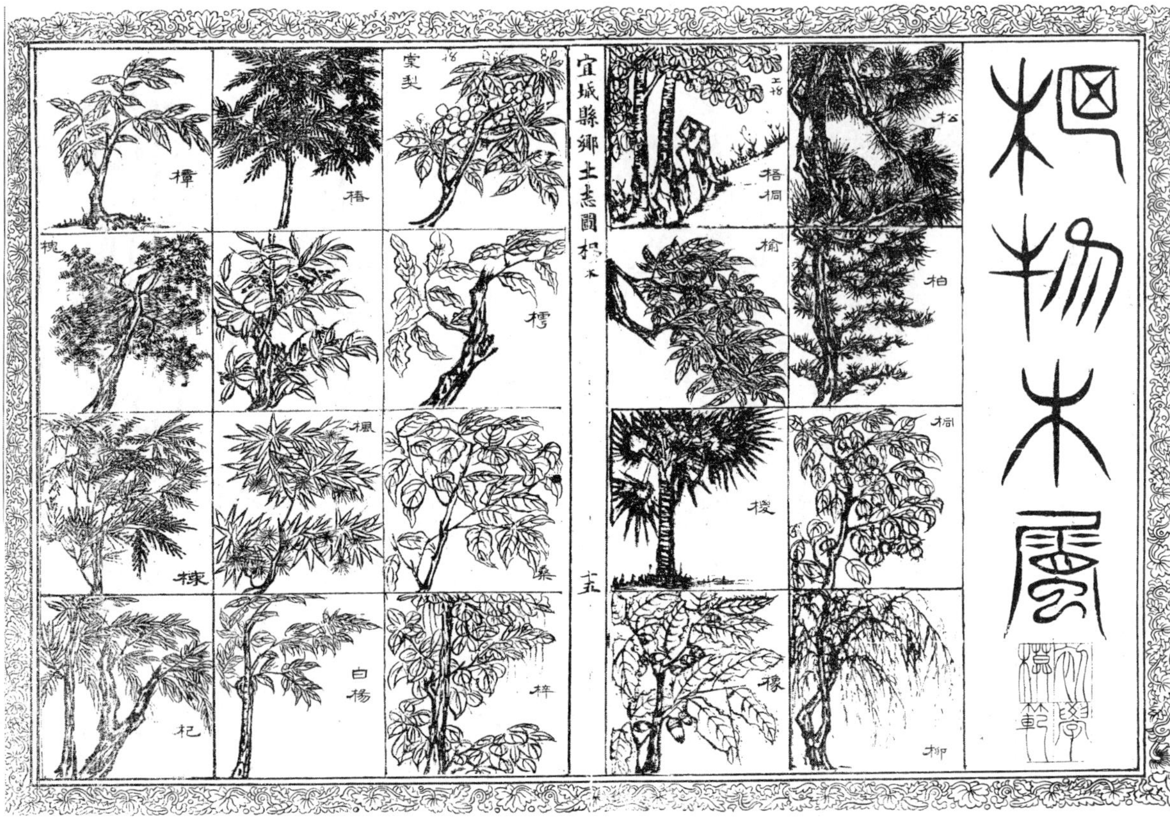
植物木屬
宜城縣鄉土志圖
十五
樟
椿
棠梨
梧桐
松
榆
柏
楓
楝
桑
椶
桐
杞
白楊
梓
橡
柳

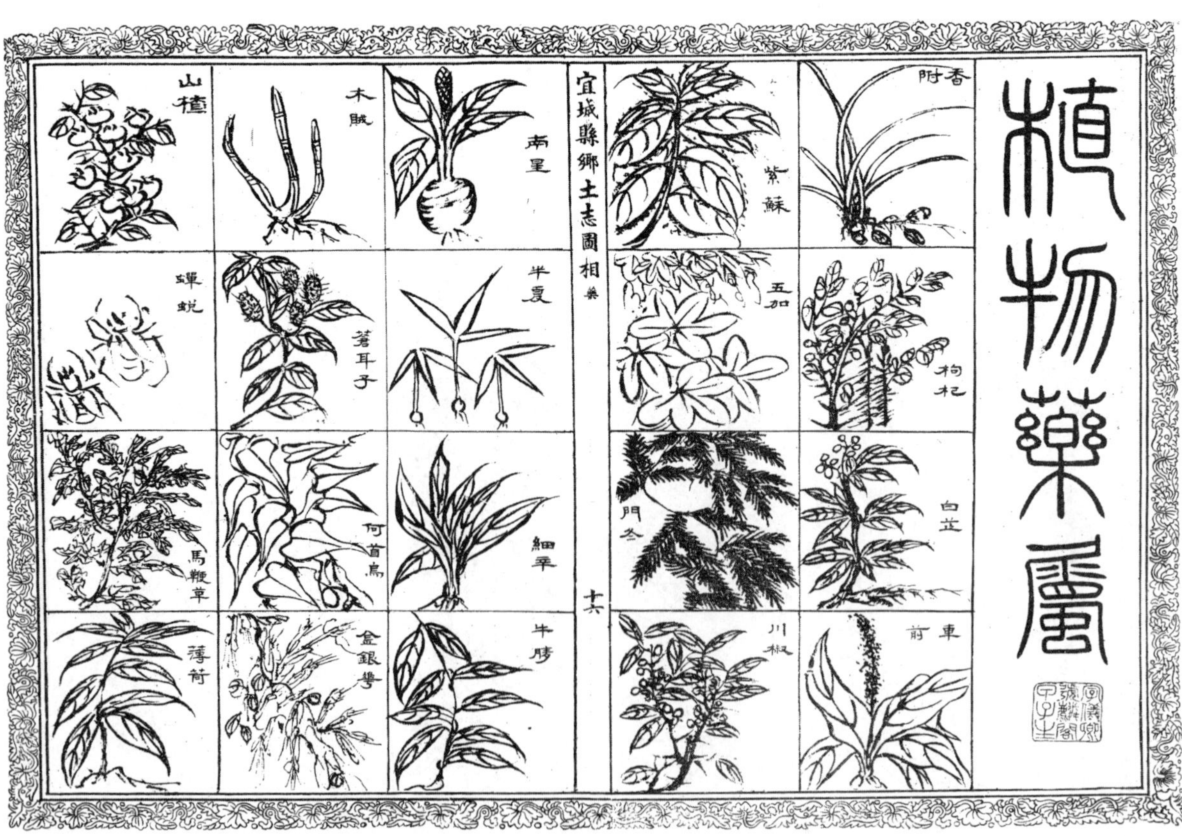
植物藥屬
宜城縣鄉土志圖
十六
山楂
木賊
南星
紫蘇
香附
蟬蛻
蒼耳子
半夏
五加
枸杞
馬鞭草
何首烏
細辛
門冬
白芷
薄荷
牛蒡
川椒
車前

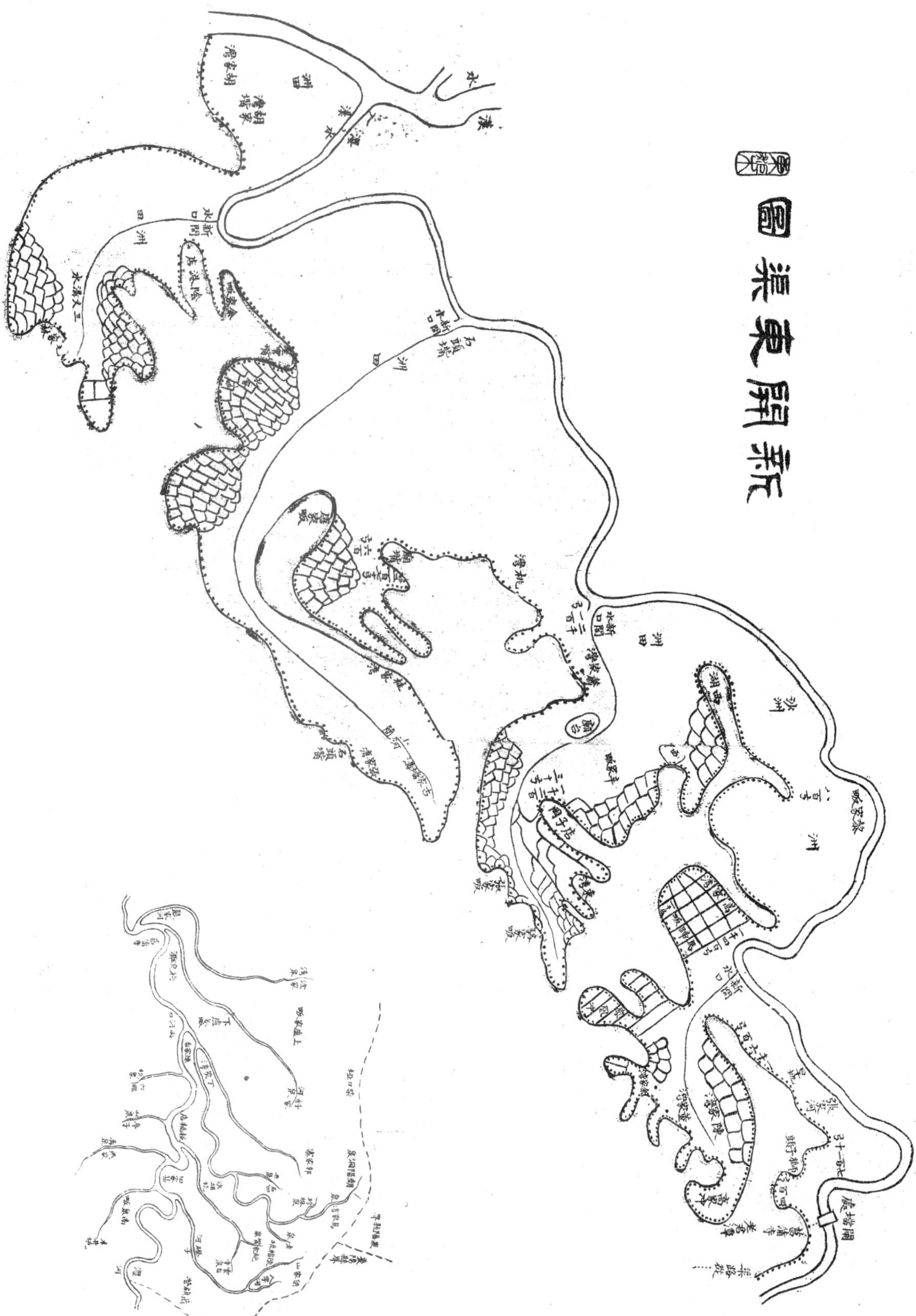
新開東渠圖

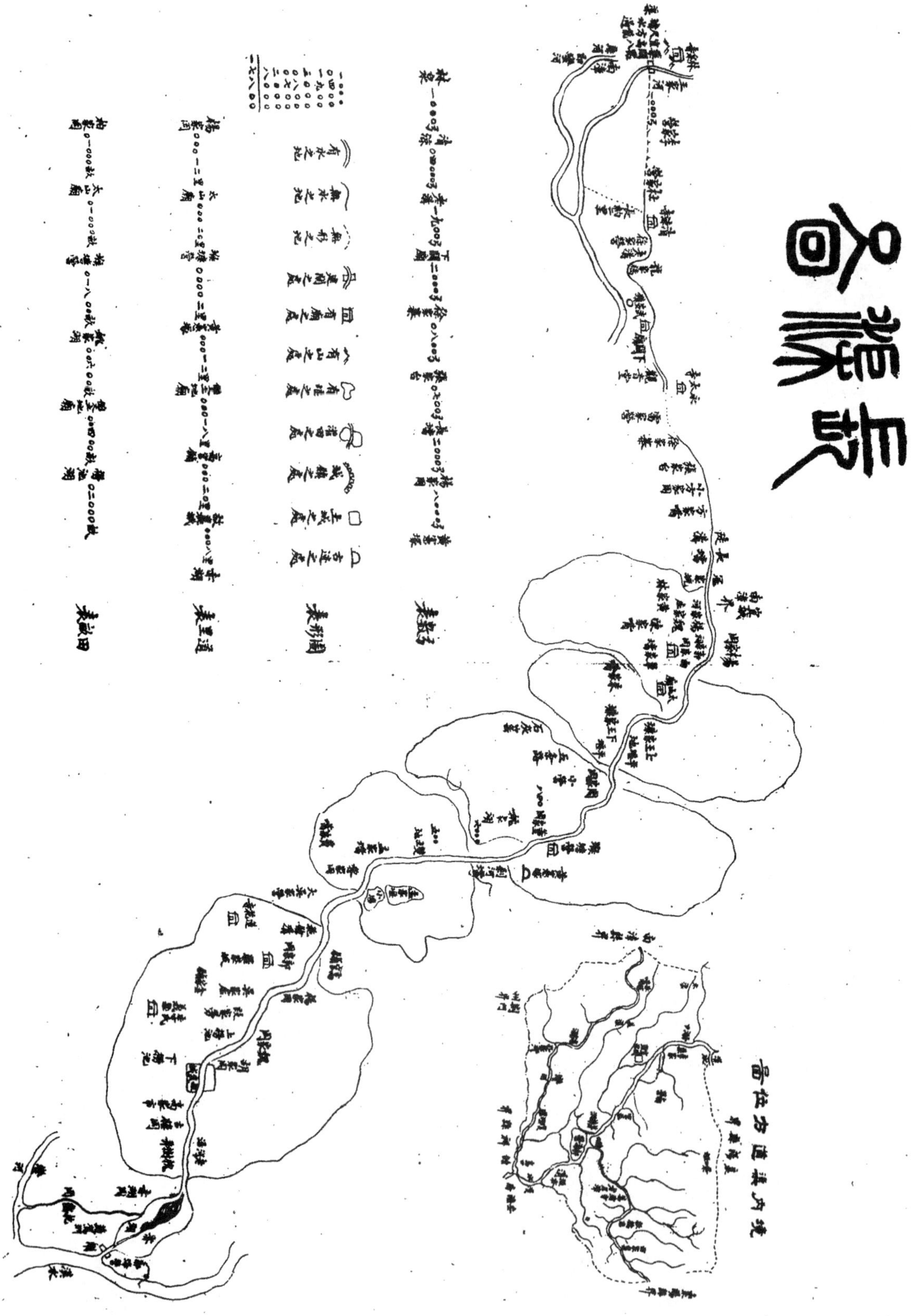

宜城縣官設學堂地位表

師範選科	本城	高等小學堂附設一所
高等小學堂	本城	印家垣新建第一　紫金舊設第二
初等小學堂	本城	速成科附設第一　文昌宮第二
	東鄉	官莊集第三　南營第四
	南鄉	流水溝第五　草場洲第陸　璞河鎮第七
	西鄉	雷家河第八　朱家嘴第九
	北鄉	小河口第十

宜城縣官民公立學堂地位表

初等小學堂	本城	六吉堂第一
	東北	鳳麓第二
	南鄉	楊家岡第三
	西鄉	白衣寺第四　李家塾第五
	北鄉	周家塾第六

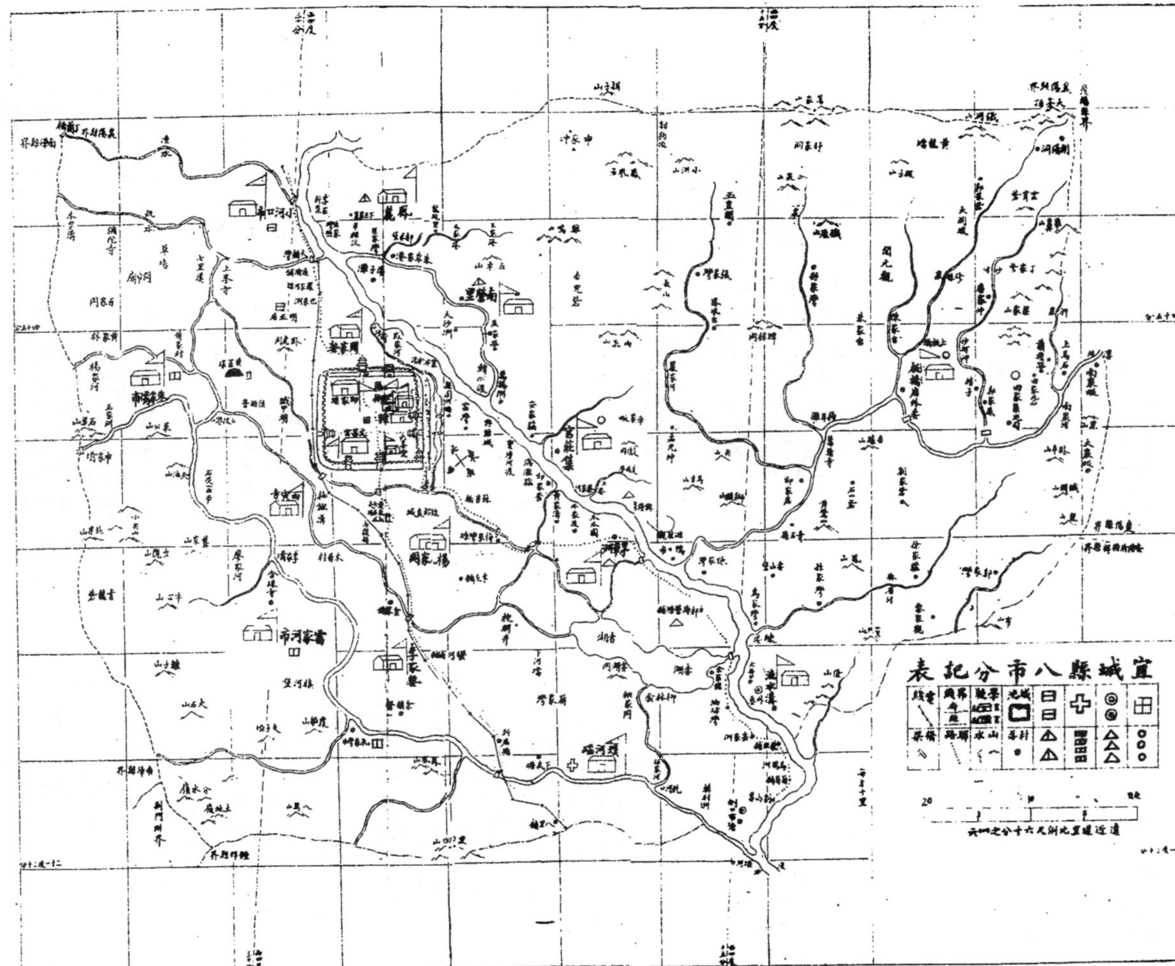

宜城縣官立師範學堂高等小學堂建築圖

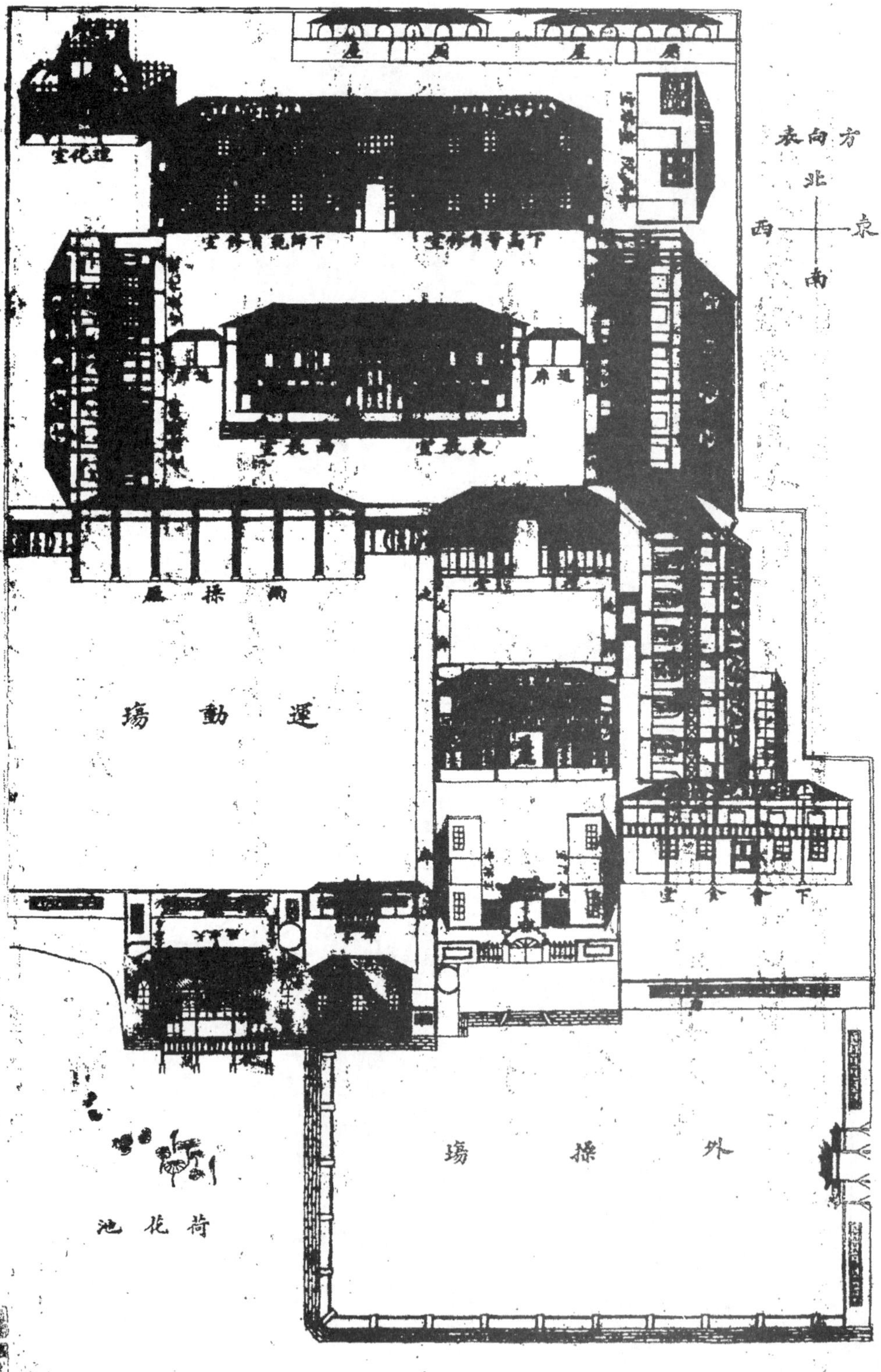

宜城縣官立師範學堂高等小學堂地盤圖

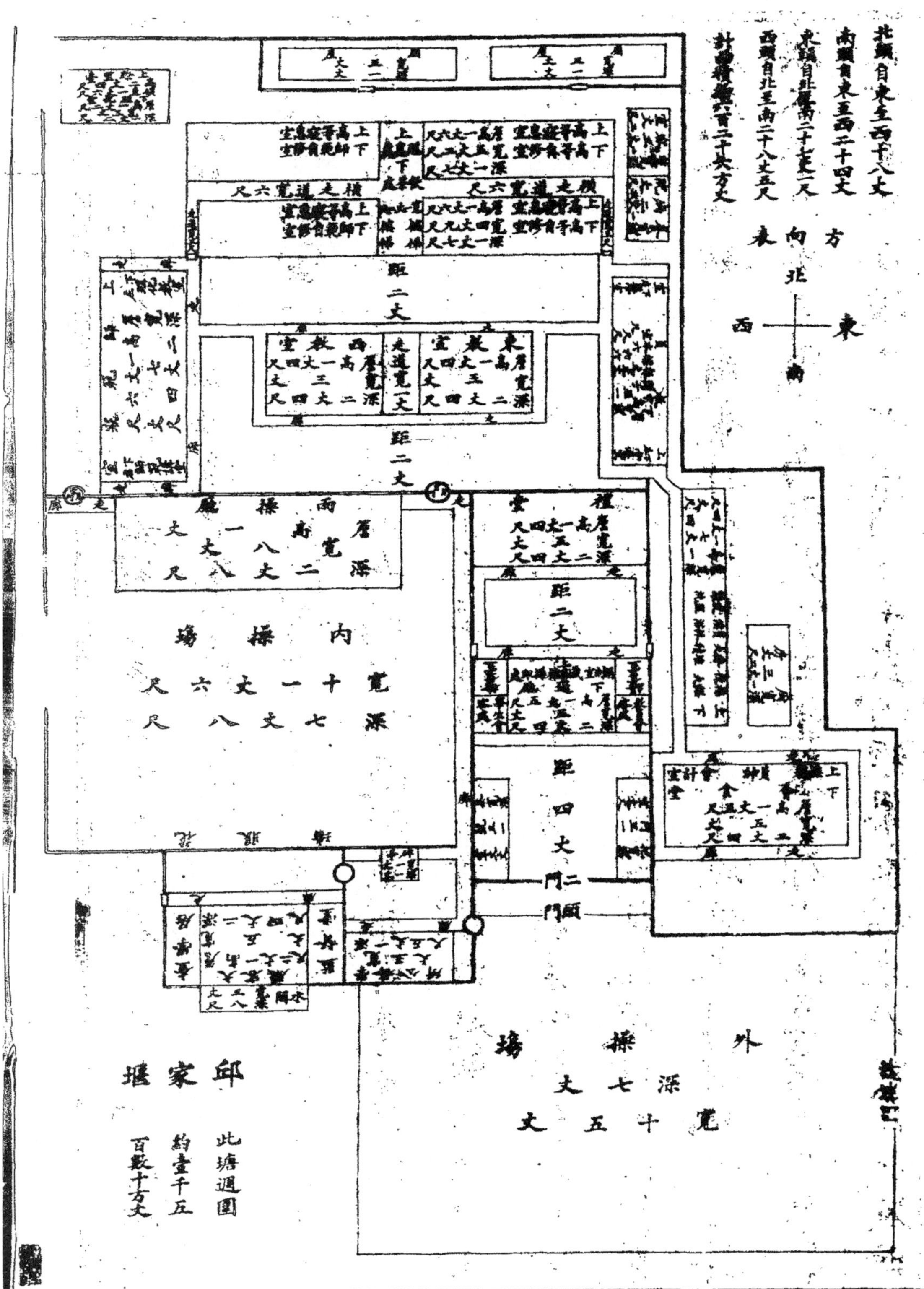

初等小學
教科要書

湖北宜城縣鄉土志便讀　上

湖北宜城縣鄉土志便讀

金筑楊福瑩書首

蒙養須知

光緒丙午舊用韻語編錄付梓

叙

春秋萬法託於始發何萬象起於點人生百年立於幼學古之教幼學也觀曲禮少儀弟子職諸篇法製雖詳節文雖備猶未若泰西之教初訓粗切之事物漸授淺近之言辭多為歌謠易於記誦多為俗語易於索解多為指點眼前名物易於明白而通達所以教幼學者無微不至近世深悟此旨每撰韻語俚辭以便幼學之諷咏如步天歌天文歌略地理歌略地球韻言史鑑節要通鑑韻語十七史彈詞歷代紀元歌等書率為幼學編譔使讀之者性靈活潑情懷暢達誠童蒙之寶筏稗子之指南也余於鄉土志編撰之餘猶恐幼學艱於記誦乃仿天文歌略等書凡歷史人類地理物產皆編為韻語彙作俚辭顏之曰便讀詞近凡俗意尤淺顯了然於口者自了然於心庶吟哦易而記憶熟天機自此而流動人文自此而蕃昌幼學之基礎立矣易曰蒙以養正聖功也余蓋體養正之旨因作此編云黟江楊文勳麟閣敘

湖北襄陽府宜城縣鄉土志便讀

第一章　歷史

粤稽宜城。由來舊矣。攷之禹貢。荆豫故址。周為鄀羅。在夏為邔。春秋之世。楚遷鄀里。戰國紛爭。秦肆焚毀。邔與鄀。郡縣改此。漢繼秦興。惠帝三紀。鄀改宜城。名易前軌。建安十三。置治伊始。魏晉初元。都尉設是。有宋大明。華山記史。馮翊立郡。齊沿天水。梁置率道。邔縣廢弛。魏改華山。漢南隸彼。北周省入。武泉亦圮。迨至楊隋。襄陽憑恃。唐貞觀中。漢南可已。天寶七載。宜城復起。宋元及今。芳名仰止。襄郡屏藩。門戶相倚。永作重鎮。固守桑梓。

第二章　政績

興利

甘棠愛留。武城化譜。樂只君子。民之父母。宦斯邑者。卓卓可數。後漢王寵。南郡砥柱。木渠溝疏。蠻水引注。田六千頃。灌溉無阻。宋有孫永。長渠復古。理堙去隘。盡成沃土。神宗之時。朱紘化普。復修木渠。歌頌鼓舞。陳令表臣。疏渠再覩。四十六通。水門增補。明有廖仕。政績繼武。興修塘堰。不辭勞苦。林君汝愔。治善循撫。修堞均役。城市安堵。朱君崇學。垣墉工估。立石題名。鄉賢稱許。郝君西崗。重立基礎。築堤障水。民得居處。張君鳴岡。努力支拄。築堤用瓴。深賴利溥。

國朝陸公。隄修漢滸。水不為災。禾稼盈庾。謝公紹佐。新修庠序。歷代循良聲稱詡詡。

去害

明有張泰。除弊政。修條畫。周詳。能吏名留。至畝剥皮。吳昂罷休。富包占役。勞佚均愁。胡令痛革。賦徭輕抽。雷君任內。漢水沉浮。城垣頹圮。修築運籌。新建張相隄。犖金甌。北紫陽觀。南套夾洲。

國朝王令。糧擾為憂。踢斛淋尖。諸弊消勾。胡公永慶。遮役害收。民七軍三善。制歌謳。梁令憐民。緩征貽謀。勸富濟貧。歉歲恤周。各傳志乘。政績優優。

聽訟

明有梁雍。涖事嚴明。案無留牘。積弊不生。許公玉繩。政治均平。既

去之後。士庶懷恩。廉敏公慈。勒石垂聲。

國朝劉公惠。洽民心。治宜八載。政簡刑清。明敏廉仁。牛公伯衡。邑有楊氏兄弟互爭。詠詩息訟。足感暴横。靈州高遴。循聲著稱。囹圄空虛。訟無留停。耿令湜玉。折獄平情。民不忍欺。無事嚴刑。王公明決。斷獄如神。片言折服。足步後塵。

第三章　兵事

東漢光武南擊秦豐。朱祐獲之。囚送洛東。宋張世傑。師援無功。赤灘敗績。元兵匈匈。文虎援襄。阿朮爭鋒。見者奪氣。輕舟逃蹤。明成化年。劉賊稱雄。縣令郭泰。城築土工。

國朝順治。將軍威風。率師至宜。偽官避鋒。湖廣王賊。盤踞要衝。官兵進勦。如虎如熊。破李來亨。康熙之中。大軍捕獲。偉績盡忠。乾隆之時。緬匪外攻。討平凱旋。過縣從容。嘉慶元年。白蓮內訌。率勇堵禦。賊衆困窮。道光元年。夷匪忡忡。滅傳添貴。西鄙奏庸。咸豐同治。髮逆巾紅。猖狂焚掠。縣境妖烽。光緒卅載。軍務忽忽。守令調停。安靖向公。內憂外患。掃鋤一空。運籌抒略。深賴元戎。

第四章　耆舊

事業

明有馮寧。性孝過人。執親之喪。至於喪明。寢處墓旁。事死如生。龔楚秀者。居嗜義村。母病籲天。求代殷勤。哀毀骨立。幾喪其身。躬親畚揷。舉土成墳。龔謙兄弟。友愛至情。年逾六十。產財不分。篤供子

職。邑尚履亨。父卒宿墓。僅死成名。劉公次可。尚義萬行。取與不苟。勢利不爭。張公文光。性行佚倫。儉素自奉。傾囊周貧。彭音仁義。樂善著聲。賑飢楚鄉。遠近共稱。

國朝魯瑾。罪譴代兄。卒亡配所。怨言弗聞。聶爾保康。教匪圍城。冷官盡節。訓導吳珍。先正事蹟。慨慕生平。

學問

鄢人宋玉。善於屬文。作賦自見。後世咸稱。楚詞章句。叔師著成。靈光殿賦。文考傳名。後漢馬良。兄弟五人。並有異才。白眉超羣。唐段成式。太常少卿。酉陽雜俎。著木香村。明有邱瑜。東閣名臣。闖賊猖狂。六事上陳。

國朝王鼎。博物洽聞。任雄縣令。政在愛民。周公名炎。穎悟初生。才贍學富。九歲能文。唐公承中。穎異一身。翻閱奇書。記憶詳明。易公萬里。通十三經。諸子百家。博洽宏深。蕭公反切。通訓定聲。夙工舉業。潛心典墳。古今文學。永列儒林。

第五章　人類

戶口

休養生息。盛衰所關。古重民數。皇衷惕乾。歷經禍患。蹂躪與邊。縣志所載。萬歷初年。戶千八百。丁約七千。近查戶口。生齒日繁。林林總總。遠勝於前。綜核戶口。三萬八千。大小人丁。卅萬二千。是為實錄。詳列簡篇。

氏族

漢水之東。有楊家營。中多楊姓。繼繼繩繩。為宜冠冕。世代簪纓。城南段姓。名宦後人。於今式微。蕃庶子孫。西南李姓。居赤土村。衣冠世族。還遜魏興。在城在鄉。邱姓崢嶸。明相故裔。流傳至今。城北譚姓。閒出文人。胡價哲嗣。世族昌明。流傳勿替。子孫振振。城北張姓。龍頭居身。貢樹分香。代有成名。王家廟側。段家河濱。王凝之裔。子孫芸芸。埡口孔姓。聖代家聲。詩書傳世。領袖宜城。

第六章　宗教

中華孔教。萬古流傳。鄉賢繼之。勿替淵源。不謂後世。崇尚異端。以至宗教。名不一焉。回教來邑。雍正初年。居境西北。數百人煙。阿剌伯罕。是其祖先。流入中國。三支教宣。

天主教

天主之教。來至我宜。從其教者。猶太本支。英法各國。多來教師。尚拜偶像。權不紛歧。二百六十。歷代傳之。良第十三。今主名馳。邑人入會。百家有奇。一切事情。歸其護持。

耶穌教

耶穌之教。羅德流傳。作論駁斥。九十五篇。分四大派。十戒播宣。溯厥源委。耶穌其原。母曰夏娃。父約瑟焉。生於哀帝。建平三年。化廣歐洲。泰西蔓延。漸入亞境。各省牽連。本境從者。人不滿千。矜奇炫異。俗尚使然。

第七章　實業

士

四民之中。惟士最先。家誦詩書。戶有歌絃。砥行礪節。希聖希賢。秦漢而後。考試興焉。文章經濟。分途爭妍。降及唐宋。詩賦流傳。明及本朝。八股貫穿。今廢科舉。一切棄捐。本境學堂。到處絡聯。各門科學。嫻習有年。以後士額。約四五千。

農

力耕為農。最為勤苦。念有九萬。零星可數。山田河田。各耘爾土。曾孫婦子。主伯亞旅。南阡北陌。春耕秋穫。塗足沾體。百穀納取。千倉萬箱。盈盈室宇。大有豐年。歡欣鼓舞。各服先疇。高曾矱矩。

工

百工居肆。以成其事。飭化八材。審曲面勢。珠切象磋。骨角攻治。玉琢石磨。古玩酷嗜。木刻金鏤。梓匠細緻。草剥羽析。皮毛不棄。中矩中規。作巧成器。更精化學。愈為妙技。本境習此。三千總計。

商

行貨曰商。賈居蓄昌。漢鑾口岸。鎮市各方。阜通財貨。善積深藏。乘堅策肥。輻輳匆忙。負任擔荷。販夫不遑。四方來雜。駔儈牙郎。操贏制餘。心計孔桑。綜核實業。四千考量。

第八章 地理

宜城向方。在省之北。水路千餘。陸程七百。在襄東南九十里。積東西南北。廣袤皆一。實舉其數。一百二十。東渡漢江。官庄田鎮。里有八十。交棗陽境。南郭海營至八角廟。里有九十。鍾祥界到西朱家嘴。至界牌頭。里有四十。宜南鴻溝北明正店。小河口渡。里有三十。襄陽界去東南向行。龍山覲面。里有九十。交鍾棗縣西南經過。有五十里。交鍾荆南三縣界址。西北古羊四十里。詳其界可指襄陽南漳東北紆徐至黃龍壋。里有七十。襄棗界上。宜城境內。百廿八團。鄉村營里。名不一焉。就最著者。聊為紀傳。里名冠蓋。在境北境。自昔文人。題詩歌詠。村名嗜義。在邑南鄉。風俗樸茂。可表可坊。鄉名樂善。在城之東。人稱樂土。比戶可封。營名侯壙。舊為驛路。地有名人淳于髡墓。

城內之區。其中四分。東西南北。街道分明。坊表林立。望之增榮。攀龍步蟾。騰霄凌雲。法垣都諫。象魏秩清。瞻仰廟宇。敬心忽生。城隍廟貌。煥然維新。報恩古寺。昔傳鐘聲。熒惑關帝。文昌魁星。載在祀典。明德惟馨。文武二廟。祀惟聖人。書院育才。義塾憐貧。至今學堂勃然而興。師弟循循。教化薰蒸。在城區內。比戶欣欣。有觀風者。尚其歌賡。

山類

紫蓋山岡。西城上跨。晨又眺望。晴霞籠下。毓秀山平。縣署居中。一邑秀氣。皆為所鍾。赤湖之岡。南五十里。下臨赤湖。長渠水委。五車之山。東北廿里。傳唐統蘊昇金棄此。由茲三里。有玉屏山。形如屏障。潔白可觀。玉屏山東。山有麒麟。兩山對峙。中峰直撐。雞鳴之山。麒麟西北。俗傳真武游此山側。雞鳴山東。偏頭在頭。峯頂偏向。因此名留。雞鳴之北。鯉魚山三。北首南尾。面向排山。大峯之嶺。其形可繪。邑山迢遠。惟此為最。山鳴兩乳。又名兩耳。兩山對峙。崔巍特起。劉家寨山。體勢崇隆。民避亂時。皆在其中。赤山土石。皆為赤色。傳姜太公。把釣於側。八萬山高。相傳明末。居人避亂。八萬全活。山名鷄子。在縣西鄙。上有天坑。深不見底。牛心之山。一名青牛。西山由此。出口清幽。女冠萊公。皆在縣西。二十五里。異蹟留題。

水類

漢水自古。遷徙不一。道元水經。莫符禹蹟。昔日故道。幾經變易。就水所經詳述明晰。自襄陽下。經鹿門崗。會伏龍洞。過艾家庄。潼口東南漢流汪洋。南下七里大橋灣旁復有一水。西方發源。入於漢江。下流盤旋。由此東行。為礶子灘。卧虎崖下。微折而南。由南而行。抵迎水洲。再行五里窑灣渡頭。過寶潼河。圍灘浪浮。流水溝下。縣境全收。

蠻水入縣。在城西境。申家嘴旁。回環無定。溯其發源。保康南漳司空山内。又名東狼。自東南流。納青泥灣。至武安鎮。張家營前。會清涼河。東過蚌山。入宜城境。清流潺湲。蚌山東南。故縣城高。過朱家嘴。下右灰窑。雷家河曲。孔家灣遥。經新店鋪。璞市暗潮。水出倒口。捲入漢濤。

城東新河。傍護城隄。起卧虎崖。分支西移。沿隄植柳。輝映溝溪。柳色第一。東郊菫萋。

縣北踈水。源出南漳。東流至境。注漢汪洋。又呼為涑。又呼為襄水同名異其實可詳。

縣西浰水。源出房縣。零水淇水。名不一貫。東流保康。南漳始現。達西界上。入鄢可按。

長渠之水。導自蠻河。西六十里。武安鎮過。流十五里。鄀城包羅。與木渠會。並入漢波。

木渠之源。中廬縣中。流入宜境。注於漢洪。與長渠水。溉田無窮。禾苗暢茂。歲皆熟豐。

道路

出其北門。行五里餘。三塚相望。金雞名區。中塚畧高。墓門故墟。居人禱祀。寶器借諸。後未原璧。遂閉門閭。農人耕田。雞飛翰音。鞭甃其一。拾視為金。歸病月餘。金盡疾平。路行三里。有太平岡。中有廟貌。金碧輝煌。上行七里。明正店旁。雖近漢濱。生意淒涼。五里酌下。巴家洲前。傍河五里。復上岡巒。岡有廟宇。神像尊嚴。五里以内。轉大橋灣。至於小河。環列市廛。商賈輻輳。有無懋遷。富商大賈。利獲萬千。中有公館。迎送官員。市人瞻仰。與有榮焉。循河五里。路曲回旋。至小河口。襄邑之邊。

城南里許。泰山廟臨。旁有籍田。於此迎春。每當春立。邑侯躬耕。再

行里許。有宋玉塚。塚大畝許。牆垣環拱。古樹環繞。濃陰翠籠。列貞珉二。碑詞可誦。門樓當道。懸額高聳。由此三里。為爋樹園。再行三里。為蘇家站。其地有湖。漁人網集。湖中獲鏡。照現異迹。彼此爭照。墮水莫覓。南行十里。至故襄城。隍池俱廢。基址猶存。斷磚頹瓦。其中堆盈。惟有古塔。古樹森森。上接霄漢。高矗霧雲。十里之内。為胡家岡。又行十里。宋家岡旁。沿隄十里。璞市相當。屋宇修潔。街道寬長。居民殷富。生涯汪洋。熙來攘往。買賣客商。宜邑各鎮。此地繁昌。十有五里。任尚兩河。至於倒口。鄢水綠波。闤闠生意。淡薄奈何。入鍾祥境。對河渡過。

城西十里。為侯唐營。古善誰驛。今廢無存。有墓巋然。齊湻于髡。由

此五里。黃憲塚前。塚大且高。岡巒迴環。遠近瞻望。如山之巔。建有豐碑。題詞深鐫。十有五里。下岡之坡。為朱家嘴。市近蠻河。人善居積。俗亦雍和。客商往來。既庶且多。西行五里。有故宜城。北湖岡地。城址尚存。又過五里。立有界牌。從此西行。武鎮長街。出其東門。渡過漢江。遙望市井。名曰官庄。街道狹隘。人民武强。近建學堂。教育有方。耳濡目染。蒸蒸為善良。距城十五。漢水東岸。東山一帶。村鄉連斷。鳥道羊腸。曲徑散漫。高山峻嶺。田鎮司汎。至上馬石。八十里程。設有巡檢。管轄居民。山中集市。生意平平。其中景物。向榮欣欣。接棗陽境。由此東行。

第九章　物産

動物獸類

牛羊馬駒。驢騾犬豬。狼兔獺鼠。猫貛狸狐。家畜野畜。豢養薪芻。四足而毛。獸屬無餘。

動物禽類

鸛鷗鷺鷥。野鴨雉雞。淘河點水。飲啄河湄。禿鶖烏鴉。鸜鴒畫眉。鳩鴿鷹鵲。翡翠豔姿。鴛鶩鴿鸛。麻雀子規。倉庚練鵲。燕雁在兹。布穀啄木。百舌鳴咿。鸛鴒鵪鶉。銅嘴雄雌。曰白頭翁。野鳥靡遺。雞鴨與鵝。家禽雛雛。二足而羽。翩翩追隨。呼羣引類。不絕四時。

動物鱗屬

紅鯉潛淵。兼縮項鯿。鰔鯖鯚鯽。白魚鰍鰱。章鰲鰻鱔。金魚色妍。烏魚黃顙。鯵鰋屬焉。江漢蠻水。澤藪清漣。鱗族繁殖。味美而鮮。

動物介屬

龜靈猶龍。曳尾塗中。鼈從河伯。盤跚從容。紫貝五百。螺圓而紅。蠏能橫行。介士威風。含珠老蚌。五味和同。凡此介屬。川澤不空。

動物蟲屬

螻蟻蠶蜂。蛇蝎蜈蚣。蟬蜩壁虎。蝦蟆蠮螉。螳螂怒臂。蜥蜴守宮。田雞絡緯。促織蟣蠓。蝸牛蒼蠅。蚤蝨褌中。山豈能負。還多蚊蟲。

植物穀屬

粘稻糯稻。水田最妙。大麥小麥。旱地至要。黃粟紅粱。黍稷倉窖。巴豆綠豆。豌豆馬料。蠶豆黑豆。芝麻騰糶。茄豌蕎麥。總備旱澇。曰赤

小豆。雜糧備告。凡此百穀。三農倚靠。大有豐年。事畜老少。衣食既足。還與學校。

植物蔬屬

芸苔白菜。葱蒜韭薤。油菜莧菜。馬齒薺菜。黃練白花。紫菜藜菜。菠菜芫荽。辣椒瘡快。茼蒿冬笋。園圃鬻賣。鹽梅調和。田舍風味。

植物瓜屬

西瓜南瓜。冬瓜更嘉。香瓜王瓜。蕊吐黃花。絲瓜苦瓜。葫蘆玉瓠。稍瓜金瓜。更兼絲茄。綿綿瓜屬。最宜田家。

植物菓屬

菱芡蓮藕。柿栗柰有。胡桃櫻桃。梅李適口。石榴銀杏。葡萄釀酒。桃

子棗子。桑椹味厚。葶薺杏黃。筐盈左右。曰落花生。樹藝隴畝。曰無花菓。種植已久。彼實離離。田園澤藪。九秋熟成。地利不朽。

植物木屬

松柏柳楊。黃楊白楊。桐榆楸楝。槐檀柘桑。椿樸椶櫚。郁李棣棠。冬青烏桕。馬尾松良。皂角蛇爛。合掌柏長。樫椽黃楝。樗櫪連崗。丸丸欝欝。執䕫秋霜。參天拔地。材作棟樑。

植物草屬

蒲萸艾蒿。蓼蘋蘩芫。龍鬚虎耳。萱荻芭蕉。吉祥菖蒲。雁來紅嬌。鳳尾蘆莎。含羞葦茗。衆卉向榮。綠滿春郊。

植物竹枲屬

筆竹叢竹。水竹凝綠。鳳尾東坡。紫竹簇簇。蘇麻火麻。秋用縛束。苧麻葱蘢。索綯乘屋。周官典枲。衛武淇澳。利用民生。不殊百穀。

植物花屬

荼蘼牡丹。芍藥雞冠。紫薇紫荊。麥香粉團。海棠葵藿。薔薇山丹。金鳳罌粟。芙蓉鳳仙。剪絨龍爪。落地金錢。迎春海桂。並觀音蓮。桃花李花。石榴花鮮。杏花梨花。剪春羅殘。海桃碧桃。菊種奇觀。絳桃梔子。海石榴看。石竹天竹。繡毬玉蘭。洛陽月季。二花斑斕。玫瑰梅花。桂花玉簪。瑞香百合。十姊妹歡。木槿辛夷。夾竹桃鮮。四十九種。花譜校刊。

植物藥屬

半夏白芷。及香附子。南星杏仁。及枸杞子。蒼朮紫蘇。及車前子。薄荷紫菀。及益母子。桃仁木賊。及蘿蔔子。細辛麥冬。及山梔子。皂角野菊。及黃槐子。山查五加。及瓜蔞子。蟬蛻商陸。及牽牛子。蜂房花椒。及蛇床子。扁蓄二花。及蒺藜子。菖蒲花粉。及金櫻子。曰百風籐及冬青子。曰豨薟草。及桑樹子。曰地骨皮。及蒼耳子。曰夏枯草。及牛旁子。曰馬鞭梢。及松柏子。曰打雷科。及湖蓮子。曰土牛膝。及兎絲子。曰鳳尾草。及莨菪子。曰淡竹葉。及紅欠子。曰甘菊花。及葶藶子。曰何首烏。及橡樹子。曰桑白皮。及苦楝子。曰蒲公英。及火麻子。曰鳳仙草。及石蓮子。王不留行。終草麻子。六十六味。本境止此。

植物製造

宜城自古。物產繁庶。未諳化學。半失法度。學堂教育。鼎新革故。聲光化電。泰西趨步。植物製造。敢言詳備。約舉一二。徵諸俗務。高粱釀酒。大麥作醋。菉豆粉條。黃豆豆腐。榨油芝蔴。熬糖稻黍。小麥磨麪。食物樸素。木棉紡紗。織之成布。大木梁柱。棟宇堅固。小木器皿。日用不誤。竹劈為篾。作為雜具。兼為屋椽。茅屋小住。

鑛物之屬

歐洲富强。地利莫藏。五金鑛產。泰西昭彰。中國金鑛。平度參詳。徐州鶴峯。銅鐵靡疆。邑東西山。樹木蒼蒼。惜少鑛產。氣質堅剛。所有火石。黃土山旁。鷄子山南。煤苗露芒。毋猪嶺西。炭坡成鄉。漢水東岸。沙金輝煌。開採者鮮。理財無方。謹獻芻議。上達

廟廊

第十章　商務

宜城物産。色色爭妍。宜城之人。不善懋遷。祇以其地。要衝係焉。四通八達。商賈便便。自境出者。其貨甚賖。春季豌豆。白淨為嘉。運至夏口。湘湖之涯。一帆往來。獲利倍加。千百萬斛。其數無差。秋季芝蔴。利益甚優。水運南省。武漢上游。昔年洋船。並蓄兼收。銷行甚暢。千艘萬舟。與豌豆數。更勝一籌。菉豆小麥。高粱雜糧。水運陸運。跋涉遠方。交易得所。貨殖精詳。他境來者。鹽為大宗。時非太古。淡泊可風。萬戶千家。需用皆同。銷行暢旺。來往通融。更有洋烟。銷行城鄉。出自川廣。滇黔地方。河南亦來。還有棗陽。不惜重貲。銀白金黃。

皆係陸運。荷担成行。整買零賣。獲利無疆。其餘雜貨。逐利奔忙。近今商務。設有學堂。刻意振興。國資富強。願我宜邑。從茲改良。

[illegible]縣鄉土志[illegible]文

光緒丙午春季開雕

宜城縣學古志藝文

鳳池諳吏書耑

宜城縣鄉土志藝文序

經史而外有性道之文有經濟之文濂洛關閩及楊謝游尹諸子之書性道之文也管葛杜陸韓范富歐二馬三蘇及
國朝秦王曾左諸公之專集遺篇經濟之文也性道之文有時不適於用經濟之文如菽粟布帛無時可離今天下既力詆宋學為無用而以漢學為宗究之治漢學者亦津津於章句訓詁而掇拾其皮毛非經濟有用之學也吾人治天下國家無論為漢學宋學但取其適用而已適用者因時制宜因地制宜經濟著而文章以出故今日時政之要領不外乎教養兩端亦既勵精圖治而義蘊宣洩一二流露於文章

經濟亦隨之畢呈至其詩詞歌謠之繪景攄情更有以歆動之勸勗之無非欲吾民共趨於和親康樂之域孝弟力田之業而相安於善良政治之所以日懋也因政治而見經濟因經濟而發文章文章出而理道亦因之以寓固合漢學宋學為一而並行不悖者予之選録是編以詔初學蓋以科舉廢而科學興文字之講求非復前日完備讀是編者不惟近時政跡可得考鏡之資亦董子訓言兼獲觀摩之益所望司教諸員隨時誘解而詳說之俾更增其識力則是篇之存不為無補也已

光緒三十二年丙午夏日黔江楊文勳麟閣甫謹敘

宜城縣鄉土志藝文目錄

文集

宜城縣鄉土志藝文文集

設支應投送局革差幫需索弊率委紳告城隍神盟誓文 楊文勷

惟
神彰善癉惡，正直聰明。人有存心，神有感應。幽明之間，固一理也。茲有所昭告而請於 神鑒察者：緣 職去春到任之初，即知本邑差幫大有害於政治，已稟本府鄧轉請 大憲禁裁，另自發給津貼。嗣因公欵難籌，未蒙報可。去歲小子不祿，已擬由本署全發夫價，俾易約束差役，免致民間因案受累。擬定永禁告示，將發貼矣。旋因幕友諸君諫議，以此事出諸鄙人，儉己寬民則可，恐後任累重者，值今錢價大跌，進少出多，何能支持，事須三思，免使後人蓄怨，故遲遲不敢發，延誤至今。本年春，姬人受妊三閱月，因病墮胎，固由鄙事煩劇，失於顧問醫調，亦實為善不終之所以報也。

然既往不可諫，來者猶可追。今則此事決意行之矣。所幸者，現奉憲設立三費局，近日與紳會計，尚有餘貲，由此而擴充焉。仿照川省添設夫馬局，以後一切夫價通由局中發給，庶差無賠累，不致因案重向民間需索。如或有之，一經告發，訊實懲辦，示衆以儆傚尤，而積弊可除，後任亦不致因此受累，其事方可長久。至衙門差房投到等費，雖有定例，亦難免有格外需索者。茲則申明定章，原被兩造進城，先赴局掛號，將費繳呈，由局送案，隨到隨訊，不准多索。一免指名苛詐，二免多方措勒，延不投案。除弊之法，此為要著。然天下事有治法，尤貴有治人。地方官事務殷繁，縱平日立法本

善防範亦嚴但一人之精力有限豈能刻刻照應事事周知惟賴
一二公正廉潔紳士在局實心助理以廣民之恩惠以培官之陰
隲以行己之方便凡事但能秉公且係照章而行在民間必能諒
其心為之者亦毋庸慮其後古語云人在公門正好修況茲惠顧
桑梓培植兒孫之事豈能見義不為茲選得正紳李鳳藻李瑞庭
望懋功宋瀛海楊肇端嚴德修魯秉直曾傳文住局分季專辦此
事籌給薪水但人心不同各如其面素仰吾
神靈異茲特邀憑座前先立盟誓凡我官紳既經認辦此事皆當
各憑天良如有向民間私要一錢及借公妄索一費近則災害本
身遠則絕滅子孫勿謂暗室可欺勿謂後人顯在但一叛誓而
天必降之罰嗣立遭其殃言而無信　神必殛之自茲以往大家
皆宜留心猛省切勿口是心非始勤終怠惟
神朝夕默察區分功過隱示勸懲大顯威靈俾衆知所儆懼以堅
其為善之誠不勝馨祝企禱之至
此事為本邑去弊第一要端故以文冠諸篇首蓋官紳有時代
替而後之繼其任者藉以觸目警心覺誓言刻刻在念其事從
茲永行無或稍滋流弊並得為我民造無疆之福尤予之所注
望於將來者也　文勳再注

襄陽郡伯鄧公季垂宜城安民頌序

公江蘇江甯縣人庚午優貢乙亥舉人　公之兩任守襄六屬戴
德不僅宜邑也惟去冬軍戶滋事　公奉委查辦憫念無知愚氓
但懲首要罔治脅從并招集逃亡撫卹凋喪軍民各戶皆得仍歸
安業閭邑之賴保全非　公威信相孚何有今日現值　榮調奉
天小民感恩懷德以　公之大有造於我宜而不可無以永其傳
也僉謀勒石以誌去思并作頌曰

鍾山靈秀蔚毓賢良績學服古丕富文章才行優粹貢於
廟廊復宴鳴鹿始仕黔疆繼官臺嶠化被遐方一麾莅鄂黃武鄖陽
福星共仰重任守襄政平訟理蹊李舍棠隼旟所至甘雨隨霶鄾
陵弗靖羽檄飛將萊公舊治策定扶匡仰承憲注就道不違惠臨
似旱雲霓慰望治魁解脅衆免驚惶萬家生佛政惠成祥留櫂善
後政美黃堂將軍薦剡求賢助勛開府建節如願斯償　公去民
惜遺愛難忘勒珉紀念百世流芳祝　公傳嗣科甲寖昌祝
公報
國壽命延長卓哉我　公洵儒吏光宣特膏流夫郡縣定看炳耀乎
旂常

南皮張宫保督楚造士愛民頌并序

廣雅宫保此次之重涖楚督任也士民之望治者莫不以手加額謂公之來必能諒吾艱蘇吾疾而恩之有以復周且喜學校之大振新政之克底於成此何故哉蓋公秉凝粹雄偉之姿沉浸乎諸子百家而又博採西歐東瀛之法制軌則會其説以折衷卒至變法而不失之偏立論而必規於正以視商君荆公之孜孜於斂怨積怒久而不悟者固有霄壤之殊當是時策畫富强舉吏治財政交涉軍旅農工商諸大政實心實力以圖之而尤兢兢以士習民生為先務故教士則力祛八股聲韻之錮病以培真才養民則務審緩急輕重之勢統全局以籌之而不忍於拂民之欲以責夫一

事一時之效老成持重規畫久遠為

國家造此丕丕基其學識才力自林胡曾左外推 公為最蓋諸公之所欲為而未爲與既為而未成者 公皆有以善其終且督鄂多年周知民隱即近時之議行者間有未當吏必籌思以挽之或舍此就彼而求所濟焉俾才可培而用不匱氓免困而事易施其非拘墟固執一流所能同日語也明矣 公任鄂以來善政不可枚舉而國民所尤深感者則在籤捐政學堂捐當興學

詔下他省皆苦經費難籌未克遽舉獨鄂中徧設宜邑瘠區既得欵以資挹注復蒙簡楊侯麟閣以理治之殫精竭慮晨夕經營今則堂宇建新學舍林立士沐造就之恩實本於 公之賜也又前歲軍匪之變 公派員查辦恩威並用民賴以安契費按糧每兩派税廿四千緡今減為八千緡已去三分之二滋讐之際民房被毁經邑侯勘請復賜金三千以賑邮之衆荷矜全咸稱道盛德弗衰使非 公剛毅果决具應變之才略能擔當天下重任而或循成例率舊章委靡推卸必貽騷擾决裂之憂事有不堪設想矣故輕税重邮皆愛民之一念有以致之至籌欵抵捐切於造士尤非有絶大魄力並濟以定識者不能則知决大疑平大患建大業能謀且斷措置裕如舉曰士曰農曰軍曰民皆在怙冒之中而詠蹈不能自已豈偶然哉雖 公澤潤生民功在社稷名滿天下施及後人其感而志者固不僅在一邑然我宜民究受恩之深而尤銘

感之甚者也因作頌六章泐諸石以誌不朽頌曰

秀毓南皮王佐帝師天生俊傑識博才奇瓊林聲播冠領當時文星三使藻鑑無私法越肇釁慷慨陳辭晉粵江省撫制兼資睦隣强國名振華夷篇成勸學

聖主深知其一

上游重鎮古稱武昌荆衡控制威懾南洋鐵政紡織火馭騰驤振興商務兼營學堂非獨事業亦有文章羣惑嗣統引據典常税司增賦辯奏精詳衆疑頓解民説無疆其二

拳教亂萌列强忿争燕都蹂躪蒙塵西京勤王師出各國退兵再訂和約重幣同盟度支奇絀籤捐仿行府廳州縣賠欵稽征另籌

抵制緡算豐盈易為學費士感經營其三
鄢陵禍始軍改民田武襄雨衛阻抗絡聯嘯聚不逞烏合無邊羽檄飛佈急解倒懸員從令肅營伍威宣赴援星夜執銳披堅斬馘示衆燧息鋒煙成謀勝算竟獲安全其四
公性慈仁計定安民誅首釋從改過自新按糧計稅法本平均舊章繁重減數恤貧再推三限人盡懽欣居宅焚毀憫此艱辛三千大賚以救涸鱗沐　公厚澤祝　公長春其五
位隆師保恩眷匪遥名儒名世經綸夙饒規定學制燕市停軺編竣入告莅楚辭
朝公忠體國心勞思焦遺愛爭社惠入嬰儒萬家歌詠奏叶英韶

勒珉紀念千載名標其六

番禺梁節盦憲師維持宜邑學務頌并序

南幹之山衡為大踰衡而南巍然大且高者以百數而地益高山益峻水清而益駛其最高而橫絕南北者曰大庾嶺嶺外皆百粵之地其鍾毓之靈清淑之氣經數百年之蜿蟺扶輿鬱積而磅礴而後有此者龐魁壘之臣瑰奇忠信材德之士應運挺生以輔弼我
國家故二百餘年來經濟則有陳文恭陳清端勳業則有駱文忠岑襄勤文章則有王通政龍方伯氣節則有謝御史朱給諫科名則有莊尚書容可諸昆季磊磊落落彪炳乎史冊焜燿乎天壤諸公之學術治術欲後起者彷彿一二實難為繼而況綜經濟勳業

文章氣節科名之盛兼備一身更復維持新政提倡後學與夫士習之振興吏治之整飭所以為國計民生謀富強拯貧弱者不遺餘力較諸鄉先正有過之無不及者若番禺梁節盦先生真其人哉先生篤倫常敦名節少登科甲經綸幹畧弁冕諸曹當是時有某大臣權勢過重黨與甚繁恐其尾大貽憂因直言極諫以悟
朝廷以警百官雖曾被議但使天下知讜論之不容終泯足寒權臣之膽而破黨與之勢即令終身擯斥亦所不惜也當其別燕市隱焦山已飄然有長嘯遠引之想殆其後受張宫保特達之知始而延請繼而保薦致先生徜徉山水玩娛經史之志卒莫得遂以其士習吏治夙優之譔出而措施於吾楚而監督而太守而觀

察而提刑按院退則各門科學訓迪獎勸多士悉成材以去故得人之盛直冠南洋諸省進則興利去弊除暴安良為亟嚴治猾吏蠹役地惡訟師雷厲風行上下大小衙門為之凜凜不敢再有犯科處事則無論鉅細眾寡皆秩然有條理純乎君子無敢慢之一心又常嫉乎庸臣之唯諾惰吏之因循迂儒之闊疏以為時勢凌夷大局敗壞所以不可收拾者皆若輩有以厲之階故凡見屬吏學生無不勉勵奮興以重振家國為前途之希望忠愛之忱溢於言表使天下疆吏皆如公之果毅廉明又何阨運之不可挽回哉然先生精力之重注尤在於興學一端當其總理學務雖全楚皆宏樂育被功德而我邑尤賴維持之功始有今日使先生不夙契

邑侯楊公之深則籌款建造諸端必多掣肘乃其栽培固全凡學務稟請皆蒙嘉許卒得成功其維持之力朗照千里而不為外議撓洵所謂名臣經濟規畫久遠非嘵嘵者能窺其涯涘宜乎流澤鄂中增光嶺表而與諸鄉先正抗衡者也謹順輿情而作頌六章

其詞曰

嶺南崢嶸豪傑挺生卓然名世浩氣縱橫倫常篤履勵節敦行嚴霜皎日玉潔冰清文章班馬道德朱程濟時懷抱磊落光明夙優幹畧管葛垂聲中流砥柱三代之英其一

偉麗瑰奇翰苑才摛直言讜論諍臣風規奏章傳誦指摘瑕疵抽簪解組山涯水湄研精今古金石搜遺江湖嘯傲獨寄遐思身雖遯世心切匡時知音忽遇鑑賞南皮其二

廣雅名區始延碩儒味經腴史山斗楷模帥節移楚創造兩湖人文淵藪督課人需師懸絳帳火煉青爐鎔鑄成器範圍合符多士濟濟元愷唐虞栽培著效頌聲載途其三

薦剡初陳廉官開復武漢兩郡黃堂秩祿醝綱權篆監試場屋榮任補襄烏台留躅肺石無冤頭銜晉祝巡警創興街市嚴肅火馭督開粵漢通轂懋著勤勞敷難更僕其四

振奮精神宏敷政治學務理專膠庠光被新議條章中外講肄詣臻普通保全國粹三楚英髦皆承蔭庇況我古鄢維持倍至賢宰紆籌嘉許末議小成大成造就國器其五

世界重新當代偉人挽回氣運富強經綸獎掖後進藹然可親文明大啟遠邁東隣楸山何媿超羣軼倫古賢自命攄發性真經師之望定國之臣下邑歌頌感佩深仁其六

邑侯黔江楊麟閣父師新建學堂頌并序　望炳麟

握治柄者當知乎自强之道先在育人才育才之道尤在興學堂夫今之學堂即古學校之遺意考禮記王制及弟子職等編皆言小學之規模課程甚詳今人不明古義不諳經術往往舊章是泥新法鮮通上無以宣
聖天子作育之化中無以答賢宰輔宏奬之雅下無以慰諸豪傑想望之心又何從新天下之耳目一天下之趨向使人才底於有用以備
國家之選哉是在握治柄者挽回之補救之竭力以維持之籌貲以創造之納俊秀於範圍之內進英髦於學校之中卓卓然為循

吏冠冕不禁欽仰於黔江楊公矣　公以著作之才清貴之班游歷遍天下迨服官鄂省始任容陽繼權宜邑仰體大府作人之意以興學育才為急按奏定章程省會立大學堂府廳立中學堂州縣立小學堂彼省會郡國人才萃集經費易籌故大中學堂林立士子朝漸夕摩風氣開通慨然知學堂之建為已晚及科舉已停學堂為進身之階而州縣未建者猶夥非不建也庸庸者茍且偷惰退縮因循奚識維國計振士習則欲其發憤為雄勤幹旋而謀振興也蓋亦戛戛乎難之　公本通達古今而又練習中外之治深知學堂為當今要圖不可須臾緩第我邑學堂前任謝改紫峯舊址為州縣倡而創始之日堂基稍隘不足擴見聞廣招徠課多士　公乃舍舊謀新延紳董籌畫者久之始購城內西北隅重建新堂其基址之宏濶經營之浩繁金工石工之雕鏤土工木工之刻畫榱題楹桷堂構輪奐之美麗而崇宏不待煩言獨喜　公之殷殷造士也力愈勞而心愈痒當夫工程創興日往督役夏不知暑冬不知寒即少君病劇而亦未暇顧問所謂公爾忘私國爾忘家者豈庸庸輩所能及哉惟其捐廉集欵任勞任怨始之以勇決成之以堅忍不徒邑人知　公之心即臨沮馮君新甫陶君汝安奉檄查學且慨慕贊賞稱　公為州縣中第一人亦知　公存勇決堅忍之心而後有此宏規巨製也今年秋落成士子入堂者當益思鼓舞奮興以預儲瑰奇卓越倜儻不羣之品由小學升中學

由中學升大學而普通而專門以輔佐我　國家億萬年隆平之治庶不愧建此殊勳立自强之基礎亦可以副　公之厚望焉今大功既成邑人士謀所以酬　公盛德者公懇作頌六章勒諸青珉以與斯堂共垂不朽云其辭曰

落落高風一代詞雄鴻文綺麗鑑賞宋工闗西世澤四世三公達人喆嗣祖德宗功花萼競秀棠棣葱蘢班聯玉筍戰捷南宮掌書綸閣載詠藥紅鳳池話別南旋黔中其一

粤越楚吳跋涉馳驅改官鄂渚理財兩湖棘闈衡鑑拔擢名儒恤商裕課金口榷酤容陽權篆菁莪化蒲開闢地利召杜規模煌煌政績謳祝康衢循良第一僅有絕無其二

釁起鄢城軍戶雷轟羽檄馳救蟊賊削平雪天勸導布公開誠萬
家安堵氣銷甲兵電傳榮佺卓著循聲黌庠重建樂育羣英萃藻
魯頌棫樸周京樓台平地意匠經營其三
昕夕監修百工運籌口講指畫碩石點頭渠渠夏屋疊閣重樓彷
彿花樣東瀛西歐羣芳眾卉點綴景幽芰荷池沼香清氣浮美輪
美奐頌禱張侯朗吟紀勝潤色鴻猷其四
兩載遑遑勞瘁異常崇隆氣象金碧輝煌遵循古制夏校周庠裁
培俊彥桃李門牆蔚成國器品望圭璋著述宏富經濟文章緇帷
授受教育精詳學術治術規畫改良其五
崇化厲賢新政燦然兼興水利沃壤無邊開智閱報社富羣編訓

女增學天足戒纏習藝收養盜息害蠲轉移澆俗武城歌絃李忠
宦越文翁治川安民造士樂利長綿其六

新建學堂落成序

高等小學堂教習梅冠斗敬撰

襄郡名區鄢陵古邑星分翼軫地控滇黔踞江漢之上游扼荊樊之要害中心極點南服雄圖無如宋玉風流空留故宅竟使杜康寂寞徒剩荒臺抗捐之軍戶兇橫純是野蠻手段守舊之人民僻處半多頑固頭顱苟提倡之無人未免陸沉抱恨欲開通之有日必於羣學爭先我　公註籍黔南服官楚北以鳳池之仙吏著鶴邑之循聲棒檄來宜着鞭先祖下車不日倡學聞風因嫌舊址隘湫重整新基式廓卜地在邱家堰上購材於鄂省洲前審陰陽向背之宜倣太紫圜方之樣規模宏敞匪寸長尺短所能衡土木大興或鋸彼斧斯之不免執扑以行築者工務勞形解囊未遍同人

度支學肘晨昏握算細大不捐陶士行之木屑竹頭悉煩心計巫馬氏之星晨月夜未足身勞鳥革翬飛顧而樂之需異日雀羅鼠掘熟而計者審當幾基連北郭以曲包圖成幾易明喪西河而痛定經始重賡（工程甫動即值公子病殤而公痛定仍日在督工不倦故云）宇峻牆雕結構洵一時特出星移物換工程閱兩載始成廣厦千間別有天地危樓百尺可摘星辰樹襄陽一州六縣之先聲文名大啟開宜邑八市百團之民智義務獨躭洵非百里之才已造萬家之福高矣美矣非此不足壯觀瞻鼓之舞之使人皆有所矜式杜少陵願歡多士草茅不苦秋風梁國公英萃一門桃李欣逢春日圖書輿衍羅列當行儀器精良鋪陳滿架吸取歐西哲學輸將楚北羣英以教育之

宜城合建官立師範學堂高等小學校勸學所記

甲辰之冬宜城軍戶抗稅滋事勲奉
憲檄隨同查辦事平遂接邑篆前任沈君內治守備外理兵差役
役無虛日民事不暇顧問勲到任諸務環伺日昃不遑雖興學為
當今急務謀及地方見聞識淺之流則謂民生凋敝經費難籌以
前稍有積貲又為軍務挪用措置維艱在畏難者似可借此推而
緩之矣不知人才為立國自疆之本科舉既停舍學堂無以為造
就之資斯邑人雖翹秀而毘隣各壤風尚悍强人少讀書如欲變
獷驁以純和化梗頑為良善舍興學其奚以哉於是謀諸紳耆城
鄉各市分設初等小學本城建師範暨高等小學第學校之立締

造為先紫峯書院雖改學堂惜規模狹隘難容多士宜邑當南北
要衝冠蓋往來屬目者衆倘不講求構造何以壯此觀瞻正擬覓
基另建沈前宰升伯為予述曰本城西北隅有印家堰地一方周
普所相及欲購之建堂而未果者也因偕步行往觀則見前臨大
湖後連張姓菜園左傍驛路右倚紫蓋山隈是湖環繞城西之半
水中滿栽蓮藕隄畔多植垂楊每當夏秋伏暑之交則荷花徧開
薰風送爽對此一鑑晶瑩消去萬斛塵垢與沈君占聯曰十畝風
荷香外味半城烟柳畫中詩蓋實景也以弓丈之有地十餘畝頗
足全堂位置由予捐廉向業户價購之合建師範暨高等小學循
湖之西南勒石築坎建勸學所另為一院結構布局規仿洋式核
而計之工鉅費繁竭力籌畫或贖金或充欵或提存項或勸新捐
不敷者由予捐貲彌補至常年經費則有本堂所餘息稞及
官保憲飭改之賠欵隨糧捐但修造一端佈置為要今之學堂非
昔之書院可比其一切堂室樓房廳廊場院高下寬洴聯絡貫[illegible]
光綫色飾諸法必皆合近時程度則訓教管理衛生居處方克[illegible]
妥善而免乖謬襍亂之嫌因電致予前在兩湖監造王領工遴一
上匠來宜逐日討論運以匠心數易其稿始成今圖又隨時增補
而修葺之雖不敢稱完備然求之一邑亦不易矣於是專人赴滬
購料鳩合羣工大興土木又得襄紳楊君星垣兼為辦料僱工分
認工程圖紉經年棟宇層立煥然一新至今城鄉男婦老幼來游

觀者皆忻忻然動色目相窺走相告曰此吾儕向日所未睹也[illegible]
歸勉其子弟以讀書為佳能入此堂居此室奮學以求上進焉[illegible]
貴而守舊之習漸化維新之風大開從此儲才得所培士必多[illegible]
正之師訓有資普通之基礎早定蔚成材器以輔治
昇平豈特閭里光榮抑實
國家重望矣且公所既立得以日集諸紳衿以講論事治綜權[illegible]
塾會計繙籌俾官紳氣誼相聯不致有隔閡之慮尤近務之大且
急者然回憶起造以來時與諸工人環集口授而指畫之舉凡一
估籌一名式及購置圖畫器物諸端莫不縈諸念慮竭兩載之[illegible]
營始有此燦然大備之一境蓋亦幾勞譬畫爾第睹恢宏之氣[illegible]

哀矣吾不爲子弟哀爲父兄哀哀其父兄視子弟之如秦越人漠然不加欣戚也憂時者怒焉傷之遂推小學之貽誤變爲蒙學蒙學即小學也當是時風氣初開各逞臆度囿見聞不無闕如之憾雖泰西蒙學林立其素所講究亦不外洒掃應對進退之節禮樂射御書數之文與夫測量圖繪名物技藝之末紛紛藉藉竊效中國之古制而中國不覺我中國能復古者自

大憲外任州縣之職首推

大宗師黔中楊公公於乙巳任宜邑既立高等小學堂以教成人復立蒙學堂以教童子謂蒙學不立家自爲師人自爲學始不能歸一致繼不能爲成材夫井田廢而農務壞學校廢而士習亦壞欲端士習自蒙學始蒙學固培植人材之始基也於是設蒙學於城内暨各鎮已立十堂現又擴充六堂堂内需用之物件陳列之器具皆仰給於公之籌佈公既開高等學堂并招前紫峯學堂學生二十人補習師範卒業派充教習凡鄉村幼穉皆入堂誦讀畢即教以天算輿地體操各門納之於範圍閑之以縱侈豈徒芃蘭之刺佻達之譏婉孌總角之誚不歌於童蒙即古人所謂洒掃應對進退禮樂射御書數與夫測量圖繪名物技藝之遺制皆今日初學之業即後日成材之選易曰蒙以養正聖功也公知養正之功在立蒙學以肇其端異日養成材器以輔治家國莫不於此基之矣吾爲吾鄉之小子幸更爲學校之振興喜故樂爲記之

答客問楊邑侯新建學堂記

增生廖鳴鳳

客有問於予曰楊明公建修學堂經始於乙巳之春落成于丙午之夏閱歲竣功宜可以賀矣何鄉愚衆庶不譽之甚也意者其有違心與予對曰唯然有之願客寛其時使得畢其辭夫立盛德者不和於俗成大功者不徇於衆楊明公黔南冠冕也麟閣其字文動其篆出内閣中翰之身隨班花縣客春來令是邦初下車即毅然以振興學堂爲己任倘謂不和俗不徇衆非耶既而曰宜邑者夙稱冠蓋里也名士挺生無代無之如楚之宋玉漢之王逸明之邱瑜王凝輩談之駭人聽聞乃近二百年來如此數人者閒不一出何也豈天地鍾靈止有此數與抑國家培養之恩有不逮於前代與愚以爲都人士舊章墨守罔知改良因以不有茂才異等耳方今

皇上罷科舉重學堂學堂誠教育之目的而人才之淵藪也是烏可以不興抑人有言曰世界多一學堂之國即增一文明之邦學堂其世界上文明之關鍵乎然不壯不麗不足以造士而聳英聲不飾不美不足以訓後而永厥成謂予不信紫峯有明徵矣爰乃相陰陽卜平岡鳩工庀材翻修堂宇於鄙臺之旁屋厦軒敞梁棟輝煌極一時之巨觀固已於謝有光而其匠心締構又閱年而屹立以是知公之大有造於宜而蔚起人才於異日者其志豈易量哉是故立講臺築操場設自修理化庋器寢室

浴室教員之室建禮堂會食監督客堂之堂以及瞭望臺藏書樓會計所莫不壯焉麗焉飭焉美焉煥然一新而一律喬皇有不可謂高下協宜短長合度者乎至於水閣一所尤其意匠之傑構也其下則波瀉似銀荷蓋亭亭露氣晨流珠顆晶瑩涼風午過暁香通凊登斯閣也則有銜觴賦詩流連光景其濯磨乎學問陶練乎性情者又何如哉若夫購書籍采圖器延專門教課之師備一切常年之費此後日開堂之事今可不錄焉則夫學必勞力欵皆善籌役不妨農以竣完璧之偉功者皆公之始念及此而終竟如此者也噫公之盛德大業至矣哉自茲以還有入斯堂而肄業者以德育固其心以智育浚其識以體育鍊

其精神他日作育有成增其進步由是而中學而大學資格以深程度以足蔚成將相之才而兼能出使絕國及異域以舌戰勝乎歐美列强俾衡才者咸嘆其棘林之內亦出鷹隼幽谷之中亦生龍蛇則其長羽毛產鱗介於茲堂者未始非公今日之賜也若然則學堂落成之日夫安可以不賀哉而其為
國育才不恤人言之隱與夫肇造之苦心培持之雅意又烏可以不為公表哉客聞言轉喜曰今而後乃知賢侯之苦心也當為之徧告鄉人俾衆知體公之盛德並以傳於後世焉予言嘉之子其勉諸客退予乃筆述其詞而為之記且以質夫通時達務之君子

新開東渠灌田記

楊文勳

漢江之東有灄水源出棗陽之石鼓山曲行至上馬石東入宜城界回環數十里迄雅口入漢東北有泉七十二派從石罅中出另成一溪與灄水匯流老君壇俗稱有七十二股泉不救半畝田之語以水勢就下而田畝居高故也查斯水之來源不可謂小然平日聽其長流等諸無用殊可惜焉予去年春授篆之始接見紳耆父老殷殷垂詢地方利弊皆以引斯水灌田為東鄉利之當興大且急者對惜當日案牘縈煩學堂創修且籌貲匪易未暇及此至秋初各務摒擋漸已有緒乃乘間策騎躬往踏勘并偕測量學生及工書人等用水瓶測明地勢高下弓量地畝丈尺惟有老君壇

菖蒲寺前河身高而兩岸狹且左右皆巖垠其底亦石此處生成可以築壩建閘擁水起丈餘自高及下順勢開渠引流入中分行以資灌溉其閘口之石就近取諸兩岸之山工之難者惟獅子頭四百六十餘丈須剷平亂巖壁培垠作水道以便通渠過茲以往盡土工用力較易所有經行獲益之處曰陳家灣余家灣鳳凰坑馬蹄畈駱家畈張家畈辛家畈桃灣桂家灣唐家畈孔家畈毛家林劉家灣等處曲折三十餘里所救之田分已成新開造有清冊備查開渠一層仿宋朱紘成法募民治之於附渠有田之户按畝派工而不派費免滋流弊閘壩所需提社倉積穀存欵濟用功成每畝每年納稞一斗歸入學堂以資常費另議妥實章程通禀

上憲立案并派紳管理按時收稞自三十一年冬初開工越明年夏季告成因地近東山名之曰東渠竊以東鄉各團壤地非褊小也人民非缺弱也乃户多貧瘠家鮮蓋藏者何哉誠以有水利而不知興有曠土而不知墾遂使游手日增盜風常熾謀生且不暇奚暇治禮義哉夫衣食足則禮義充故古人立教必先興養而養之所以興不外乎因民之利今者溝洫通田野闢塍疇露積耒耜雲連旱荒變作水畦磽瘠更為沃壤蓄焉洩焉啟閉合乎時也耕之耨之秀實成其象也即值炎陽燥蒸赤地焚裂他處方憂旱歲此間自慶豐年向之苦乏陳困者今則飫食香稻矣向之視同涸轍者今則渥被醲膏矣如是民生厚學費足先有以養之再加以

教之廣立學以化椎魯多培士以挽澆漓俾悍戾易為馴和頑梗胥成良善皆於是乎基之豈特下吏之幸抑亦地方之福爰濡筆為記泐石永傳以備後人之稽考焉

光緒三十二年歲在柔兆敦牂長夏黔江楊文勳麟閣撰

濬赤湖墾淤地碑記

天時有循環人力有勤惰地勢有變遷滄海為田高岸為谷皆已往變遷之局也夫已往者無論矣今天下變遷之勢有不可以臆度者洞庭最大之湖也近則湖西淤地已成膏壤雲夢至廣之澤也近則澤中淤地已成沃土此自然之變遷無足異者若夫澳洲荒地也英用化學機器反為腴田美洲亦荒僻地也英美皆用化學遂為沃土普多曠地自鑿代耳河以來田增萬萬頃彼用人力以速其變遷者中外皆然可知人力惰則地利棄雖有高田開田膏田而比户有懸磬之憂人力勤則地利興雖有填閼之水斥鹵之地而疏決潰溢落渠注川浩浩者亦變而為沃野觀於宜邑地利有不禁慨然者矣境南有赤湖舊為澤國淤塞已久前任謝有

疏濬之議事未集而解組去識者莫不惜之予於乙巳春權篆斯土即召紳董問疾苦僉云邑多瘠土每遇旱荒啼飢號寒襤褸滿途誠可哀憐公欲興地利布仁政水利其急務也而四境宜興者西北有長木二渠東有十二泉南有赤湖彼二渠諸泉工程浩繁費用不濟請先自赤湖始幸南鄉有貢生鄔世蘭州同李瑞庭素公正可倚畀於是諭之集欵貲募丁壯建石閘開溝渠淺者深之滯者通之高者平之淤者疏之俾故道興復環流數里至郭海營東注於漢不數月而工竣淤地盡出將前之憂澎湃者今可以資灌溉前之生草萊者今可以藝黍稷前之魚潛鳥翔牛牧馬畜之

塲今可以為種植之地丙午春履勘丈量得田數百畝招民墾種稞租所入以助本地蒙學之費庶幾教育普及士農並沾咸歌豐歲而樂培才矣況夫疏渠注漢則水勢可分沿湖而居者畝畝資利益禾稼免汩沒亦可漸成膏腴之鄉是知地無肥瘠田無高下視人力治之何如耳治失其道雖修築反致為災治得其宜即疏濬亦可為惠昔史起為鄴令兒寬為内史皆鑿長渠引河水使之入遂成樂土予今者鑿之使出而湖中亦成樂土非故為立異也亦相地利為之耳敢云比隆二公之績哉光緒三十有二年孟夏月下浣署宜城縣知縣黔江楊文勳記於縣署之冰鑑堂

邑侯楊公濬赤湖墾淤地充學費碑記　張鑫

宜城之東有赤湖焉西北諸水薈萃之區也前日出水之口流通無阻以時瀉注故不為災近則故道淤塞堤身壅高則湖水遂泛濫於村里之間不惟利無存而害且滋甚夏秋漲盛汪洋一片浩浩蕩蕩茫無際涯春冬水涸碧草萬頃芊綿可愛

前憲謝曾任查勘意欲濬之以興地利祛民患未果而去今紳首

復請於邑侯

楊公公毅然身任之輕騎履勘知赤湖既濬而淹沒之害可除淤地一墾而種植之利可興通稟立案并諭令各紳通力合作和衷共濟以受益之多寡為派費之重輕并提借社倉積穀以補不足

議先建閘閘建而湖水可以出漢水不得而入矣然後相其故道而疏鑿之則水由地中行湖身低而淤地以出復招種輕課墾其荒蕪計可成膏腴之田數百畝并留有餘地以資地方牧畜更於湖心積水處栽藕養魚每年獲利以歸學堂不惟水利興而水害亦除學費并廣是一舉而三善備焉茲當功成之日紳民不忘

公恩爰記其事而泐諸石并為之歌曰赤湖梗湮數百餘年水漲氾濫為害萬千一朝疏鑿故道復焉淤生荒蕪區畫陌阡招墾輕稞耕種雲煙養魚蓄藕獲利緜緜既除農患士利復全學資充足培士澤延勒珉紀念永廣其傳惟

公之德如戴堯天　光緒三十二年夏月南鄉士農公立

遵諭查勘車路記　宋瀛海

古之所謂循吏良吏者類皆實心任事與民興利不惟當世沐其
惠即後世亦沾其惠故史起鑿漳灌鄴旁之田民咸歌之鄭國決
涇灌關中之田民亦頌之誠以能興大利斯亦不愧為民之父母
也我
楊公之為宜城興利視古循良無以加矣　公為黔南名儒由中
書改就外職昔任鶴峯州牧本經術為治術政績卓著至今猶碑
口稱道勿衰乙巳春權篆宜城甫下車詢民疾苦咸以歲歉為憂
問何故皆言宜邑東有瀴水南有赤湖俱可疏鑿以溉田而不及
長渠之利更大長渠在縣治西導自蠻河經南漳之武鎮東流入
宜城境內可溉田數千頃年久堙塞因多旱荒前縣每議修復或
因缺費或因卸任以致一簣功虧　公聞此言慨然興起久矣然
斯時方經營印家堰學堂以學務為亟未遑他顧越明年學堂工
將竣　公即以開渠為己任瀴水赤湖次第興工惟長渠事關交
涉未可冒昧於風雪迷漫中不辭勞瘁偕二三紳耆親詣南漳會
商按渠之故道將疏通之而武鎮之人又生阻力焉僉云武鎮貨
物所以能運動者惟恃此蠻河耳倘建閘築壩擁此水以入渠恐
灘乾水淺船何以行　公曰諸君無慮此陸運更勝於水運也蓋
漢之修鐵路也所以運貨現在襄樊支路
大憲已委員查勘不日興辦宜城為上下樞紐往來必由[illegible][illegible]既

通則必舍舟就陸　公之設法修路實有先見之明不惟本境獲
益且南邑亦有利焉查武鎮向有小路東通宜邑之小河地方為
漢江埠口上可達襄樊下可達武漢武鎮貨物若由蠻河出入值
冬乾水涸則武鎮抵倒口下水約需三五日上水則更遲矣設改
由小河直接漢江僅五十里往返不過一日何便如之奚慮利於
農不利於商耶議既定通稟
上憲未興開渠之工先籌修路之費海不敏承乏斯役特命踏勘
沿路一帶情形量其地勢審其工程高者削之低者填之狹者寬
之險者平之曲者直之塞者通之務期一往無阻百貨能行而後
止異日擇吉開工車路告成商賈往來其地者必曰此　公之功
也行旅出入其途者必曰此　公之德也如是則　公之功德不
但被於宜邑且及於南邑矣況修路之後即可開渠兩邑之民凡
沾灌溉之利者又誰不歌功頌德耶噫世道衰而吏治壞虛文是
尚者每玩視民瘼即境內之事可以操縱自如者猶不肯為又豈
肯商之鄰縣多方委曲乎今　公因興利而擬開渠因開渠而擬
修路匪特為本縣計且為鄰縣計謂非實心任事與民興利者歟
海勘路已畢據實稟覆遂援筆而為之記

新設開智小說社兼閱報室記

今之最有裨於世道人心者莫善於小說與報章小說記往事報章記今事談往事則見聞博洽記今事故搜采詳賅但徒演小說或於天下事有未悉兼閱報章天下事未有不洞觀而盡識者雖創論有奇怪立說有純駁要可以擴識量袪固陋長志氣闢智慧則有裨於世道人心者豈淺鮮哉今夫各種小說皆一時名士宿儒具博學裕鴻才不得志於當時而又存救世之苦衷有感而作也縱間有偏倚之病然而稗官野史山經海志叢書雜說瑣錄外傳舊聞新語別集類編說苑談圃清話漫錄之類咸足以振聾聵發昏庸補經傳之未及為小學童蒙所願聞雅俗高下之共賞而

婦人女子更得以發達思想開啟聰明早夜以思自愧無地而痛改其前非且偵探之說足令緝捕取資天足之談可使癡蒙向化其於世情之補救風俗之挽回固何如矣至於報章者采訪時事有聞必錄忽褒忽譏忽美忽刺忽頌忽禱忽歌忽哭忽嘲忽笑忽諷忽勸或微婉似風詩或森嚴似史志或決斷似老吏或直摯似諍臣或搜羅似五洲賈胡或瑣屑似窗下學究兀兀屹屹日奔走於士農工賈老弱仕宦之前而又通中外之情萃天下之理以發皇其耳目振刷其精神凡國於地球莫不遠購而豔說新聞又可知文明之事業大備矣讀
張宮保勸學篇曾諄諄以閱報相勗固知此為啟智之橐籥渡迷之津梁也宜邑距省窵遠風氣尚未大開迂儒之僻陋者坐井觀天生徒之有志者購書缺費倘終任其拘墟錮蔽而無方以牖迪之非所以惠元元子萬民使人人皆臻於普通之學也吾之創設是社是室專購古今說部及通來新出各種小說以及
聖諭廣訓宣講集要等書其報章除省城頒發外又添購近日凡所出者儲備其中任人觀閱派明達生二人司其事按查鐘點日曉報章夕講小說務以明人倫開民智化冥頑起愚懦為目的其聽講者勸閱者終歲不納一費俾俊秀子弟皆得向學而成材即椎魯粗鄙之男婦老幼亦自慚其面目之非而卒歸於善良庶幾世道人心蒸蒸日上而吾憂時之苦衷或稍慰矣吾民其共鑒之吾

司職諸君其交勉之　知縣事黔江楊文勳撰

新設開智小說社兼閱報室記　劉福儀

將欲拯國難濟時艱則必善人心厚風俗事乃有濟將欲善人心厚風俗則必開民智破民愚功乃有成但其先必有忠信之長慈愛之師具肫摯之誠抱匡濟之才者乃能闢民之智慧牖民之靈明新民之耳目振民之精神激民之忠憤奮民之氣節然後可以善人心厚風俗并得以濟時艱拯國難此其志豈庸俗人所能知而其任惟循良吏始足勝觀新設開智小說社及閱報室以明達之人充宣講之責令羣黎老幼士農商賈日則閱報夜則聽講始知我

父師開民智破民愚者至矣盡矣蔑以加矣且夫民之智愚風之澹磽農之貧富商之盈絀土質之厚薄物產之多寡雖關氣運習俗亦賴乎人而已自建此社設此室則民必智風必淳農必富商必盈土質必厚物產必多何也蓋宣講

聖諭以叙彝倫研究小說以切日用衍偵探之術以明巡警剖天足之論以訓癡愚其誥誡之殷啟廸之勤勸諭引誘之久講者出口聽者入耳漸染既深自可以嘉言爲坊懿行爲表子思孝父弟思恭兄少思敬長卑思禮尊前之頑民可收其野心前之懦夫可振其壯志舉閭閻之內市鎮之間酒者戒酒色者戒色煙者戒煙人心豈有不善哉風俗豈有不厚哉且設閱報室購報章令人披覽

凡今所出無一不備士閱此報則知中外之奇政異聞新奇之書說傳記農閱此報則知培植之良法樹藝之善方灌溉之新學工閱此報則知製造之新奇技藝之精良商閱此報則知某物之價廉可以貿易某地之銷暢可以往來醫閱此報則知何病宜用刀圭何疾宜善方劑某藥調營衛某藥治氣血由是士農工商以及醫理足雖未至四海而已知四海之風俗身雖未遊五洲而已悉五洲之政治知所未知聞所未聞善者動其欣慕惡者資其儆創寇盜思以預防冥頑從此知警將見靈明漸啟知識益宏技藝更精德業日進人心正而風俗淳富疆之基在是矣一邑如是天下如是又何慮國勢之不能振國恥不能雪哉

宜邑倡興尚節堂議

楊文勳

宜邑自彭娥開節烈之風其後節婦踵起者詳載志乘不下數十百人固由長官政教使之然亦由土俗淳厚人情堅貞而非紛華靡麗能奪其松柏之操冰霜之志也胡爲迄於今有不然者推其故當青年不幸亦欲矢志靡他詎知奸宄敗常百計誘之非陵轢孤苦而昆仲奪情即覬覦貲財而宗黨逼嫁以及貪圖謝禮狡猾串媒鬻羨年姿勢豪謀娶種種敝俗多啟爭端爭之勝而節婦辱身公堂爭之不勝徒使強暴橫逆之徒敢於干法壞紀刁唆播弄肆行而無忌當此無可奈何之秋往往失節而恨終身隕命而弗瞑目者斯亦大可哀矣文勳權篆年餘洞悉此弊常思有以保護

維持去歲接奉

上憲設局采訪節孝札飭曾與委紳等會商創設尚節堂一所選青年士夫真心守志之婦居其中籌給衣食以勵閭邑風化惜建造非易遲遲至今現幸新剏學舍落成將高等小學生遷居其中紫峯舊舍空出則前此欲挽澆俗而卹孤孀者至茲其心乃慰焉於是議將斯室改立尚節堂堂後設女學節婦則居東西兩齋女孩上講堂節婦亦上講堂同習功課演技藝預爲異日之女師其飲食則由大廚房供其服役則用中年婦女勿用男丁其戚族探訪則在會客處接談不得擅入留宿節婦亦不許在外住宿所以慎防閑也其經費暫由本署月捐數十串設額十二名以開風

氣候地方有好義者樂輸再為推廣一面妥擬章程酌委年老正紳襄理開辦雖然同一節婦也而入堂者一宜別窮富在富厚之家度支充裕不難苦守而困乏者內外無親含辛茹苦備嘗艱險是宜收入堂中給衣裳厚廩餼俾青春可保皓首無憂矣一宜核真僞在誠心自勵履潔懷清者足以泣風雨而質鬼神堪為堂中之儀型然薰蕕易淆閒有曖昧不謹者亦得濫邀名譽是在公正紳董慎遴選具甘結始許入堂則淑慝判而風聲樹矣至殷實之家有願充欵并隨身帶業者查明誠實亦准入堂一體為之護持總之設堂之先早定約章別男女嚴內外化導有方自能始終不渝流芳百世年例相符而官長更為題奏請

旌加給扁額從優獎勸則人人自愛自矢必不至偭規越矩自貽厥羞況復有子女者加以教養不至流於邪僻有田宅者妥為佈理不至歸於零落斯節婦之心安有司之心亦安庶一邑咸憬然於忠孝節烈之不可以一息泯也如是夫

戒鴉片煙說

貢生楊肇端

世間害人之物莫毒於砒霜而鴉片烟癮其毒更甚砒霜百倍蓋食砒霜者朝服而暮死害及一身而止食鴉片者不遽死而有癮不至害盡一家不止世人沉溺其中胡不悟也夫烟癮之由有二一在喜便安一在好局面醫病乃其託詞也彼以為一日之偶嘗未必遽成痼疾而不知寸心之嗜好遂至誤入迷途其始不及聞知即令少有風聲猶將以無癮為辭而工於掩蓋至掩之無可掩蓋之無可蓋雖有嚴父兄賢妻子亦莫可如何只得聽之其聽之也其愛之也蓋恐不食而癮不可堪曷若食之而神猶少健此大不得已之苦衷而彼遂以為得計由是食

愈多而癮愈大癮愈大而食愈多倘食不節而速死獨其親寡其妻孤其子傷已抑或田園未盡朝夕有資蓋亦家人之幸若夫死不遽死家雖富有亦自知不給勢必刻薄其鄉鄰刻薄其親族並刻薄其家人假崇儉除奢之說減仰事俯畜之資推其心幾欲一家不飽食而惟一己之煙是飽顛倒其晨昏瘦削其容貌頹靡其志氣荒怠其事功卒亦不克有餘而家計日形匱乏其在中人之產不數年而消磨殆盡親為人憐妻為人役子為人傭雖有兄弟莫能相恤咎將誰歸更有親永訣而莫奉顧命妻可鬻而別抱琵琶子難生而甘絕禋祀只落得生作乞丐死填溝壑故曰一人有癮害盡一家而一家之中漸薰漸染鮮

不食煙者更可知矣至若忽起一朝或輕生服煙而死其取携之便易於砒霜溯所由來雖非我捧而進之要亦未能無憾嗚呼此等情形傷心慘目吾不知其何樂為是紛紛者且徧天下也嗚呼自有鴉片以來人以是謂西洋人之計害我中國者巧吾以是謂中國人之受害於西洋者愚昔林文忠公有曰鴉片煙之流入内省猶癰疽之毒流入腹心此誠先幾早見而卒不能救禍於未然周書酒誥曰天降威其斯時乎雖然天縱降威人貴自立大學傳之第九章曰孝曰弟曰慈人人同此良知人人同此良能故齊家以此治國以此平天下亦以此今之食鴉片者豈不孝耶豈不弟耶豈不慈耶惟煙癮有以牿亡之也世

傳戒煙文多矣然語或近戲聞者付之一笑而已余閒居無事每一念及為之痛哭為之流涕為之長嘆息冀以至庸至淺之言動其良知良能之性彼有癮者豈真不可救乎吾願無癮者迷途未遠及早回頭尤願未食者藉鑒在前勿蹈覆轍杜漸防微四字於此事尤宜兢兢向謂禁煙必先禁種禁種必先制夷制夷必先自强（和英條約有云既不能禁英人不販洋烟即不能禁華人不食洋烟）此探本窮源之論非草茅下士所得為然苟人人不食則内地之所產與外洋之所販皆無從銷售而煙禍可除矣拔出水火之中共登仁壽之域豈不懿歟豈不懿歟

添女學堂附天足會開小說社派視學員廣告

竊維二氣鈞陶天覆還資地載羣倫煦育乾生更賴坤成自陽動陰靜之辭拘遂男剛女柔之說肆言愈泥而理愈晦咸稱淑女不讀書世日降而風日衰爭謂賢媛常閉閤詎知無才便是德宜於古不宜於今禦外必强中利乎常更利乎變此

皇太后懿旨遥頒徧佈煇煌之訓我

宫保慈心普渡力陳得失之原誠以慧性靈姿無故長遭錮蔽金蓮玉笋由茲永受戕殘雖當世界文明面姓名而莫識即值路途平坦足千亍之難前甘拋穎秀之姿徒長淫靡之習亦未思紛紛詠絮謝家播萬古美談步步生蓮後主為千秋竊笑量材憑玉尺

試士大家助媚藉弓鞋殃人尤物謂誨淫因識字則蠻鄉野俗理應多貞靜之風以仄步最宜家而病女跛嫗可盡凜和柔之德此皆未識乾坤之大道細察男女之生成也試觀書上緹縈冤鳴乃父鼓催梁氏陣助將軍是皆不艱於行故能自成其志前型具在企慕同殷學荒將亥豕難分文奚迴於蘇蕙足裹則雌雄易辨功定隮乎木蘭力捶聯玉之懷强鄰意阻禍起朝天之燭弱息心寒遥鑑歷代之筮龜已明判賢愚於女子近徵列邦之後傑不專恃智勇於男兒更見

大憲園設幼穉愈啟文明之象會聯天足迭培强盛之源此予所以上體

俯憐陋習於婦智未開女足專裹實躊躇難安晝籌已熟復經
任省及出洋各學生聯名會請更與城鄉諸紳董集議會商將本
城義塾六善堂改為女學附設天足會即以該生等所舉之簡易
師範生賈世馨楊逢時充當正副教員張鑫為總辦聊加學資權
充堂費現已受六歲以上十歲以下女孩三十八名於二月初一
日上學雖初開風氣難徵噩噩為彬彬而共樂遵循已覺纖纖為
落落垂纖弱之化雨質稍敏者歡來對唱和於春風足已纏者漸
放男女都成有用不拘泥以負天心陰陽共號無偏免矯揉而傷
和氣將見異日隨夫佐政則持籌握簿易濟寅衷居時牽子芸田
則割麥揷禾誰分丁口即解圍辯難還憑簾內才人亦涉水登山

更利惟中學士畫字權憑短荻易標母教於千秋送衣直達長城
便濟夫寒於萬里本斯法戒易挽頹風又慮錮蔽已深風聲難遍
復就城內正街修屋二間蓋棚一座添設小說社會輪派明達生
員啟廸愚蒙演談義蘊更派武昌附生胡鳳山邑增生杭瀛海為
初等視學員以視學則足遍各鄉不惟各教員勤惰昭然荒疏必
究於視學之餘隨時集鄉人而演說之以期無人不學比戶可風
由城市推之鄉鎮因兒童以及女孩俾境內皆知新學邑中漸化
澆漓庶不負
上憲振衰起懦培士愛民有利皆興無害不除之至意已特茲集
議徧佈同心如荷知原即希附會 知宜城縣楊文勳廣告

宜城縣官設習藝所招股廣告

大學言國無游民則財恒足欲無游民先講工藝宜城管押人犯
要皆鼠竊狗偷為多釋之則執業毫無不法如故押之則餬口為
難瘦斃堪憫茲本縣擬將署側之攷棚改為罪犯習藝所撥東西
兩所情輕人犯酌定年限概行收所習藝以及流氓謀生無處亦
准招入試習另議妥善章程派得力人經理惟修葺房屋購辦應
用傢俱材料在在需錢現由本縣籌撥三百串不敷甚鉅擬仿照
本省招商織布局集股章程籌錢壹千串每錢拾串為一股壹串
為一份此項股票蓋用縣印以昭信守每至對年期滿可持股票
份向所中領取紅利其不願取息者所中布疋毛巾線帶草鞋一

應俱全照發行價值兌取亦無不可上十股者即派為所中最優
美職員押犯疎通不致病斃陰功浩大一也手藝既學出為良善
閭閻自安二也在收有喫出所有錢無人凌辱三也三者之外其
在入股之人此時出錢有限將來工藝發達銷路愈廣獲利愈多
何樂不為現擬此票定為壹百股滿百股截止不收願入股份者
請即赴本局買票焉可

知宜城縣事楊文勳廣告

觀風告示　楊文勳

為示期觀風事。照得巡方問俗。輶軒陳太史之書。修行明經。華國
重譽髦之選。方今
聖天子璇圖廣運。佑啟文明。珊網宏開。敦崇實學。中外萃一家之盛。
車書遵同軌之休。固已聲教覃敷。方隅均被矣。惟茲宜邑夙號名
區。漢水東來。峴山西峙。扼襄郡五都之要。分翼星十度之躔。紫蓋
靈烘。聽鐘聲於古刹。赤湖波漾。映柳色於長隄。山川既靈秀特鍾。
閭里自人文蔚起。徧搜志乘。尚論賢豪。雜組成篇。曾著酉陽之集。
靈光作賦。洵推未易之才。馬季常器宇不凡。輝聯棣萼。觀射父訓
詞能作。名見春秋。前賢既有典型。後起詎無英彥。本縣派原江右。

籍寄黔南。秋聽鹿鳴。忝赴桂林之宴。春登雁路。叨題杏苑之名。三
年掌詔於
綸扉。十載囊猷於鄂渚。曾從棘闈校士。茲復花縣分符。慙為百里宰
官。勉求治譜。常守四知家訓。雅好儒珍。國民之教育當興。時艱待
濟。學校之栽培難緩。文會宜先。敢誇玉尺衡量。賴有冰壺朗澈。爰
擇期舉試觀風。合先出示曉諭。為此示仰闔邑生童知悉。先日報
名註冊。屆期給卷扃門。各呈繡虎之才。競展雕龍之技。冀萬言日
試。手段堪誇。羞一語雷同。心裁自出。樓誰造鳳。自當月旦親評。珠
果探驪。定許風流宏獎。分鶴俸以酬佳製。聊勵諸君映雪之功。賞
鴻詞而拔真才。即占異日登雲之兆。良殷予望。毋悶爾音。特示。

募捐邱家堰學堂購置儀器圖書用物諸費啟

蓋聞培修學校。闢基首重工程。砥礪賢仁。善事先資利器。大府心
殷勸學。翰札屢頒。輿情念切。開風藝林。特重欲閭里之文明。大啟
知羣團之公益。必興。故通都大邑之間。當變法因時之會。莫不講
求締造。希冀儲藏。況宜邑南通鄂省。北道燕京。冠蓋往來。齊禮咸
從瞻視。人文薈萃。楚材恒賴陶甄。雖院舍之曾因。但規模之未備。
於是卜基邱堰。購地鄢城。多集工師。大興土木。墻垣周四圍之固。
堂宇盡十畝之寬。門環一水清漣。近覺池荷香滿。樓仿外洋結構。
高瞻驛柳烟迷。固已憑赤地之經營。幾更圖繪。煥朱輪之彩飾。宏
建礎基。已然而堂皇始拓。經費未充。存項雖提半錢。緡之未繳。此

工甚鉅。奈酤算之難敷。況夫造就通儒。必恃琅函之佈。躭研藝術
可無善具之需。舉凡儀器精良。圖書與衍。鋪陳滿架。羅列當行。備
非用度先籌。何能諸端畢具。乃聯社會。普告同人。見義貴勇於為
當仁而師不讓。值此時機所迫。造塔惟冀合尖。何妨義務同躭。成
裘端資集腋。杜陵有願。期廣厦之庇寒。子敬高情。仰傾囊而贈積
俾茅檐俊彥。皆欣師範速成。而蔀屋英年。共習高等小學。上副
朝廷作人之化。下廑振興後學之心。將見氣象更新。包羅富有。材能
盡聚。邦家之光在斯舉也。不亦盛乎。欲期拭目觀成。托鉢須憑衆力。
爰賴和衷共濟。濡毫請列芳銜。謹啟。

新建學堂落成代徵詩文啟

金筑周炳麟

夫以靈臺樹建子來趨周室之公泮水芹香朋壽誌魯侯之慶古人順時興役曾有詩句歌賡今日宏業佈工可無韻詞紀載況茲鄢都故郡鄀邑名區北道要衝南來重鎮地握襄陽樞紐脈通漢水波濤景仰芳徽拜宋玉先生之墓空存遺蹟弔杜康名士之臺樹感望於當年武有貫蝨穿楊之技光門楣於前代文多雕龍摛藻之才無如舊學流傳民智居多閉塞安得新章化育教科能以普通前邑侯修改紫峯舊舍終嫌狹隘今明宰相憑赤地新基自任擴充於是選良工求大木籌緡算繪畫圖經之營之造就千間廈屋高矣美矣建成數仞宮牆清光映自銀塘碧水共綠荷一色

爽氣來從紫蓋雕梁與畫棟爭輝仰高閣以凌雲千嶂鵲峙羨危樓兮得月百尺鵬盤堂前標本高懸儼萬國衣冠之會地上文明大啟開百國學界之基選少壯以栽成延明師而造就樹人無異樹木培士兼與培花幾番燕雀飛來藩籬誌喜無限鳶魚向化飛躍知幾列式稱名恢全局光明眼界分門督課定今茲起點方針經義齋治事齋取法胡瑗教授忠臣錄孝子錄重興子國綱常善教宜人百里春風浩蕩歸功邑宰滿城化雨繽紛好賢載詠緇衣同上館餐之頌循吏留名青史共賡泮藻之章炳麟樗櫟庸材葭莩至契攀龍附驥道貌仰瞻刻骨銘心天恩感戴播琴堂之治化幸茲愛屋及烏培花縣之人材漫道輕雞惜鶩會看滿園桃李一色芳菲感懷半壁河山大家整頓事由提倡通籌數萬金錢功喜告成將歷兩週歲月推我　同門雅士學界名儒字狀驚蛇言成倚馬序召公之德業還憑眾口揄揚呈工部之佳章必獲澄衷鑒賞揚汝士奇文不吝待看錦織成篇杜牧之盛會欣逢定有珠穿琢句特先喤引式貺齒芬

移商南漳縣修理車道開復木長二渠啟

竊維犬牙互錯，興利首貴通籌；馬腹難周，協衷斯堪共濟。南邑溝渠接壤，田壤連畛，前賢令導河開源，直以水利為民利，今黎氓服疇食德，永化窮鄉作富鄉矣。若宜邑則東西山而城臨衢道，支應繁而民鮮蓋藏，漢水橫其前，常憂泊沒，蠻河繞其後，徙畏波濤。今幸漢水之濱舊堤已築，無論已，而蠻河與清涼河則皆源啟南邑，流泛宜城，為長木二渠所由來。及考諸兩邑之縣志，具載二水為利源，自秦將白起決之以灌鄢，後人因之以為利。漢經王寵疏之，宋有朱紘復之，降至元明以及

國朝，雖代有修理之牧司，亦難免廢興之遞嬗。在咸豐間梁令之舉，

同治初陸令之開，皆致力臻九仞，功虧一簣，殊可惜耳。然古今來成敗易勢，天下事圖謀在人，惟合兩邑以會商，庶幾四民之交利。伏查南邑之土貨，分産於境內之各山村，實集於邑屬之武安鎮，故凡貨之出山，恃蠻河以運載。蠻河一閘水口多艱，因利農以病商，自多力而少效。今敝縣思立兩便之法，永免偏枯之虞，而兩邑紳商僉曰：南貨雖憑蠻水以達江，猶需多日乃出口，何若路由武鎮之東，徑通宜邑之北，橫修車道，直達襄河，朝夕可往返者數週，脚力減水運者半倍。路與渠並修，商隨農共咸矣。況宜邑此處適當八省要衝，原有二市聯絡，一去宜北十五里曰明正店，又經十五里曰小河，距武鎮程僅半日，運南貨便於上下。如此路與長木二渠交通，而該處即為宜南兩縣重鎮，將地方自此日有起色，額象亦覺漸抵文明，即附近流民從斯各有生機，免為匪痞矣。況田望灌溉，正當春漲之會，車開大馭，更便支途之行。閘清涼不開，縣河既覺常闕，免慮能運貨兼能趕日，且無私竊貽憂。諸紳民公請聯名，均無異論。在敝縣覆查此議，實在可行，曾減騎從，沿路踏勘，既少廬墓田園，又無山林谿壑，舊日原有小路，向來僅利行人，今祇微為開平，稍加推廣，無論農車柴轂，任駕牛馬驢騾，均利通行，以資轉運。倘以後貿易隆興，商賈繁盛，再路填以石，或軌易以金，以陸程濟水程，作幹路中枝路，斯亦意料所及，不遠指顧之間也。既關兩邑交涉，理宜妥為會商，各化偏私，不避勞怨。且天下之農

商皆我

皇上所撫字，又何敢稍懷畛域，別蓄猜嫌，竟致袒商病農，棄利撓功乎？且舊跡可尋，只事疏修之力；前賢所創，無勞開鑿之功。既源遠而流長，更事半而功倍。渠從南疆三十里，

貴地受益在先；溝通宜境百餘程，我邑獲滋亦溥。故不得不勻為照准，公同商籌，俾得力藉民工，時乘農隙，督同丁壯，共詠子來，免致水泛春深，計窮力困，坐嘆汪洋之利莫興，挹注之功耳。不第此也，即敝縣現在新建師範高等小學尚未告成，所開初等一十六堂猶須推廣，諸凡修理，類見拮据，常用費資，何從接濟？如蒙

貴縣體察忱悃，始終維持，准同頒示，早睹成功，自必逐歲有資，所

獲無算將農既富商更便瘠土變為膏腴冷區易為繁盛一舉而兩地交益四民均沾洵為難緩之要工均屬應盡之義務用是酌擬章程附圖呈
覽仰懇
貴縣獨秉
聰裁不搖陳議廣利農富商之澤推愛民報
國之心俾得役興及時功奏指日則彼此牧民職盡不負擢任之恩且宜南溥利羣沾共頌生成之德已特修駢語代懇鴻慈迅賜
覆音惟希
鑒察宜城宜坤士民謹啟

再移商南漳縣顧助貲請開復長渠水源啟　楊文勳

竊維守土固重乎界疆興利宜審乎時勢苟此無傷而彼獲益尚且援手圖功況人蒙澤而己沾恩更當協衷共濟故疏渠一事前者敝縣於風雪奔馳中率同兩邑紳民躬詣　貴縣面商一切兩縣紳農亦據交益兩便情形公稟蒙傳該紳農面詢備細准俟春晴會勘出示　貴縣肯顧此大局不懷私見之至意兩邑莫不均感迨久未奉覆特專价備函約期詎意武鎮紳商狃於偏見控稟朦聰大肆阻力昨接覆函詞多推諉并有謂前日具稟諸人獨萌私見不顧大局之語殆出諸意料外矣然州縣為民主宰凡民事攸關無論鉅細皆宜悉心妥籌況此件係萬民期望關兩邑交涉

更不得聽鎮紳私言致昧地方公誼在宜邑隔縣之民痛養不關且不言也以南邑本境論武鎮以西既已大興水利民沾其惠武鎮以東二十餘里之民獨非宇下赤子為之主者正宜設法修復俾得均沾其利乃反因此嫉惡之人豈不言父母偏心乎況民情之向背視官意為轉移愚民雖屬無知亦未嘗不聽開導此時倘輩不知我等辦法懷疑生議原不足責苟將章程明白宣示開誠布公俾眾知有利於人無損於己則并非强以所難民雖頑梗亦何敢必違官意敝縣前移章程究不知給該紳民等閱看否也宜南密邇鄰封素切交誼凡有疑難可否理宜反覆推詳以期疑團辨而日明事經駁而彌善敢抒管見借觸　鏡明聞武紳稟稱有

六不可之說無非謂水不敷用也沙已刷深也田廬有礙也市廛被湮也舟行有阻也功大難圖也不知以上諸端敝縣與紳民均籌之熟矣查南邑自康熙年間由王令霖李令樸先後興創水利內河七十二支派多引以灌田水源固不無分用然滋灌既足則必放之使出所謂上流下接者雨來漲盛猶恐積澇淹田安有源竭之患且活水所貴在周流不息平日多開塘堰以瀦之到時則得所用缺水固不必慮也沙刷河深雖有此說第桑田滄海在大水處則然如茲小河多係石底無大更變即使河深亦不過溝與閘深萬不致水不能行此亦不必慮也至良田廬墓此係奏明古溝形蹟尚在即使作田亦係侵佔即令有墓亦係偷埋如近辦蘆

漢鐵路江夏等處隄工遷塋若干處以大工所在不得以小事撓之況實無廬墓乎至閘口經過之田已定章程獲利給稞并用照應渠源按年格外酬穀亦可謂體恤矣彼田縱若干畝寬長而渠路只用一線該紳等誑說有數百畝何失實之甚也又曰有礙正供尤猾徒假故擋塞之詞耳現已將用過之基搵以應得之稞彼則不費人工而自獲收成是彼之利未嘗失也彼之糧當自完也即使不完數亦有限由局代完亦何不可豈可因其小而棄其大耶來函謂謝家台等處地勢最低一旦擁水高閘成建瓴之勢難免其魚之憂但據卑邑測量閘不必建高只須五尺其水即可入口高則水反散溢是水小則行渠水大則任其漫閘逕過其西岸

高二丈東係陡垠與壩平者皆屬沙土並無田地至人家所居離河均在二丈以上武鎮則更高矣況自渠塞以來宜邑當蠻河下流卑處年年被湮不能播種盡成棄土渠一開通則水勢分以灌田低處必不致再湮是禍水反為益水矣況此渠至今數十朝代若果有礙則武鎮何以不早湮沒尚得至今存乎此說似覺無謂知者不待辯而自明矣若行舟有阻敝縣前所呈圖只閘清涼河不閘縣河於南漳縣城及武鎮之行舟并無所阻如謂水源分小查用水之時多係水漲之際不過借其餘水至秋冬不用仍然開閘放水且傍蠻河市鎮不僅武安堰一處如朱家嘴雷家河孔家灣璞河璣倒口皆宜邑繁盛之區如果不便水運在本邑商民早

已出阻豈獨武安一鎮則其有利無害可知矣且敝邑紳農不欲利己損人已定議先修明正店小河之車路借陸運輔水運直達漢江省時日減腳力以遂彼向日購覓不得之願是敝邑之為貴縣謀者亦至矣究竟果何害乎若云功大難圖敝縣所擬章程疏渠之事由傍渠受益之田按畝派工自理惟水口建閘暫借社穀變價應用雖積穀原以備荒然起存至今近十年矣并未提用亦未責其生息若久存民戶恐人世代謝終歸烏有正宜借此清查一則可濟急需二則收稞歸還照朱子社倉法辦理始成有著之欵固一舉而兩善者也其計稞之法敝縣向有紳富出費開濬獲益按畝納稞之例況為公家籌學費民何有不樂從之且農民

亦只慮事未果成耳若開成享利則無水每畝收糧六七斗者今則可收四五石瘠土變為沃壤亦何惜此區區乎當此籌款萬難苟有可設法之處猶將羅掘致之況此現成之利實用力少而成功多亦何難圖之有此渠載在兩邑志書能灌田數十萬畝已獲利幾千百年固事有把握非創行無據者比其修復疏濬志書所傳代有名宦總以能開通為功德及民未聞以荒廢見稱所謂禁止有示何以不載志書則是非明而利害審矣然該紳等以前人批語刊碑視為秘寶不知方今我

皇上變法圖強法律尚有更易之時豈拘拘一批語耶迂腐之見亦殊可笑查前數年宜紳貢生曾觀海等赴督轅具禀奉 前憲批

示有天下大利必歸農農為本而商為末商可遷而農不可遷并來札催辦地方因費用不濟以致一簣功虧至同治年陸令佑勤曾已募工開疏因卸篆無人接辦中止前年謝令紹佐有心開復剛集議上禀調署棗陽其事遂寢總之此渠由來已久實為兩邑功溥大利因

國初兵燹戶口逃亡以致荒廢而宜邑由此貧弱不可復振凡關心民瘼者無一不係念及之現議修復不過分餘潤以澤東方之民兼及隣邑之民其受益實 貴邑在先我邑次之且人才可以厚培學費從此推廣商民行舟無礙車路更適其便究何一不利乎若只存利己之心不解濟人之術遇事偏執己見罔知大義此等

入口是心非壞事則有餘如有地方要公責其助一錢作一善則鄙吝不堪倘不詳為加察慼其私而中其計殊覺有未值也夫當此時勢艱危民生凋敝所賴牧民者講求富民之術因其利而厚其生庶幾有轉弱為強之一日即事處其難亦當竭智效忠善謀處以冀曲全古人精誠所積猶欲回天意而挽人心旋轉之機何嘗不視乎人之所為苟吾心已盡吾力已竭縱事未果成斯民亦當諒其隱若預存一畏難之見而又聽讒見小自生異議以撓成功天下事尚可為乎敝縣之與紳民所以不嫌瑣求於 貴縣者誠以立大功者破迂執圖大事者善調停今籌一南宜皆樂從功力無旁貸之良法在武紳之借詞阻撓者亦以我邑之民挖 貴

邑之地必不知所愛惜也隨意築建閘壩必不細為審慎也出[illegible]行水必要過於寬深也所議之估價納稞或恐出於虛誑也然在貴境地方該紳等熟習情形何處宜築壩何處宜建閘何處有[illegible]何處可行必知所審擇矣惟有仍乞 貴縣調度諭該紳等自擇其有益無害之處以與此水到渠成之功但使水源能通化瘠地為沃壤轉貧苦為富饒我邑願先助費弍千串倘渠通獲利當禀委武鎮司兼理溝渠事務每歲上稞穀弍百石以資津貼永著為例該紳等亦從優獎勵如此設法以安兩縣昨已禀明

上憲如承俯准懇即賜覆以便照議辦理并兩地立案以昭信守而垂久遠則萬民當感大德不朽矣曷勝翹企待命之至

謝憲恩奏減衛稅并蒙賞軍戶滋事毀屋各家卹欵稟

敬稟者竊卑職與軍紳等自維蓬質厚沐
桐栽飲水思源感
鴻恩於格外望
門立雪結螘念於私中悵漢水之迢遙情殷向
日偕衛軍而翹企念切瞻雲恭維
宮保大人遐錫耄齡
景膺箕福司馬光名傳中外婦孺咸知韓昌黎望重斗山儒宗共仰

煥革故鼎新之事業具乾旋坤轉之經綸當
蜺旌返蒞之時正
鳳詔頒行之會量畝計稅變屯原以圖強改軍為民印契即予管業上有益於
國用下本協夫輿情豈知釐剔弊端無包圖之可冀蠲除雜費儼洞穴之將穿利既失夫軍頭禍遂倡夫戎首兇頑類集聯兩衛以飆狂法紀罔知煽羣情而蠢動遂至蹈瑕乘隙外寇鴟張敢於聚衆抗官內城鼠竄墉垣直入拋石撞羊角之車閭里橫行揭竿斬牛山之木棟樑忽折附和者萬餘人瓦屋皆飛傾頹者數十戶急申詳於
上憲羽檄飛馳勉辛苦於下僚足音迅駛卑職赴援星夜探討風聲旱賴
聲威一戰寒跳梁之膽仰承
福庇三軍動奏凱之歌但斯時渠魁未就擒人心尚未定也乃蒙
恩威並用誅首惡不誅脅從兼之
撫卹有加賜細民並賜大戶准撥新收之稅同書具領之呈疾苦周咨本西伯如傷之隱役徭賜復追東漢相卹之情金不吝乎三千邑中沐澤稅已減成八兩法外沛膏復展限以矜全俾得酤籌緩計無分毫之蒂欠待看廬宇重恢

仁人普慈惠之懷小民有欣愉之色人皆感悅劉公一紙之書政尚寬和晉室三條之例既往不咎田宅復還如願相償錢緡畢給有武節度儉已寬民之誼似陶桓公布澤懷遠之忠斯一邑士民頌禱同於東里宜四鄉父老親愛過於南陽也羣求稟賞代達誠悃自此和風甘雨舉千萬年
皇極之圖行看捧
日歌雲上廿四考中書之令

致襄陽學社諸君子書

襄陽學社諸君子仝鑒竊文勳以風塵下吏忝篆
貴邦誠以當今富强政治最宜講求者莫先學堂查縣中雖有紫峯學堂一座然堂室窄狹規模未備殊不壯觀因於邱家堰購地另建業已印成圖式附呈
查覽雖暫就紫峯設立高等小學堂亦知規矩法度未能盡善盡美上月經陶馮兩君到處查學互相商改並於新建堂右設立學務公所會計出入有賬可稽後來添設師範傳習所加延教員望君伯厚實向有文名並非阿其所好張君鑫亦由兩湖師範優等卒業歸來各門功課均極認真講求其高等小學現經堂長李君

德寅會同諸教員設法整頓並將考棚打通改由縣署總門出入管理之法近極森嚴然總非新學落成遷移之後不能造完全資格至各城鄉初等小學前開十處近開四處合計師範高等一十六堂常年經費不及一半巧婦不能為無米之炊自應勸諭城鄉量予捐助故不得已而有前次稟抽雜糧行用之請後因糧捐瑣絮又不得已而有停止抽用加收畝捐之稟今春又以畝捐難辦與地方會商復有勸捐紳富及免去襍捐專責行户之舉勳自量才識淺陋然此興學一件究屬勉力所至盡心而為不敢自以為功方冀可免乎過乃昨有在省學生寄信歸宜提及省中同鄉諸君子聯名上稟謂係此間高等小學生去函內云學堂敗壞廢弛望諸君設法挽回等語並傳由學會諸君子議行在
諸君創立學社討論學務事宜自來社會有主持振興之權利凡地方事務辦理有未合法者宜合羣力以爭之俾得以改良而有濟其干預之宜也抑思官紳氣誼貴相聯絡事宜責其成不必議其後且當覈其實不得捕其風勳縱未嘗學問而賦性尚覺撝謙且喜於聞過
諸君子如耳有所聞並見所能及曷不來函指示考察明則評騭當倘勳故為夜郎自大舍宏論而不納再為請上飭遵庶幾有合於義所難解者聽仇口一面之辭而即以上達
憲聽殊非對地方官長之道查此次去信之由實由高等小學生

有年歲不合格者已於前月釐剔併入師範傳習所俾學科教法一切程度可歸劃一中有一二平日多事者啣恨甚深而慳吝之徒又因勸其捐錢助學以及提收舊欵種種不愜私意更有與[illegible]張諸君不合者尤為暗中慫恿必欲破壞此公益以遂其私忿而後已流言之生不外乎此夫水落則石出雨過則天青勳之辦理學堂事件節次有稟
上憲有批地方後來亦自有公論毀譽之來原可度外置之惟曾參殺人人言可畏勳久視富貴如浮雲況此缺地衝差繁近日[illegible]價大跌耗去入欵數千蓬累既滋加以庶務紛劇日昃不遑寢[illegible]之嘗人以為甘我覺其苦一官本無足輕重其奈新建學堂一切

工程籌欵事件正自喫緊蟻穴相穿長堤且潰矧前任有擁貲而不辦事且亦無人議及者今以勉圖之故反來痛詆腐敗深畏廢弛則後來者皆以作事為畏途必以無為方可致治恐真有腐敗廢弛之虞矣又如本地名宿任事動輒招尤則在上者將以本籍人不能治事必致用人之柄盡授外人而學成歸來者亦未免失所利矣

諸君子情殷桑梓初意本為整飭起見特未嘗深計夫此茲之反覆辯言非敢存怨恨之心特欲昭定約而戒將來此後勳如有非是之處不妨明言指摘以便改圖至於地方公益有當籌議之處更可

宜城縣鄉土志藝文　書函　五十八

惠函相商勳斷不敢執偏見而誤國是以求附於朋友切磋之益雖千里有如一室情既通達事乃成功切無信浮言而興訕控並望向上台以表陳之則地方幸甚末吏幸甚不勝馨祝翹盼之至

襄陽學社同人覆書

竊生等正湖十升華愧難捧袂頃承謙簡倍切傾襟仰維德普甘棠政行偃草濟時艱以興學培成上國菁莪拓民智以育林種得公門桃李固已

宜城縣鄉土志藝文　書函　五十九

經師在望書儒須恍矣生等辦理學社仰體憲台造士之典允賴多士振興之力蒙梟憲梁夫子培植允作社長遇星期即視學社中並延海内名儒分授各門課程俟考諸生庶不荒廢功課以視征人旅邸語言龐雜吳越異族不足以談心性而廣見聞者其獲益多多矣宗旨既定合屬投考者更源源而來幾至室不能容社中人非有的保者不能入非真考學堂不肯留故有志嚮學者多而干預訟事者決無昨奉瑤篇捧讀之餘如聞清鐘以公之道德抒

公之文章卓然命世才也而敢有菲議者必不情
諭中有在省學堂生寄信云云社中宜城人多不惟無其事且未
聞其說雖生等桑梓之情必切恭敬而
父母之德宜知愛戴倘入學社者不守箴規妄肆譏評學社之腐
敗即學界之隱憂誠不知寄信之人何無風生波以至於此也心
術如此學術可知然生等更有說焉
麒驥馳千里駑駘安能望其塵
鳳凰翔千仞燕雀何得測其意即聞有一二非議者偶有嘲笑偶
發牢騷而
公之行正磨不磷涅不淄也日月之食究何傷於明哉學生之信

付之一笑可矣何足介意蓋天下事任勞者必兼任怨凡事之責
於吾身者吾行之而安阻滯者無所用其權吾行之而不安勸勉
者無庸施其術若以毀譽之來而始決吾機則吾受人制而事不
舉矣至問及合羣力挾私怨以達
憲聽則
公之過慮也學社之人方以未受
教育為恨豈以妄行控制為能倘此後
臬憲再視學到社生等自當稟呈
佳章並縷敘辦學情形庶可以答酬報之鄙忱矣特此敬覆伏乞
升鑒　襄陽學社諸生謹稟

襄陽學社宜城縣留省學生上書

竊維今日罷黜科舉振興學堂原以宏施教育使人民皆具有普
通知識養成高尚之人格成為完全之國民求真材興實業振邦
家强種族胥於學堂是賴惟學堂有如此莫大之關係在地方之
官長於地方認真興辦學堂為國家前途之希望也盡心即所以
盡職也地方之人士望地方有完備之學堂為社會前途之希望
也不得即有所不安也今春
仁憲下車伊始學生等聞前在鶴峯州辦學振振有聲私心禱祝
以為必大有造於吾鄉土也既而果有興學之舉又復引領懸望
冀早施一日完全之教育即早開一日閉塞之風氣遲至今日未

得好音之入耳幾成夙願之違心學生等顧念桑梓熱心教育用
是繕就稟詞擬即呈請
上憲查照所稟各節干涉改良所猶未遽上達
憲聽者一因有人告知張總戎子言將學生等請去數人力為
仁憲辨解謂恐遠信之不確勿以偶爾憤激開咎官長一因馮陶
二君有不久來垣之信學生等亦慮有不實有不盡之處後悔難
追擬俟馮陶到省詳詢顛末再作計籌今獲捧讀明諭知　仁憲
於辦學一事盡心盡力任勞任怨學生等誠惶誠恐且感且愧既
悔聞言之未察猶幸臨事之尚審本擬速行從實稟覆以釋　仁
憲之疑因年終大考溫習功課未暇分心昨聞襄郡學社諸君已

代繕一稟。謂學生等並無此舉。揆其命意。若惟恐　仁憲器量未宏。或怪學生等無禮。故為隱飾之詞。不知學生等欲具稟上呈。原為力圖整飭。而　仁憲既專函下問。何嘗介意嫌疑。上推以誠。下應以僞。既未窺　仁憲聞過則喜之雅量。亦莫白學生責善無已之微忱。傳曰。惟善人能受盡言。用是不敢欺隱。謹將擬就各節。參酌賜函。敬陳如左。以當芻蕘之一獻焉。惟　仁憲其鑒察之。（以下各條篇幅甚長故未全錄）凡茲所陳。皆學生等擬達憲聽。責成善為辦理者也。仁憲謂官紳氣誼貴相聯絡。殊有集思廣益之概。學生更何容稍顧忌諱飾為欺蔽。且又謂賦性謙撝。喜於聞過。學生等更深景仰。用敢自附於直言無隱之列。冒昧上陳。　仁憲諒必不作謗書視之。而作諫書視之也。總之　仁憲以熱心興學。厚意用才。實有未盡完備之點。學生等以顧念大局。關懷致蹈于犯尊顏之咎。明諭謂茲之反覆辨論。非存怨忿之心。特欲昭定約而戒將來。並云如有籌議之處。當以信函相商。斷不執偏見而誤國。是以自附朋友切磋之義。惠教諄諄。略分言情。待人處己。交相責善。今後學生等仰體　憲諭。致戒將來。　仁憲亦宜仰順輿情。預善將來也。學生等識狹見淺。未能仰測高遠。妄言之愆。誠所不免。然情殷桑梓。應在洞鑒之下。仰懇竭誠布公。留心學務。軫念民瘼。被春風於多士。溥化雨於眾生。則地方幸甚。學界幸甚。學生等幸甚。不勝馨香禱祝之至。

上邑侯　楊公麟閣省事節勞書

彭達尊

夫省事斯堪以理事。節勞乃足以任勞。居今思古。名臣通儒。亦此義以濟功。立斯論以垂訓者。蓋以萬緒之冗繁。待理一身之精力。無多事不省。當雜進紛投。手胼足胝。勢必憂生遺悞。勞不節以殞情細務。忘餐廢寢。終嗟疾抱憊瘁。是勤以理事者。轉困乎事。而勞任勞者。反不勝勞也。果爾、其將圖寧清而守恭默。學導養以節性真乎。然吾人蒿目時艱。有心世道。猶欲上藉官權。以佈富強新政。善因民力。聊舒悲憫熱衷。況懷早抱乎痌瘝。身已膺乎民社。名登科第。而素裕猷為。道任師儒。而現稱父母者哉。此不得不為民請命。事在必為。與世圖功。勞不忍避者。情也。亦理也。惟是職晚忝恭末議。原乏微權。理竭贊襄之力。上酬知遇之情。以故事當創始。達旦焚膏。惟思以論說情通乎上下。即或謀有不臧。招尤干諱。不敢因忌嫉忍敗乎事功。凡晚輸誠之言行。已為明府所鑒臨。故愈承大度包容。不厭魏徵之直。破情保衛。隱憐汲黯之忠。晚所以情感於中。意流乎外。因從旁所微窺。敢徑情以直道。師相如上疏諫獵之蘇老立論辯奸。非過情以要譽也。實血性之難遏耳。以故逢公任事。不勝歡欣。見公喜勞。反增憂慮者。誠以我邑萬姓之生成。情恭一人為覆載。愛公即所以愛民。公安而萬民俱安也。今公於盜賊婚田詞訟支應各政交勞外。而復百廢齊興。諸公迭舉。每見屬僚過客。蝟集庭前。董士學生。蜂呼座側。姑無論應否之請。概不忍卻已相加類盡溫語和顏何嫌舌隹唇敝甚至杯盤羅列竟對客以揮毫几席參差甘移屏以就甙此誠握哺性慣遠法姫公運甓習勞力追陶侃矣本斯志以澄清慰當時之仰望故我

公之素願亦治晚所竊欣者也況際此時事艱危職官複雜或醵金以代貿藉聽斷擅壟斷之權或竊竽以濫吹假通洋為通仕之路或宦習深而尊嚴太過罔甘下士禮賢或嗜好衆而奢縱非情不暇愛民興利此本卑卑不足道別有矯矯之多污或自詡老成罔畏曠功悞事或任情豪放惟知飲酒賦詩或仁懦有餘終日楚囚對泣或愚癡無主常同杞士憂天凡彼諸般之惡習類皆

仁憲之罪人求其如我

公上不慢而眷注深下不陵而咨嗟少外和而內剛言諳而意婉直以民事為己事不因諍言疑忠言肆應者善周旋資其經理剛明者多才識藉以贊襄寒士別有欽詎以用情礙政豪徒繩以理無從抱怨阻公處難為易居危而安者洵今天下所罕覯真邑宰中偉人也晚既操觚公局供草學堂固宜力竭有餘上成銳志日惟不足藉獻微忱又胡為效家人之愛等婦寺之忠妄陳省事節勞之書以啟掃興撓功之漸哉所難安者以

公年度服官迭抱卜賢之痛體還如玉宜防叔寶之憂雖嗟獨木單絲鳴難孤掌不乏片長末技力助同心但自古知人則哲惟帝其難得人則不勞而治失人則無事自擾晚之所言省事節勞者

[illegible]事於不理畏勞以自安也蓋本前賢已驗之跡體裁

公有為之心利於公亦利於私合乎時且因乎地良言美法其道雖多準情酌理大端有二一曰任人以才凡人之賢愚各異工拙傚分本鑒別以量材察言行以任使試其能否任以信專俾彼不息浮言無虞掣肘薪資厚給內顧免憂將一其心以供事竭其志以効勞得一人而功倍多人敬其事而力全乃事又何患無人之匡事効勞哉一曰所謀必記大謀晝初興成敗難必無論創之於心或告之於人也要必記其事於簿懸其簿於旁常目在之於心不忘一事記而事事必記一念存而念念皆存俾所謀之臧否此舉之邪正時往來於胸中自了決於意內切勿令善竊人意者乘

間以嘗巧搖主心者竊符而往蓋初聞若輩之言似忠告也繼考伊人之事多私干焉與其既許之而復違之反興怨阻何若始拒彼而後納彼自服公明謀為有主佈置皆周而事舉矣而勞乎矣其猶有宜精審慎別費咨詢者均宜預為通籌不厭詳求免致或有未善又作罷論亦惟記之以厶標之以了以待隨時訪查而問矣季文子三思孔子戒之曰再可功以專而免惑也再者前日

仁憲到局見夫灰塵堆積桌几橫陳輒自揮塵掃除躬親移置固因無人在側未免細事過操夫供馳驅任洒掃捧几授杖濯水盥巾既為小奚所能為焉用上人親其役古云千金之子不垂堂萬乘之尊不微服者詎好為珍重自處優崇哉亦以關係重而言行

無易威儀嚴則覬覦潛消養此心以弭隱憂王導共欽鎮靜愛此
身以擔大事呂端不礙糊塗人無倖于善於取長棄短事皆就緒
妙能以逸待勞責以專而任自勝事不雜而謀必遂古之左置圖
而右置史言必記而功必録者其立法用意詎不深且遠哉治晚
學易年荒桐爨誰憐焦尾傳經名晦竹椽孰賞知音五蹟棘闈愧
落孫山之外三旌蓮幕笑轟嬰灌之間惟嗟伏櫪長嘶功虛銅柱
安望昇盤肆志穎脫鐵錐參議而才愧馬周上策而賦傷鵩鳥烏
鵲尚知人意己詎不如鳳凰特報時祥心思竊效用是長發狂論
特獻芻蕘惟祈
俯察愚忠無遺葑菲雖古帝重民薄己視瘦一人而天下肥願我

宜城縣鄉土志藝文書函

公省事節勞善養其心為我邑慶所愧者晚語由感激詞欠中和
則更乞點鐵成金汰沙磨石化千言之笑柄為一邑之新文更為
瓣香所遙禱心字所深銘者耳不揣固陋上瀆
明聰如堪采納祈
賜施行鄙人幸甚敝邑幸甚臨筆不勝翹企之至

讀彭君位三勸予省事節勞書書後　楊文勲

予秉性剛直最喜聞過且喜良朋益友之藥石箴規憶蒞任至今
幾年餘矣是邦地當衝要加以邇日舉行新政百廢待興治劇理
繁方慮一人知慮有所未周正欲得人以匡未逮今春局設興刊
招彭君位三代司筆札日來渠務學務事類龐襍起草揮箋[illegible]
繼晷甚至通宵不寐雖有時未盡協宜尚有待於研精然其勞[illegible]
不辭亦覺助我之有人也且於地方利弊凡見及者頗能詳陳而
力贊之記室有資殊深欣慰茲覩予之厪勞殫心日昃不遑特以
手書見惠於愛勸之下寓規勉之意主文譎諫大有古人之風其
言筆記一條尤中予之肯綮披覽一過渙然怵然正好借作箴銘

宜城縣鄉土志藝文書後

懸之座右殆不啻百朋之錫矣噫國有顏子早不知之使非連[illegible]
假時幾不識此間之大有人在昔子游宰武城夫子以得人問[illegible]
游鄭重對之曰有論語大書特書可見為政首在得人有人則事
理而地方以治今君之愛我勗我故我深幸之且欲勉君為澹臺
滅明飭行詣而正趨途俾得共茲名譽君其鑒諸再君文筆固暢
達特韻句尚多未調詞意不無繁冗編中間有刪潤之處再與商
明酌之　三月二十五日文勲記

宜城縣鄉土志藝文詩集目錄

古體

近體

詩集

宜城縣鄉土志藝文詩集

楊邑侯新建學堂歌步屈平九歌原韻二首　廖鳴鳳

原湘君

公不爲兮夷猶，駕言別兮瀛洲。隨花縣兮班修，泛自如兮虛舟。令鶴峯兮無波，使鴻恩兮旁流。望鄂垣兮歸來，解印綬兮誰思。乘肩輿兮北征，安此邦兮不庭。雨雪霏兮載塗，云歲暮兮駐旌。善調停兮龔遂，治亂繩兮生靈。生靈兮歸極，漏春光兮知公消息。留攉篆兮鄀鄢，隱憂公兮反側。盜虛聲兮處士，宏遠謨兮恥雪。殫經營兮城中，起垣墉兮春未。心不同兮靡勞，志不奮兮輕絶。鳩工兮濟濟，飛閣兮翩翩。得廣厦兮庇寒，週一年兮知公。以不閒，朝騁騖兮城

堧，夕盤桓兮堰渚。鳥飛兮屋上，水繞兮閣下。捐公貲兮囊中，采英榦兮湘浦。舉郢中兮葑菲，將以遺兮下女。樂教育兮英才，供歲月兮容與。

原東皇太一

報最兮賢良，室將成兮喬皇。指鱗差兮魚尾，堯粉牆兮琳琅。苞茂兮百堵，自余情兮信芳。頌美斯兮是若，發張老兮酒漿。於樂兮鐘鼓，來髦髦兮升歌。引學堂兮浩倡，嘉宗工兮締構。既底法兮肯堂，美輪奐兮善頌。公福祿兮爾康。

勸改軍為民衆糧戶遵繳稅契歌　楊文勳

古來軍籍坐屯田散地量畝開陌阡千把守備各分衛屯糧輸餉
自年年時勢遷移局屢變領種執業遂相沿轉買雖只言推頂公
產私售理昭然目下屯糧思變計裁衛因之籌及地欲將公業化
為私照價估收原正議當日定議本恩寬未曾言價只稅契稅僅
一次非長完執憑傳守永勿替已當限主仍贖回不贖應客自投
稅當主如贖償契資不然當客價補兑重書買券業有歸庶無推
諉與停滯況夫前日費用繁屯折津貼當繳備現改丁糧照升科
編審洛役盡删棄地居何縣與何州就處徵納不拘衛無論一戶
頂幾名統書一契名仍隸又有一糧幾項推分券填給隨衆意上

下無損浮費蠲鈎稽名數亦便易革除舊號易今名從教軍頭難
為弊並可隨糧計稅收赴櫃自投民之利向聞各軍有公田如能
變緡作稅費軍家可免籌欵艱執事亦無興訟慮有餉無業地塌
坍業售餉存必根柢查明事符免稅收均從格外加恩惠其中間
有漏餉田必早報完求領據改為民業價可圖以後買賣均無掣
此事前人多建言今日行之著為例既充
國用亦益民實為公私兩相濟食毛踐土戴
皇恩宜知感從豈抗拒無如近日痞匪多各屯糧戶被刁唆鄉愚
無識且慳吝應交稅項故延拖此次鄢城聚黨事匪徒無故興浪
波抽丁共食日需索民欲省費費轉過且使因端釀巨禍身家性

命誰護呵近練精兵鎗礮利籌防到處有巡稜事後查明誰個首
分别孥案罪應科抑知事經則例者天下通行理無訛一隅豈欲
撓大議其如力小難勝何與其違例自滋累何如納欵少折磨
大府亮察關民瘼檄委明員共切磋釐定章程周且密權衡事理
平不頗既經核明詳定案詎留苦累與煩苛我今憫念同胞旅苦
口勸言作此歌嗚呼苦口勸言作此歌但冀軍民人人轉相告語
傳誦他俾得邦家事事處平和

勸開學堂歌

噫嘻岌岌乎不可緩哉濟時之策孰為長第一要務開學堂培植羣材效贊襄有人方可圖富強昔年考試重文章宋明帖括笑濫觴銷磨有用好時光空談無補救世方事求實濟須改良窮變通久運之常科舉於今變無妨興學曾頒
詔旨煌陋儒遇此徒悵悵詢諸時事但渺茫及茲講求不可忘始免人譏學殖荒經史掌故舊青箱譯書通略眼不盲四國方言辨舌吭地輿天算兼測量聲光化電格微芒考業尤重農工商體操武備肅戎裝姑言其要為之坊皆我中華昔所創不過求精仰外洋業貴專門休淺嘗宜由普通博而詳蒙養造基先慎防修齊治平

舉宏綱人才關係理昭彰非從學校孰可當是雖官府為提倡尤賴紳民自主張無論在城與在鄉迷津待渡需寶航勸捐籌款並修房書籍儀器廣收藏頒發章程最可仿延聘師範聚兒郎督課程工日不遑端品正學式圭璋天下治亂如理囊人各有責盡胥匡立心忠愛保君王休言革命肆披猖如此練習幾星霜循序漸進樂就將達材大慰得人望氣象維新阨運昌雄視五洲名播揚培才有效慶賡颺各處聞風敢不覺我今一片熱衷腸作為此歌當引吭但冀念一行省都會郡邑市鎮村莊人人興起步隨行濟世經邦願幸償噫嘻岌岌乎不可緩哉第一要務開學堂

知宜城縣事黔江楊文勳

代譜農謠　　彭達尊

吁嗟乎民運有否泰天心預安排天心回利源開民運轉福星來君不見三十年前有陸公疏渠築隄建大功築隄已興無窮利疏渠恨未竣其工民沾大利不能忘爭插楊枝隄兩旁因號楊為陸公樹不過誌德如甘棠詎意民言成讖語缺補陸公惟俟楊楊公興學壯大觀文明驟起人爭歡高等初等兼師範城鄉獲庇千萬間從今多士笑顏回化弱為強速風雷龍門弟子多鄉相冠蓋依然故里推氣已伸士類農尚嗟穀貴公細窮其源沃田半荒棄皆由源塞長木渠百里遂失無窮利邑內常懷旱魃憂田間莫睹嘉禾瑞公因尋源疏淤塞措資測地勞心力申詳

大府鑒微忱雪夜濡毫呵凍墨為鄰修路裕商財利啟上游下免災四民均被無窮澤笑趁春風歌子來噫嘻異哉向呼陸公楊今恰楊公逢陸公號猶藉楊公適共宗吾輩小民也亦不知此樹屬陸公屬楊公惟有仍值綠楊千萬樹於渠之西渠之東俾百餘里瞻福星樂利源之億萬顓蒙一睹此樹便頂祝高歌失者從此復塞者豁然通運轉泰回莫不由我公之為民請命報
國効忠澤布蠻河遠恩流漢水洪巍巍蕩蕩何能報惟願公多福多壽多男子長與此樹共崇隆

新建學堂落成喜賦附徵詩小引　楊文勲

原夫象著文明興學先徵啟宇彪彰絺造潤詞端重摛華不有紀誌之編奚識經營之跡故值工程甫就久思攬景攄懷無如政務殷繁未暇豪吟志勝適有良朋贈句丰度遠紹曲江文譙追懽秉函并傳佳什藉伊妙緒觸我幽思於是吮新毫依舊韻率成七律和作四章抛塼而未計拙工引玉則權留題咏凡在學中名士境内文人素具賞音嘗嫻詠事或和新章而韻仍佈技休陋夫雕蟲或裁麗句而體不拘才務呈乎吐鳳定識增光學界喚成便錄錦箋當為潤色行間選刻并傳佳話手乂績懋知輪奐之新崇隍引機先冀瑶華之載賁壯繪宏圖生色朋儔

立見倒傾爭傳好句欲仙珠玉無忘咳唾特臚斯引並附以詩

如鑒微忱懇頒雅詠

意切儲才諒共知圖成傑構費心思維新要政先培士望治殷期重濟時學校光昭書續志靈臺經始句賡詩卜基城北工程鉅籌佈週年未覺遲

會看變化起龍魚棫樸興歌愧眾譽平地樓臺宏建造滿懷塵垢盡蠲除懽顔共庇堂增廈拭目觀成水到渠景點湖邊供慰賞憑欄時見聚僮漁

日往監修勉假閒昏談指授匠工班光澄俯鑒銀塘水脈旺横聯紫蓋山墨掌就繩洋作式點頭知法石非頑層臺挺立資瞭望咫尺星辰手摘攀

莫負光陰快策鞭篆留蒲邑亦前緣栽花治敢矜三異樹木陰須待十年鴻爪留痕文泐石鶴翎養鋭志冲天最欣人士常親聚[illegible]送荷風入座前

附張湘谷明府贈句

同心至好濶別多年日前假道棠封渥荷主人情重招飲學舍湖亭既醉既飽快叙離悰試思宦海飄萍此會何可多得依依分袂難已於言賦律四章博君一粲

往復征塵客路知鄖城又詠我來思狂風有意留今夕舊雨相[illegible]話昔時痛飲杜康臺畔酒朗吟楊炯閣前詩依依最是分襟候

片江聲月上遲

但將誠信布豚魚空鑑平衡任毀譽偏種甘棠花待發欲[illegible]草難除千間夏屋開新學百里春波濬舊渠官自戴星民獻[illegible]歌聲裏樂樵漁

忘機博得病中閒又挂征帆逐鷺班斜日半竿猶映水懶雲一片怕離山脈脈似我勤偏拙指摘隨人老更頑若向鄂臺求故友[illegible]前衰柳不堪攀

我馬虺隤漫着鞭前途行止且隨緣如何肝膽酬知日已是婆娑顧影年陰嶺未消鴻印雪陽關猶憶鶴樓天筆花無限纏綿意付與春風拂檻前

稽山劉蔭桂

暮春十日公讌張香谷張賓生兩大令於水閣招桂相陪酣飲醉歸追憶臺榭之清幽朋儔之聚叙久欲裁箋題句以寫我心迺因案牘紛忠提毫而綴者屢矣適張香谷大令寄詩來觸公吟興走筆和成并以示桂予不敏亦何嫌於效顰謹依原韻奉和四律詞雖不文乃實事也録呈 方家政之

忙裏難英病不知百回腸斷擬陳思可憐蘭折芝摧日正是雲斤月斧時公以學堂忙碌致鶴成公子病篤不遑料理卒爲僕婦以雪水誤事傷哉痛定仍賡經始句生全爲賦澤民詩去今冬春之際大雪日久窮民不能出門謀生行將餓斃公春出多金派親信暗投貧户全活者以數百計所謂雪裏送炭其功德較平日倍焉年來愈覺精神爽熊夢重占未算遲如君月前已有徵蘭之兆或天之報善與

不以葑菲辨魯魚幾番校對博虛譽公編鄉土志農業考查署表皆命桂同校對志書編輯人爭賞文教昌明暴自除樓仿西洋翻舊式水流東穴導新渠叨陪文讌歸來晚對岸鐙光爍炯漁

備才願切敢偷閒教課門分甲乙班月旦評文追北海風流愛士慕東山書城美富期公益學業荒疏笑我頑料得鸞還來父老他時相送定轅攀

兩載懸蒲只一鞭籌縮興學亦隨緣民殷借寇懷今日澤可爭陶似舊年楊柳樓臺春麗景芰荷池沼晚涼天何須異日思棠舍松李陰成在眼前

書和學堂落成四律原韻 金筑楊福瑩

麟閣弟綰篆鄢陵寄書筑國促行旌之速整將籌酤之是依祇緣手足情深難卻塵途之痒況值書文瑣集勉供將伯之呼憶來冠蓋名區適遇文明起點見夫維新之政首在培才創始之圖必殷建學基卜邱家壇上地當郡尹衙旁土木大興共仰丹塗焜耀工程鉅估惟憑赤手經營今則舍宇落成觀瞻贊美萃楚材之淵藪丕振膠庠植華國之彦英同强種族良朋贈句曾和韻以徵詩同室言情亦裁吟而志賀

祖德清風仰四知孝徵繩武奉先思琦堂建樹重興日潘縣栽花正放時百里才羈龐統令千間厦庇杜陵詩相茲靈地人應

傑亟力經營未肯遲

廉丞庭內望懸魚介節人知豈好譽勤政殷期無少倦豪吟結習未全除材呈宇棟春臺壯香繞池荷夏屋渠四品由來尊重讀相傳耕業並樵漁

庭花落際訟初閒督役時催藝匠班地盡四圍宏結構功防一簣等爲山根基已固學斯固木石雖頑人不頑傑閣層樓勞佈畫仰圖摹式快躋攀

前途危險漫揮鞭審慎時機了世緣弟勤於治事難免有遺人忌處余嘗引以爲憂李桃成蔭勤培植松柏淩寒傲歲年賸有碑銘遺壯國每思珂里望南天枌榆遂冀同興振學界風開大異前

宜城鄉土志藝文

全冊

宜城建學題詠全詩

鳳池謫吏書首

光緒丙午新鐫
勸學公所刊印

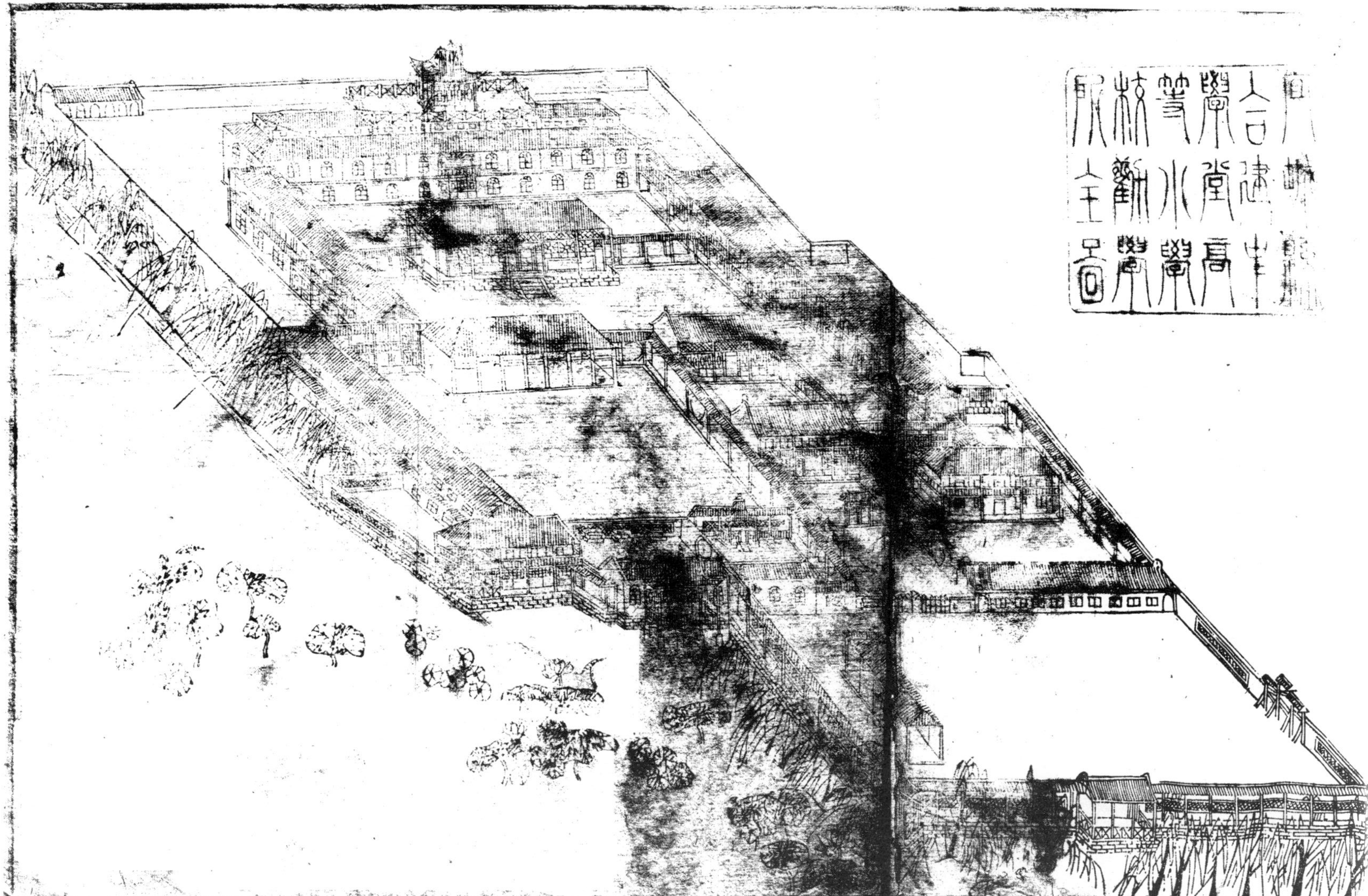

宜城會建官立中學堂高等小學校傳習所方位圖

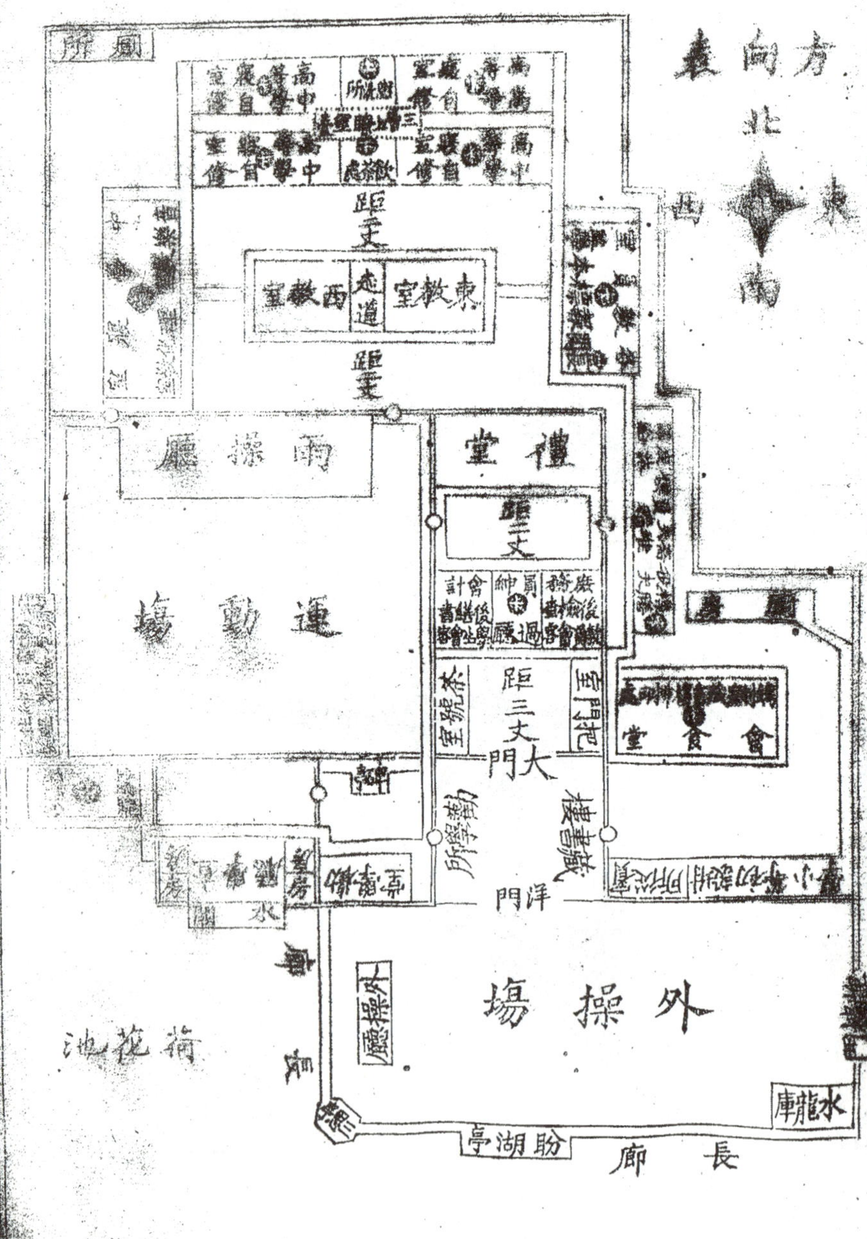

宣城縣合建官立中學堂高等小學校勸學所地基丈尺表

標名	間數	高度	深度	寬度
[illegible]	十四	一丈四尺	合二丈四尺	合七丈○○
[illegible]	六間半	一丈○○	合二丈四尺	合三丈五尺
[illegible]	六間半	一丈○○	合二丈四尺	合三丈五尺
[illegible]	十	一丈○○	合一丈七尺	合十丈○○
[illegible]	十四	○○七尺	合二丈四尺	合七丈○○
[illegible]	十	一丈○○	合一丈七尺	合十丈○○
[illegible]	二十	○○七尺	各一丈七尺	合一丈○○
[illegible]	三	○○九尺	合一丈二尺	合三丈○○
[illegible]	二	○○七尺	各一丈七尺	各一丈二尺
[illegible]	一	一丈○○	合一丈七尺	合一丈二尺
[illegible]	四	○○九尺	各一丈二尺	各一丈○○
[illegible]	六	○○九尺	合二丈四尺	合三丈六尺
[illegible]	十	○○七尺	合二丈四尺	合五丈六尺
[illegible]	十	一丈四尺	合二丈四尺	合五丈二尺
[illegible]	十	○○七尺	合二丈四尺	合五丈二尺
[illegible]	六	○○九尺	合二丈四尺	合三丈○○
[illegible]	四	○○九尺	各一丈二尺	各一丈一尺
[illegible]	十	○○七尺	合二丈四尺	合五丈二尺
[illegible]	十	○○九尺	合二丈四尺	合五丈二尺
[illegible]	七	○○七尺	合一丈○○	合七丈二尺
[illegible]	七	○○九尺	合一丈○○	合七丈二尺
[illegible]	七	一丈二尺	合二丈八尺	合八丈○○
[illegible]	三	一丈○○	合一丈四尺	合三丈○○
[illegible]	五	○○九尺	合一丈二尺	合五丈二尺
[illegible]	三	一丈○○	合一丈四尺	合三丈六尺
[illegible]	三	○○九尺	各一丈○○	各三丈○○
[illegible]	十二	○○九尺		
[illegible]			七丈八尺	十丈○○
[illegible]			七丈○○	十五丈○○
[illegible]	三	一丈○○	合一丈四尺	合三丈二尺
[illegible]	三	一丈二尺	合一丈五尺	合三丈二尺
[illegible]	三	一丈二尺	合一丈二尺	合三丈二尺
[illegible]	七	一丈二尺	合一丈二尺	合七丈五尺
[illegible]	五	○○七尺	合一丈二尺	合五丈二尺
[illegible]	四	○○七尺	合一丈七尺	合四丈六尺
[illegible]	四	○○九尺	合一丈七尺	合四丈六尺
[illegible]	五	一丈四尺	合二丈四尺	合五丈二尺
[illegible]	三	一丈二尺	合○○八尺	合三丈○○
[illegible]	一	一丈○○	合一丈○○	合一丈○○
[illegible]	一	一丈○○	合○○八尺	合○○八尺
[illegible]	三	一丈○○	合一丈○○	合五丈○○
[illegible]	五十七	一丈○○	各○○四尺	各一丈二尺
[illegible]	二十四	○○六尺	各○○四尺	各一丈二尺
[illegible]	三	一丈六尺	合○○八尺	合三丈四尺

六百一十方丈

一仟六百丈

宜城縣新建學舍楹聯錄

宮保督憲張

鄢邑瘠貧區竟教華構圖成識賢令尹有堅忍勇爲志氣
虞庠培養地更冀樹枏採萃進諸生徒以博通淹貫才思

提憲夏

聖諭論培才祇今建學開風援手艱難徵繼輩
鄉情聯薄宦喜見憑基刱舍熱心教育有斯人

藩憲李

德器達材儲恰喜根培桃李樹藝梓枏弁蓄收楚北菁英重振膠庠拓棟宇
譽髦華國遴從教識貫古今才兼文武更吸取歐西哲學維新世界屬儒林

學憲黃

圖志成鄉士開風在三楚先似茲教育熱心華夏羣僚資則傚
衡才共瑣闈得士爲諸房冠今羨文明進步古鄢循吏振膠庠

臬憲梁

龐士元學富治譜兼足育才羈百里名區新氣象
杜少陵詩精律細驩顏寒畯庇萬間廣廈大規模

道憲劉

刱業闢基宏憶前鄢境親臨趨事方賡經始句
運籌知卓力當此周庠壯建萃英漸抵學成期

府憲曹

樹襄郡一州六縣先聲廣廈需異材召伯留陰宗舍立
當鄢邑北往南來衝道屬區建新學峯斯作頌泮宮成

排樓門正面額

入德之門

左　　右
疆國萃英
聯
楚材淵藪　殷校式型

背額

惟善爲寶

左　　右
富學儲材
聯
古鄢羅彥　華夏振文

大門

學成名立
人傑地靈

二門

廣義扶微蔚爲國器
崇賢勵化培作豐英

石柱

漢水鍾靈乳山挹秀
崖花競彩岡玉騰光

過廳

傑構新成顏歡士庇
宏材肇造象現文昌

客堂

客來聊許清閒坐
堂下方能會晤談

禮堂

訓誨憶趨庭率諸生朔望衍儀儼若聞詩聞禮
宮牆欣接軔到此地貌客齊肅還瞻肯構肯堂

講堂

楚材必有用栽培到蓊蔚將磊落英多當此虞庠育德夏校儲才維新其有望手願諸生鑄器能成益擴充普通智識
襄水豈無情鬱結深時鍾彼秀靈特出在前向帥武功宋賢文

學思古尚未遥也看衆士聯鑣繼起憑收效提倡宗風

兩教室中柱

造士愼童基惟茲濟濟多才應早人東成西就
爲師尊聖訓端在循循善教斯無負温故知新

師範講堂　理化講堂

此際惟求精我學　精神健厲談新理
將來不患爲人師　格致深時悟化機

教員室

授受具眞詮得名師教課分門樹藝時羣精吸西歐東亞
陶鎔成大器願諸子經文緯武草茅間早安排王佐帝臣

自修室　寢室

自治綦嚴功無少間　寢不言聖人所戒
修途共奮業貴重温　室可容多士稱安

會食堂　會計室

會友以文君子所聚　會待賓從惟履信
食時不語聖人當師　計籌緡算在豐財

儀器圖書樓　庋器室

格物摩形器惟求備　用舍行藏聖賢相契
通今博古編合集成　物珍棄取關隘宜嚴

運動場　雨操廳

乃武乃文以整以暇　㦸奪健强軀各顯爭先手段
在前在後亦步亦趨　槓翻軟柔體益增尚武精神

盥洗所　調養室　浴室

與滌塵氛無俗態　調醫疾病權休息　浴得澡身渣滓盡去
洗除穢滓有光輝　養攝精神豈惰偷　洗心滌慮清光大來

瞭望臺

放眸空宇宙　注目真將窮紫甸
伸手摘星辰　置身端欲上青霄

勸學所門聯　園門

興學殫忱保全國粹　地闢小園閒致徧教庾信擅

運籌切領培養人才　堂開廣厦壯懷差幸杜陵栟

正廳聯

鄢境楚材多惟憑藝樹滋培用作棟樑栟廣厦
國民文教普務使全疆被化宏開庠序育群英

座接藕花香對一鑑晶瑩常覺此心清似水
人爭蘭蕙契喜群賢薈萃同懷壯志遝凌霄

橫廳樓房

名區開異境任臺榭參差輝映山光水色便高人寄託遥深最
心關紫蓋樵歌赤湖漁唱
學舍建衢途每師徒聚叙景宜風晨月夕試暇日登臨選勝頻

指點認匿花落郵路楊飛

水閣

水閣遷柱

聽堂上書聲好頻和官舍絃歌鎮樓鐘杵　十畝風荷香外味

覽鏡中畫影收不住雉城煙樹魚洺風荷　半城煙柳畫中詩

內碑亭

敢云棠舍留甘祇締造囏難勝蹟須凭文字紀

恰喜棟材選異更經營慘澹要丁還頼碣銘傳

三思亭內建張宮保粱廉訪及新建學堂頌序三碑故名

勒石紀芳蹤也如墮淚思羊伴蹟鼇頭知衆戴

醵金成傑構難得鐫銘戀蟻附名驥尾媿斯傳

傍湖亭廊楹聯

苔露合滋三面碣　柳絮晴飛馳驛路　門外平塲八練藝

荷風送爽一拳亭　藕花香近讀書堂　湖心暮景月澂秋

萬鱗窺蒲百翼映樹　斜暉戀湖不忍西落

明霞在水涼月當軒　晚蟬吟樹宜景秋清

客座集頌石碣　集張遷碑　集易林

樂事興功垂久遠　建築開基斯通風氣　千柱百梁吉長慶久

并勞建業極文明　崇師弼教以輔國家　五利四福光明盛昌

知縣事楊文勲撰

宜城建學題詠錄

張湘谷明府首唱

同心至好闊別多年日前假道棠封適值學舍新成渥荷主人情重招飲湖亭既醉既飽快叙離悰試思宦海飄萍此會何可多得依依分袂難已於言賦律四章博君一粲

往復征塵客路知鄢城又詠我來思狂風有意留今夕舊雨相逢話昔時痛飲杜康臺畔酒朗吟楊烱閣前詩依依最是分襟後一片江聲月上遲

但將誠信布豚魚空鑑平衡任毀譽偏種甘棠花待發欲芟文蔓草難除千間夏屋開新學百里春波濬舊渠官自戴星民獻

曝謳歌聲裏樂樵漁

忘機博得病中閒又挂征帆逐鷺班斜日半竿猶映水懶雲一片怕離山胼胝似我勤偏掘指摘隨人老更頑若向鄢臺求故友門前哀柳不堪攀

我馬虺隤漫着鞭前途行止且隨緣如何肝膽酬知日已是婆娑顧影年陰嶺未消鴻印雪陽關猶憶鶴樓天筆花無限纏綿意付與春風拂檻前

新建學堂落成喜賦附徵詩小引　楊文勲

原夫象著文明興學先徵啟宇彪彰締造潤詞端重摛華不有紀誌之編奚識經營之跡故值工程甫就久思攬景攄懷

無如政務殷繁未暇豪吟志勝迺有艮朋贈句丰度逹綌曲
江文讌追懽東函弁傳佳什藉伊妙緒觸我幽思於是吮新
毫依舊韻率成七律勉和四章抛塼未計拙工引玉權留題咏
凡在　學中名士境內文人素具賞音嘗媚詠事或和新章
而韻仍佈技休陋夫雕蟲或裁麗句而體不拘才務是予吐
鳳定識增光學界唫成便錄錦箋當爲潤色行間選刻并傳
佳話手义績懋知輪奐之新崇嘒引機先冀瑤華之載賁壯
繪宏圖生色明傳立見倒傾爭傳好句欲仙珠玉無忘咳唾
意切儲才諒共知圖成傑構費心思維新政治先培士蔚起人
文足救時學校光昭書續志靈臺經始句賡詩卜基城北工程

鉅簣俯週年未覺遲
會看變化起龍魚棫樸興歌愧衆譽平地棲臺宏建造滿懷塵
垢盡蠲除懽顏共庇堂增廈拭目觀成水到渠景點湖邊供慰
賞憑欄時見聚偕漁
日往監修勉假閒晷談指授匠工班光澄俯鑒銀塘水脈旺橫
聯紫蓋山翠掌就繩洋作式點頭知法石非頑層臺擬立資瞭
望咫尺星辰手摘攀
莫負光陰快策鞭篆留蒲邑亦前緣栽花治敢矜三異樹木陰
須待十年鴻爪留痕文泐石鶴翎養銳志冲天最欣人士常親
聚爽送荷風入座前

稽山劉蔭桂

暮春十日　明公讌張香谷張寶生兩大令於水閣招桂相
陪酬飲醉歸追憶臺榭之清幽朋儔之聚敘久欲裁箋題句
以寫我心迺因案牘紛思握管而綴者屢矣適張香公大令
寄詩來來觸公吟興走筆和成并以示桂予不敏亦何嫌於
效颦謹依原韻奉和四律詞雖不文乃實事也錄呈
方家政之

忙裏雖英病不知百回腸斷凝陳思可憐蘭折芝摧日正是寅
斤月斧時（公以學堂忙碌致穉成公子病篤不追料理卒爲僕婦以雪水誤事傷哉）痛定仍賡經始
句生全爲賦澤民詩（去今冬春之際大雪日久窮民不能出門謀生行將餓斃公眷出多金派親信暗投貧戶

全活者以數百計所謂雪裏送炭其功德較平日倍焉）年來愈覺精神爽熊夢重占未算遲
不以葑菲辨魯魚繼番校對博虛譽（公編鄉土志農業考查暑表皆命桂同校對）志
書編輯人爭賞文教昌明暴自除樓仿西洋翻舊式水流東穴
導新渠叨陪文讌歸來晚對岸鐙光爍炯漁
儲才願切敢偷閒教課門分甲乙班月旦評文追北海風流愛
士慕東山書城美富期公益學業荒疏笑我頑料得鶯遷來父
老他時相送定轅攀
兩載懸蒲只一鞭籌緡興學亦隨緣民殷借寇懷今日澤可尋
陶似舊年楊柳樓臺春麗景芰荷池沼晚涼天何須異日思棠
舍松李陰成在眼前

金筑楊福瑩

麟閣弟綰篆鄢陵騖書莅國促行旌之速整將籌酤之是依
祇緣手足情深難卻塵途之猝泥值書文瑣集勉供將伯之
呼憶來冠蓋名區適遇文明起點見夫維新之政首在培才
創始之圖心殷建學基卜邱家堰上地當都尹衙旁土木大
興共仰卅途焜耀工程鉅佑惟憑赤手經營今則舍宇落成
觀瞻贊美萃楚材之淵藪丕振膠庠植華國之彥英同強種
族良朋贈句曾和韵以徵詩同室言情亦裁吟而志賀
祖德清風仰四知孝徵繩武奉先思琦堂建樹重興日潘縣栽
花正放時百里才覊龎統令千間厦庇杜陵詩相茲靈地人應
傑亟力經營未旨遲
兼丞庭内望懸魚介節人知豈好譽勤政殷期無炊倦豪吟結
習未全除材呈宇棟春臺壯香繞池荷夏屋渠四品由來尊重
讀相傳耕耨並樵漁
庭花落際訟初閒督役時催藝匠斑地盡四圍宏結構功防一
簣等爲山根基已固學斯固木石雖頑人不頑傑閣層樓勞佈
書仰圖摹式快躋攀
前途危險漫揮鞭審慎時機了世緣民智未開而弟勤於治事常遭忌疑予每以爲隱憂
李桃成蔭勤培植松栢淩寒傲歲年贂有碑銘遺北國每思珂
里望南天枌榆還冀同興振學界風開大異前

播州張銘

棼蒼葭感渺渺萍蹤運甓思陶上書懷賈舟泊鞭戶潭上怒
動胥濤履登肘足山中悲同和玉青囊賣卜不求聞達於諸
侯綠綺空彈難遇知音於末路乃者
東道言歡西賓禮重掃南州之榻留北海之樽士元非百里才
子產爲衆人母浩杜老千間之厦馬帳儲才居元龍百尺之
樓鴻軒顧我既力辭而未獲因暫許以分勞珠履千人才皆
吐鳳琳琅百首句盡雕龍謹步原韻四章錄呈　吟壇一粲
四知心跡幾人知家學淵源樂教思不分淩雲逢得意儼同立
雪對楊時文翁設館初延士王粲登樓又賦詩濟濟楚材皆上
選遨陪休悵我來遲
聞說豐年已兆奐任憑誰毀與誰譽時當備武文先講政在安
民弊自除詞筆千秋宗宋玉衣冠三戶溯熊渠我如叔度訪王
逸何日歸尋笠澤漁
勳名峴首懷羊杜文學騷壇愧馬班寶善從來惟楚國鍾靈況
是接荊山夏絃春誦開蒙養里豆庠邊化梗頑君創開小學十餘堂又添設女
學自笑壯心今未已龍鱗還欲共追攀
蓬萊君早著先鞭回首湘遊憶舊緣王龍灌田留惠政君前從疏鑿河
難議未果今又開河東之渠灌民田數千頃杜根傭酒惜殘年暫依桃李公門地日
樂桑榆晚景大丹懸通經慚不及希叨從事幕帷前

紳耆和韻錄

候選訓導宋瀛海

嘗聞周建辟廱闢逢紀詠魯修泮水鸞噦載歌蓋學校既興
斯人文以盛官邑涌衢驛路近時應急傑才黔江翰苑鴻儒
蒞任偏恩造士慨學堂之甚狹改作重修惜經費之無多募
捐籌欵闢地邱家堰北經營獨具匠心卜其鄙子臺西相度
洵推慧眼茲值大工告竣贈言恰有良朋爰將小引徵詩拈
句先傳雅韻曲恍同夫白雪高調莫追才不齊夫青蓮謫仙
難及海文慚倚馬技愧雕蟲欲攬景以攄懷詩早已題崔灝
將登高而作賦序何敢擬子安勉索枯腸竊類邯鄲學步不

嫌拙手聊如醜婦效顰笑弄斧於班門詩呈七律强揮毫於
芸案韻和四章伏乞目覽無遺得蒙指疵爲幸

振興學校衆皆知舍舊謀新費苦思氣象崢嶸欣此日規模宏
敞異前時竹松好咏斯干什芹藻宜歌泮水詩培植英豪能濟
世人文蔚起莫嫌遲

清廉自矢比懸魚籌欵因公任毀譽廣廈宏開瞻棟宇高樓特
起照庭除窗中翠靄峰千仞檻外清波水一渠創建如斯經費
鉅誰言有利可侵漁

監修兩載未偷閒獨運神工似魯班臺聳三霄堪賞月軒開八
面好看山千間厦屋容寒畯四座春風化梗頑桃李即今城已
滿里名冠蓋可追攀

諸生快着祖生鞭幸託帡幪自有緣畫棟雕梁非白屋用心勞
力趁青年育才念切原隨地造士恩深可比天試向城頭廻首
望美輪美奐勝從前

候選訓導望蔭甲

金郝深宵懍四知鱣堂碩望騁英思箋裁燕賀酬佳搆詠展鴻
編際盛時舊舍紫峰坳地勢新施丹雘譜歌詩巳嗟叔度來何
暮莫漫喬遷久待遲

登龍多士變從魚寒畯栽培獲美譽治協武城循政譜風聞單
父暴强除鴻圖萬廈齊恢宇鳩聚羣黎論鑿渠泣罪深情傳留

藝揮金翮造利奚漁

勞形案牘豈偷閒出入披星駁六班勸穡風聲歌北隴濬材淵
藪仰東山連雲棟宇增光躍造士菁莪化性頑臺築黃金塊請
始百尺龍門許衆攀

黃堂轉盼試蒲鞭憲眷宏深見福緣定有祥麟來子舍欣瞻造
鳳樂丁斗陽春曲和知音日函夏聲馳報最天重陟琴堂欽塵
教和風雅抱似從前

鄖陽府訓導治晚魯國望

百里才高世共知下車鄖鄂繫人思名儒幹濟先興學循吏經
綸在教時愛樹欣歌棠舍句膏田樂獻黍苗詩他年報最承優

詔父老攀轅出境遲
庭稱刺史有懸魚清畏人知播令譽胥吏豪强風漸斂生徒僻
陋習欣除康臺地接虞庠美杜廈輝增夏屋渠巾戴華陽閒注
目遄飛逸興寄樵漁
案牘勞形未肯閒𨳝西夫子許同班感公請郵重興室前歲軍亂室宅
被毀棠亭大憲賜郵得以恢復舊宇昜我紆籌快出山望有出山之志公常勉勵速行時勉官箴
談政治曾頒書志啓愚頑承陽新刻鄉土志讀之足增知識難忘公退詞源倒
曲和陽春孰可攀
快遇賢良喜執鞭幾回親炙豈無緣鴻圖建構懷今日鶴俸施
貧憶去年客冬久雪公憫窮民因若發錙賑濟全活甚多桃李栽培春旺地亭臺宴集
兩餘天望前入城棠拾歡水閣談叙盡勸武城小試牛力技躍躍生祠縣社前

文生常大椿

清白家傳懍四知頻留去後召棠思只緣計畫儲才地能耐勤
勞强任時政立菁莪培士德歌成棫樸作人詩容陽興學開通
早司篆鄜陵轉恨遲
結網方能說羨魚歡顏廣廈豈邀譽儘教到處循聲著直把從
前陋習除畫閣非同璇作室書樓恰似石成渠兒童課罷歌相
和莫誤蘇湖唱晚漁
從無片刻昔偷閒玉筍栽來第一班臺畔綠浮三尺水亭閒紫
綻半邊山官司建造惟防惰民受涵濡不怕頑學士瀛洲今已

杳柱枝常在此中攀
乘時快着祖生鞭得受甄陶亦夙緣玉汝早成爲大器壁人爭
羨是華年都沾教澤一堂兩直上雲霄萬里天此日讀書須努
力免教十載悔從前

增生廖鳴鳳

暮夜辭金懍四知家傳清白景吾思花城署篆勤興學藝苑名
標早及時締造惟經年月日安排如許畫書詩材量玉尺鋤非
種蔚起文明尚不遲
樓閣參差凡似魚伊人偏毀我偏譽明窗儘許塵心滌淨几憑
教俗態除指點溫生堂濟濟顏歡寒庶屋渠渠荷風挹爽香盈
袖欄倚貪看此釣漁
謳静鱷堂公未閒鳩工運匠孜班班廊腰遠抱郊青柳閣口平
吞岸赤山幾度經營新式樣方容教化舊宴頑英才從此爭磨
濯指日丹梯手直攀
壯懷空憶著先鞭翰墨相知有夙緣隻眼垂青須此會昂頭紆
紫亦何年忱輸向日葵傾地願得長風浪破天孤幹不逢工度
采依舊笑傲寄巖前

學堂師生和句錄

堂長兼教員馮廌田

若夫子游作宰雅化絃歌文翁服官熱心教授沐鱣堂之化雨裁成盡棟器樑材坐鹿洞之春風咸仰如泰山北斗此士林之所同稱道我輩固無庸贅陳也乃若吳下名門黔中仙吏品高趙璧筮仕鄂城願切旱材驥足則路輕千里心懸捧日鳳手猶光帶九重蓋嘗痛夫蛟涓橫流蜃樓幻市風潮怒捲飛太平洋以東來權利全存誘蘇秦七而西逝呼蒼天而已鮮攖黃種之將亡非興學鮮進化之方舍育才無優勝之策於是鴻蚍欲占鳩工不急如張睢陽之羅雀掘鼠頗費經營如陶士行之木屑竹頭都歸點檢卒之大功既集廣廈樂成精衛填海而海平愚公移山而山去鳳樓獨造宗工之運用新翻馬帳宏開佳士之奮興恨晚此固文明之基礎富強之本源而亦馬志尼堪表同情俾士麥可稱知己也所以美子產者頌猶未遲思康叔者來嫌其暮與歌壽考黃童與白叟同聲並受栽培子女共丁男一致宜乎詠落成於此日誌盛事於今朝徵詩則好語珠穿走筆則佳篇林立楊汝士奇文見賞王子安勝餞欣逢下走荊山散木漳水庸材字笑鴉塗性同鳩拙少躍鯉對不異淵明之兒長伴雁行深慚康樂之弟兼如大蘇轉徙老杜播遷漂泊東瀛若苗久焚筆硯棲

遲南國仲宣徒慨河山雖云末改鄉音亦實難忘國粹無謝家驚人之句類崔氏沒字之碑驪珠仰君子先探狗尾笑鄙人獨續彭淵材聞而恨之固其宜耳鄭是翼見而投也是所甘心

滿腔熱血有人知宏遠規模費苦思回國曾經萬里外論文鄙憶兩年時僕去年二月返日本八月奉委來宜得受教於公者十餘月播遷徙遍大蘇宅清發吟成小謝詩近年流寓江漢間昨至宜公即以大作見示且徵詩焉笑爾酬呢慚學士君磚影過日遲遲公勤治事令人對之生愧

觀光人到步魚魚大好樓臺髦士譽漢學千年傳統系歐風萬里入階除維新南國酬知己媲美東瀛莫讓渠時勢英雄皆可造當年廣厦也陶漁

兩載難偷半日閒先生玉筍舊朝班功成廣厦追工部賦就小園疑子山志士深愁漢種弱公創天足會與生入會者頗多通人懶學殷民頑文明進步歸提倡丹桂何須倩手攀

結伴鄢陵著教鞭三生石上舊因緣洛陽花燦霞千朵召伯棠甘樹百年得士寅朝下白屋焚香午夜告青天國民造就多如許會看折衝樽俎前

監學兼教員陶价人

中國衰弱久矣甲午庚子兩役受創尤鉅識者皆謂非普及教育不足以挽回大局歲甲辰

南皮宮保師改賠款捐爲興學費州縣之建設後先不一亦有視爲緩圖者

夫子爲鄢城宰履新之初急鳩工庀材卜地經營未期年而高樓層臺巍然在望規模宏廠屋宇雅潔於管理衛生各節均屬合法洵傑構也今夫列强虎視鷹瞵皆即中國各畫勢力範圍一切通商口岸礦山鐵路諸利權類多被彼攫去人皆歎爲天意縱驕子時也亦勢也不知各國之强非天有愛於彼也實强於學堂發達早占優勝之地云爾今

夫子以興學堂爲急務行見教育普及文明大啓億萬一心土宇擴充鞏固山河異時豐功駿烈彪炳史册胥於是焉基之

彼宋大夫及冠蓋里諸公與夫歷代循吏又何能專美於前耶昔

夫子宰鶴峰時曾以興學爲已任竭力教授風氣大開一時遊學東西洋者指不勝僂士林謳誦至今不輟風行草偃成效早著今於鄢城學務尤不忍稍緩須史藉非有心世道者曷克臻此价人臨沮下士自慚苦窳甲辰春負笈東瀛濫竽學界乙巳返國以公務至鄢敬謁門墻得悉文章經濟

夫子以一身兼之殊令人有望塵莫及之慨丙午夏又奉命襄辦學務抵鄢適

夫子以學堂落成詩見示且囑和莊誦之餘覺咳唾皆珠玉也思竊价人歷年奔走風塵丹鉛高閣而吟詠又非其所長爰强賦四章賀

夫子爲鄢城造幸福並賀

夫子爲中國前途造幸福工拙非所計也質之方家未免貽笑伏惟勿吝郢削是感

家學淵源凜四知清廉未許讓原思鶴峰政績超千古鳳閣文章震一時志大常籌强國策民懷每誦濟人詩鄢陵撫字勤勞最興學培材豈少遲

滂池版築動游魚宏廠規模人盡譽地近高岡佳氣接堂環古木俗氛除最新廣厦聯氷署初購奇書倣石渠日夜鳩工休息

未逍遥不暇羨樵漁

籌畫奇觀豈等閒關懷玉筍後先班危樓掛月斜臨水高榭凌雲俯看山詩思偏隨花共發匠心不與石同頑頻歡多士歌偕庇丹桂從今不再攀

教授常期著祖鞭萬家生佛亦奇緣宏開絳帳崇新學廣設緇帷課妙年氣節養成光復夏文明大啓力回天歐風美雨欣同化冠蓋輝煌萬國前

監學兼教員李德寅

恭讀學堂落成原唱以大筆縱橫寫高樓壯麗正如奏雲五之曲彈入郢之璈令人心怖神驚遑敢班門弄斧次韻諸作

皆才思横溢璧玉聯輝蓋亦陽春白雪難於步武生幾如秋
後寒蟬寂然息響矣然而顔回好學得夫子而名益彰伯夷
雖賢附驥尾而行益顯生何敢駑駘自甘以雷門布鼓爲嫌
哉勉索枯腸敬呈俚句情思未達音韻尤乖前四韻如春蠶
作繭不免拘攣後四詠似野馬脱銜失之放縱潤色鴻業
抱愧殊深尚祈
月斧雲斤雕琢不吝庶幾駕班鷺侶列序無慚不勝禱切之
至
華夏孱危萬國知狂瀾共挽費心思愴懷割據河山日悵望聲
威秦漢時俄虎英獅愁出柙歐風美雨怕題詩欲强國勢無他

術作育人文未可遲
覇統羣侯似貫魚南邦自古有名譽方城建國宏規肅鹽縷開
基後俗除寶善曾誇人洛落儲材又見屋渠渠神明令尹猶當
日萬姓謳歌樂佃漁
命負巍峩局度閒功成廣厦斧揮班極鍼已定宅中地基礎先
培草摵山頓看名區宏建樹從教學界破堅頑危樓百尺文明
萃寄語羣英好共攀
何時宇内任笞鞭廿紀雄飛會有緣世界縱横七萬里八才零
落四千年光照古國惟興學廣植鴻材共補天擔荷艱難須努
力英聲同振列邦前

疊前韻
楚北聲聞已遍知甘棠到處起謳思躬逢善政看今日首荷殊
恩憶昔時栢嶺曾標循吏績鄂都又賦澤民詩福星明照人瞻
仰草偃風行化未遲
縱横萬瓦隱鱗魚廣厦功成著令譽羅綺雲霞生棟牖樓臺金
碧耀庭除花栽蘭蕙香凝院波静池塘水滿渠暇日憑欄聊逸
興同人會集話樵漁
道誼研精警聵聞齋同横舍各分班文瀾應富百川海學界須
成一簣山已被春風兼化雨相期立懦更廉頑駒光容易休辜
負百尺龍門好共攀

翹首雲程未着鞭相隨鄂郎總前緣驊騮道路思千里桃李門
牆又一年静看恩膏霑赤地閒聽黎庶頌青天膠庠與任殊無
補且喜羣英滿院前

教員梅冠斗

久矣不託於音率爾安能成詠居栢梁之上座甘讓人先奪
左史之錦袍敢邀君賜然承
尊命謹勵俚詞伏祈曲顧
周郎指點拂絃之誤門詰良佛俾知下字之佳此時不吝郢
斤異日免多笑柄
腦球意界闢新知理想於夷匪所思進化文明剛起點振興能
力冠當時衣冠萬國塗山會學堂四壁滿掛標本歌唱一門樂府詩吸取

歐西諸哲學政良莫謂補牢遲
科學門多似鯽魚陶成一國國民醫危樓百尺星辰近廣厦千
間風雨除有用人才體楚邑無窮水利媲殷渠殷氏家傳袁爲榮陽令穿渠因
號曰殷渠亭臺香浸池荷滿時聽扁舟唱晚漁
熱心教育肯偷閒編就甲班乙丙班悵望京華依北斗安排簾
雨捲西山宦情久淡娛文史民智開通化梗頑料得榮陞時鄒
篆留轅父老卧同攀
響徃中心願執鞭龍攀驥附幾生緣聲黃漢水三千里袁起鄢
陵二百年李郁桃穠花是縣竹苞松茂木爲天德星聚處英才
萃朝夕追陪講席前

叠前韻
清白家聲振四知鶴城去後繫人思候看廣厦宏開日又是公
車始下時講席課膺經與選濡毫擬賦落成詩推敲未就渾忘
倦月上窗櫺更漏遲
…爲刊訛辨魯魚忘懊人毀與人譽選曹不取年華富學生年以十四
…督課深防日月除桃李春城洵濟濟權輿夏屋賦渠渠
…源頭活倚檻閒看漁者漁
…等閒鳳皇池上謫仙班百團學界開基礎宜城百二十一
…山銜鱣堂仍繩祖武飛鴞音改革民頑丹梯
…門共仰攀

諸生猛著祖生鞭莫負栽培莫大緣華構萬間成不日青毹一
席動經年欲圖補報慚無地共荷帡幪別有天鷰雀藩籬猶誌
喜幾番入賀書樓前
教員胡西銘
乍合萍蹤儼故知高山流水寄遐思維新學界逢今日守舊章
程變昔時廣厦大師寒士志甘棠同賦召公詩文明教育開基
礎漫道春風化雨遲
經綸雷雨化龍魚作育英材豈過譽愛國精神勞不倦居官清
慎弊皆除栽培桃李成花縣提倡人民濬木渠新建小亭臨水
近書室聲半雜樵漁

學務經營那得閒安排鵷鷺列仙班材經大匠方成器璧重連
城每韞山丸茁菁莪神變化瓏玲木石不冥頑宮墻美富人瞻
仰門徑能窺許共攀
省刑仁政示蒲鞭士庶沾恩有夙緣百里名區羈哲彥萬間華
構湧英年品評月旦明如鏡成就人材德若天氣象闢成新世
界圖書高掛畫堂前
教員張　鑫
名重關西懔四知繁留蒲邑起謳思週年布化先培士指日興
工及盛時載詠靈臺經始句還賡泮水告成詩軫民勿亟常申
誡踴躍趨公漫任遲

諸生龍變望同魚際會風雲耄士譽今日清芬欣挹對從前鄙吝盡袪除座連紫蓋峰千仞門繞銀塘水一渠晚景晴霞烘似畫采菱深處聽歌漁

一邑奇觀豈等閒空前軼後玩無班層樓曲折周通徑飛閣參差飽看山花樣玲瓏新更巧畫工點染活非頑千間廣廈收羅富瞭望臺高重仰攀

珍惜光陰快着鞭時逢新政好機緣世方交涉開奇局學次專通選少年夏屋優容文射斗春風和煦日當天怡心最是荷開際幾陣幽香送檻前

教員望炳麟

心跡冰壺果孰知新春動惹故園思公因老歸欲解組還鄉文章巨手高今古經濟關懷閱歲時在昔鶴城興塾序於今鼉鼓化書詩滿城桃李叨恩植叔度雖來恨已遲

好音何必想烹魚治紹菁莪著美譽為毓羣英增廣厦初栽衆卉滿前除高樓客至捫銀漢傑閣書藏擬石渠兩載經營勞且瘁欄干小住看樵漁

盡日拚擋那得閒構成奇製擬輸班溪涵月色清於水峰照霞光紫在山夏屋臚歡新士氣春臺溢慶格民頑頓添花樣歐西仿軼後超前莫與攀

欣募仁風快執鞭辦香宗派結良緣識荆榮封勝千戶留蔭情殷借一年檻外菱荷流水地隄邊楊柳拂雲天膠庠從此多佳哲盡入龍門價倍前

庶務員胡鳳山

謙光和氣盡人知廣益惟憑集衆思容美頌聲先載道鄢陵雨澤正當時關西舊識清廉吏楚北新成唱和詩走筆豪吟人傲捷推敲未定我淹遲

待看雲路化鯤魚為國求賢衆口譽雅集英材宏樂育重開廣厦備攸除幾層屏繞山如畫一派澄清水遶渠風送芰荷香入戶隔窗時見岸邊漁

鄢城花落訟庭閒冰玉情懷見一班老吏無私能斷獄愚公有志竟移山官惟勤慎心求治民漸開通性不頑遍地恩膏敷化

雨登龍人士喜追攀

爭先漫著祖生鞭兩度追隨有夙緣與我用行無暇晷為人作嫁又經年風潮撲面如翻海衡鑒憑衷可對天試看古來循吏傳幾多名譽在身前

查學員杭瀛海

心熱培才婦孺知鉤心鬬角運精思昔為游牧荒烟地今是文明起點時子庶歡歌靈沼什申賦共懷泮宮詩思如司馬難相速風雪橋頭得句遲

御韡堂前瑞兆魚關西世澤古今譽公門桃李勤培植學界荆

榛盡掃除紫蓋峰連山似畫碧荷香浸水盈渠於焉已是忘機
地樵自樵兮漁自漁

數仞堂高豈半開硯穿維翰筆投班遍摩標本圖中畫勝慰蓬
萊海上山太史書祥星聚德孫公說法石非頑青雲且上丹梯
聳叢桂當頭好共攀

推敲馬上緩加鞭遍結吟風弄月緣故智民開多建學文明象
現已經年萬間廈廣留餘地再造人同戴二天吏紀循良光志
乘我公應駕漢唐前

查學兼教各初等體操員彭用熙

萬古文人感受知身心益處詎忘思欣逢演武修文日正值開

堂建學時誌政終登循吏傳歌功遠播故人詩撫躬惟恨公來
暮欲永春風限歲遲

化到飛鳶更躍魚渾忘誰毀與誰譽惟將補救新章振總把迂
虛舊習除廣廈文光盈紫蓋層樓秀氣俯清渠育材應入師熊
夢多士重逢渭水漁

成竹胸中意態閒儒門大匠勝輪班欣從座上談風月好向樓
頭望斗山練體操修勤益舊精心圖畫活非頑文明漸被鄉村
遠四境同風樂仰攀

鴻材遠駿暫停鞭還賴天成藉寇緣畢業功深須五載教民期
展近三年隨時教導膠投漆日進文明月在天共道芳名追伯
起公能啟後更光前

附設初等教員賈世良

清白相傳懔四知育才養士倍勞思樓臺挺立新星式學校興
崇貴及時仁普同賡莪樸句告成樂賦秩干詩精心傑構由斗
地修築經年未覺遲

化機活潑比鳶魚難得人民衆口譽大廈崢嶸洵共庇俗塵氛
垢已全除倚欄花韻香盈座迎面荷風水繞渠英俊甄陶欣得
所行看摟士及樵漁

普建層樓非等閒安排講學兩分班光騰上下明於鏡堂列東
西屹若山陶質猶資風鼓動點頭漫笑石堅頑人文蔚起咸爭

勝桂折蟾宮執手攀

勵志前程漫駐鞭春風與坐亦良緣先賢素切惜陰志我輩休
荒面壁年景澈閒摹詩裏畫心虛靜悟水中天諸君莫負賢侯
意冠蓋依然在目前

附設初等教員楊際春

關西家學古今知爲國儲材煩精思謹慎追蹤諸葛相經猷媲
美鄭富時恩深覃沐春風化德普誰賡夏屋詩最好紫峰名勝
地經年修造未嫌遲

龍門跳躍豈池魚翰苑清班聽衆譽造鳳良才欣展布雕蟲陋
技盡芟除樓摩天際從洋式閣列圖書實石渠從此人文徵蔚

起風聲遠被化樵漁
作人培士那遑閒求備楩材棟器班窗戶朗明光射水樓臺屹
立象如山高堅不礙風兼雨善誘何分秀與頑異日練成強國
體雲梯咫尺共躋攀
識騄當途快着鞭得豪化雨亦頁緣單寒待庇增千厦多士傾
心已二年桃李榮欣沾
聖澤人才濟美頌　堯大如　公才德誰能及政治經綸空後前

小河初等教員宋希璟

傑構參天一望知作人念切費心思教同安定官湖日治比文
翁化蜀時桑梓懷殤宜作頌梧岡鳴鳳好吟詩工程雖大今完

竣屈指朞年尚不遲
頊刻龍門化鯉魚栽培多士著名譽一堂功課新規定入股文
章舊習除德洽春臺同皞皞工成夏屋本渠渠最欣暇日憑欄
眺湖上垂綸有老漁
講座高懸豈等閒齋分左右似鴛班朱欄低映南塘水紫蓋遙
連北郭山大厦初成來燕賀群英畢聚異鶯頑危樓百尺遵泮
式天上星辰手可攀
門下甘心願執鞭得沾教澤亦前緣蛟騰鳳起從今日烏革翬
飛異昔年造就樓臺能庇士養成羽翼快冲天育才興學眞難
及棫樸芃芃在眼前

女學教員賈世馨楊逢時聯吟和

自古先知覺後知崇興學校運精思素存愛國忠君志正值新
民布化時贈別欣傳寅友句熙修樂賦子來詩膠庠此日增光
耀照我文星恨轉遲
爭民信可格豚魚擇可勞之德轉譽首創連雲新棟宇心同明
月照庭除荷香入座薰風爽松茂振基夏屋渠莫與章華臺並
視方今担土切樵漁
日勞案牘且偷閒往督群工各就班城北經營週歲月關西德
教永河山講求師範儲英俊教課生徒化魚頑不負黌堂清自
吏中興𠋫伯許追攀

漫云不及歎長鞭時雨均沾有夙緣求備楩材存遠志能擎國
柱是英年女師濫觴無地華種能強賴有天纏足戒嚴資協
力名區開化勝從前

師範教員石國柱

邑城西邱家堰學堂乃五鳳樓手我
楊師所創造奐輪之美規模之宏為襄郡七屬之冠古人謂
安得廣厦千萬間大庇天下寒士盡歡顏今則我
夫子有焉是非勤勞不憚而才德兼備曷能臻此行將落成
適張香谷明府赴省道經斯土留讌湖亭賦詩以賀
函丈公餘酬答字字珠玉柱流讀一過幾如啞人享大牢能

知其甘而不能言其妙意以爲曲之高者其和必寡不料月未及圓先後以詩獻者竟以百計亦一時盛事也杜之無僅識未解詠吟焉敢以蛙噪蟬鳴上溷霓裳之曲然蕘宣瓦奏亦師曠所樂聞况忝列門墻濫竽學界更不得不竭江淹已盡之才搜索枯腸勉爲學步倘蒙俯賜郢斤雕飾朽木俾免瑕疵則更幸矣

儲材豈僅爲酬知多少青年慰所思學建城西翻舊式星空冀北慕當時濫竽師席慚無術杜去年承派師範學堂教育教員陪宴文筵幸有詩兩載經宮成大厦歸來常見月遲遲

清廉節守比懸魚午夜捫心任毀譽學界風潮今自息從前無知無識之徒動謂學堂妄費今見輪奐俱美莫不有口皆碑軍家荊棘早全除前歲軍匪滋事全仗夫子威德以平之灕城煙柳有三月對岸風荷水一渠何處歌聲來上下碧欄杆外有樵漁

天爲儲材豈等閒功成惟願謫仙班雲亭光映門前水冰署基隣屋後山學可通才風自變情能動物石非頑重臺高矗淩銀漢七屬人文共仰峯去年大憲札獎有襄郡所屬七邑以宜城學堂爲最之語諸生受教若驅鞭興學開風夙有緣在昔種花留一縣於今蓄艾已三年瞻韓郡慰寒儒望借寇難忘雪月天去冬邑士民曾赴郡禀請留任話從此絃歌歸雅化文明突過亞歐前

局員和韻錄

學務公所兼興利局書記生員彭達尊

萬古清風播四知爲民興學倍勞思鱣堂舊譜般繩祖鳳闕新章重救時美政歌傳瀛海報慈袁頌表曲江詩我心偏藉豪吟達轉恨腸枯得句遲

漫歌彈鋏食無魚幸博賢侯鱗尾譽聲調華文勞洗汰虛浮陋習痛芟除發排左右千間厦籌引東西兩道渠最是關情堂下後聯班聲蹈樂觀漁

督工碌碌態閒閒齋舍樓房各就班近座蓮塘涵秀水遥攀紫蓋韞靈山風行楚澤材惟有雨散天花石不頑遍樹楩楠支大

廈受知卿相卧轅攀

伯樂驚逢任著鞭風塵物色舊因緣孟門慚列三千客孔命能知五十年士庶歡遊長樂國師徒喜任大羅天綜公兩載彰傳蹟美盛兼資空後前

學務公所兼興利局會計貢生張鵬翔

傾心已久布衣願附荊州愧腹自慚錦什忝逢崔灝然念生洩棄物備藥籠而無遺餐馬庸材經蒲鞭而知奮袞度之恩膏既沾昌黎之歌頌爰與取步原均率成俚句敬希斧政用啓鹿棠

大受何須計小知行旌到處繫人思容陽敷化懷陳跡鄢邑沾

恩去此時品粹堪登循吏傳政餘還賦澤民詩經營教養眠難
穩古寺鍾鳴月上遲
龍化欣觀棹尾魚振興學校聚奎璺恩培多士奇材奮利溥良
民受草除檻外山青連市肆庭前水綠滿溝渠毋當讀史談經
聊早看樵蘇晚看漁
一樓一閣境幽閒直欲儲才繼馬班文運將開新壁壘巖疆未
改舊河山栽來林密花增豔點得金成石不頑和氣春風欣入
座菱荷面面隔窗攀
雨載懸浦快著鞭近瞻山斗亦前緣勤慎如公無俗態衰頹愧
我已殘年琳瑯高建覘三舍珠玉猶新唾九天案牘餘閒尋樂

趣貢看花鳥繞亭前

司賬監生嚴光馥

大受鴻才屈小知鄢城建樹樹人思一朝法變開新學兩載心
殫少開時奮勉各存辛苦志觀成樂詠子來詩美哉輪奐看今
日造就羣英轉覺遲
情歡得水躍淵魚竭力經營擇令譽地近荷池香氣接陰濃花
縣蔓支除諸才厦廣光三楚利用源長濬二渠冠蓋重新惟建
學旨將山水付樵漁
案牘勞形偶假閒鳩工省試匠人班樓臺髣髴凌高漢桃李栽
培毓秀山報國文章求俊傑及門子弟破愚頑登瀛盡是青雲
客鳳翼龍鱗許附攀
葵傾久願執先鞭學舍追隨却有緣司筆勤勞恭此命讀書玩
愒悔當年闕已赤子游羣日翹首蒼黎戴二天頌禱聊從多士
後蕪詞敢獻錦堂前

學務公所兼三費局紳嚴德修

景仰闕西譽後知先從學務運籌思誓肩新政逢今日力挽頹
風復古時欲立胡瑗分類教須歌杜甫萬間詩筮龜卜就興隆
地兩載經營不算遲
築得龍門待化魚儲才爲政豈干譽滿城桃李般拳護遍地荊
榛着意除測度建修八濟濟權興造深犀渠渠問來勝境頻瞻

眺倚鑑欣聞一曲漁
政餘未有一身閒指點工人比鷺班亭峙三間貪看水樓開四
面怕遮山木繩從正心誠巧彩飾增新手不頑廣厦功成賢尹
力蟬聯我亦願躋攀
雲程發軔早揚鞭半遇楊侯有夙緣棫樸作人成大器菁莪造
士藹英年師壇高聳如編閣學舍清幽似木天么鳳將飛雙翼
展凌霄志切玉樓前

學務公所巡警局紳王家楷

英豪意氣重酬知渥荷栽培動我思學肇鱣堂風近古文高鳳
閣志匡時清懷夜郤金中語素手新編壽裏詩天下大材[illegible]

展在山休憾出山遲
鳳亦遊禽鯤亦魚秀資培養擅名譽但能藝樹勤滋長維彼繁
蕪自剪除儒雅高風同仰斗文明啓徑等開渠新成樓閣依官
舍坐對荷風聽唱漁
催工未暇菡牙開大匠才思擬魯班傑閣崢嶸依北斗文峰秀
矗想東山雕龍共說精心巧刻鳳何嫌手技頑快覩秋風丹桂
放層樓更上計高攀
諸生恐後快揚鞭喜結賢侯翰墨緣建造功深傳政歲文遊志
合己忘年花開桃李新逢雨境擬蓬萊別有天石泐鴻圖泥印
在長吟勝地一空前

學務公所兼保甲局紳魯秉直
清白家風懍四知栽培學校有才思幾回採掇參天質猶憶經
營相地時窮目層樓圖可書歡顏廣廈句賡詩於陽治化爭先
睹步後鄢衡也不遲
年豐已兆求維魚資費能籌亦美譽締造惟精勤愼勵文明丕
著對蠶除花栽亭外疑瑶圃畫積樓中等石渠最好荷池波宕
漾昨來賡唱一聲漁
公餘也未片時閒指點匠工法魯班地勢寬宏偏近水天然位
置半依山高材就範惟通達美質經陶不梗頑棠舍留甘誰肯
翦扶持從未讓人攀

莫慣因循快著鞭賢宰侯邑締良緣持平衡鑑無私曲畢業專
精有限年講席論文時兩化操塲奮男午晴天諸生歲月休辜
負乘此圖強競向前

育嬰局紳任庭芝
故不溫兮新豈知工憑則傚運精思天然粉本摹洋式異樣花
文法漢時亭倚荷池門外景樓齊栁陌畫中詩督修苦費經營
力兩載功成未算遲
湼開濵拔起鯨魚氣象崢嶸眾比譽高下度程勞測計方圓經
緯算乘除藏書閣擬登天祿貯器房如叩石渠贖有亭臺浮水
面諸生課暇好觀漁

新詩讀罷意舒閒漢味唐音等一班清節堪追黃魯直風流不
讓白香山學培才士嫻儒雅藝養游民化梗頑料得榮遷辭古
鄀爭看轍卧與轅攀
富可能求尙孰鞭況逢賢宰肯疏緣慈懷普愛憐寒畯竟體譜
操惜歲年心似黔江同白日耳聞赤子戴青天憶承厚誼常招
飲暢敘平生尊酒前

城外團防局紳陳振鐸
家世聲華重四知鄢城綰篆繫民思古賢接武懷清節新政勤
求谷盛時不盡輿人碑徧誦旋逢僚友錦裁詩會當廣廈功成
日願效烏趨尙未遲

村無吠犬庭懸魚父母謳歌豈過譽材揀梓桐充棟宇花開桃
李滿庭除巍牆直接峰千仞曲檻偏環水一渠點染文章香入
抱風光絕勝武陵漁
臺閣層登足未閒層牙排列鷺鵷班煙雲四壁垂碑碣錦繡千
函朗玉山徑轉樓廊精更巧欄迴石砌秀非頑蓬萊仙境伊誰
到此地蓬萊許共攀
羣材濟濟猛加鞭翰墨圖書最有緣棫樸作人逢諭吏文章報
國屬英年普通中外才因地能挽乾坤力勝天小草終當存遠
志一般生意綠窗前

習藝所司員吳君鵬

作嫁經年謬受知龍門聲價倍相思培材盛待成陰日廣廈宏
開得此時驛柳池荷欄外景星臺水閣畫中詩山陬何幸來仙
吏蓄艾于今未覺遲
不是當年困轍魚鳳凰池上有名譽風潮譏學原無定歲月催
人最易除第一文明開女塾無雙美澤濬長渠公餘實業同推
究水利留心圖繪漁（上海張殿撰奏設漁業公司攷求魚形網式擴張海權公奉文與鵬討論繪圖呈核）
經年締造未嘗閒督率工程駁匠班圖購日東新學界堂開城
北舊名山省刑仿古金淇贖說法知新石不頑自愧敷榮如小
草也隨桃李共追攀
山城且漫執歸鞭小試牛刀信有緣社闢報章消白晝堂開尚

節守青年（公擬開尚節堂養岳孀守以挽澆俗）使民除害籌三費習藝矜四窮二
天指日諸門收效果維新風接亞歐前

恭讀新建學堂落成首唱分句各擬吟詩一首

學務公所分季管理紳侯選州同李端庭

其一　擬意切儲才諒共知

臚唱宣來意若癡中書入彀匪公思鴻飛終負平生志鶚薦猶
殷報主期拔萃梗楠惟已任栽培桃李詎辛辭何當造就羣材
出發越英華冊局支

其二　擬圖成傑構費心思

樓臺平地欲圖成幾費經來幾費營底法陰陽山共水增光日

月協連楹氣吞西利鐘聲落勢壓東郊柳色傾指點宗工經畫
處堪脩纂佈早殫精

其三　擬維新要政先培士

維新端在士能培造選由來要政推化衍菁莪勤作育陰成桃
李費徘徊官人不少熏陶力濟世翻多旦奭才
帝代黎民於變美何非彌教此風開

其四　擬望治殷期再濟時

大局頻危數十年扶持心事倍殷然桐江莫繫嚴光釣震澤難
安范蠡船身比鴻毛思報國志清蟻垤欲支天魯戈如挽將頹
日贏得功名宇內傳

其五　擬學校光昭書續志

聖世作人學校興英才濟濟　湛恩承樓高造月來凰鳳壓脫因風出隼鷹鉅制師承三代共同文記誦五車登國書最報先文治會看宮牆指日升

其六　擬靈臺經始句賡詩

臺兮靈矣雅詩賡拭目欣觀不日成風諭頻申勿始亟星言來子共先爭天工巧作人工代賦事深含此車情勸馬豐京尋故跡狐疑使我到今生

其七　擬卜基城北工程鉅

學堂經始卜鴻基底事陰陽早相其位狀安排方列坎文明拱護向朝離左樓右閣營謀豫短桷長楹布置宜報道落成公受賀應教奕奕頌奚斯

其八　擬籌備週年末覺進

肯將歲月枉蹉跎爲國儲才奈若何無夏無冬勞力久宜規宜矩費心多鳩工豈必員難理駒隙原來本易過時不與公我獨與與公惟有華封歌

歌曰華封歌華封歌請公聽我祝三多公之德兮若天地無以爲報兮可若何聊學華封致祝兮祝公福兮阿彌陀祝公壽兮亘山河祝公子孫蕃衍兮菁菁者莪公兮公兮碩人之邁使我長言之不足兮永矢弗過

高等學生和韻錄

高等學生劉福儀敬呈

歲在乙巳時值新春我　公蒞任茲土撫治斯民興學以爲急務培才先樹風聲覩紫峰故院毓秀無多卜邱壖勝塡宏圖是展大興土木就城北以鳩工高建宮牆紹關西之鴻業披荆除棘去穢剔壁功烈振宏規模遠大督工不辭勞瘁誨匠必以準繩鏤柱刻楹如竹苞松茂春風化雨俾李郁桃穠檻外水流花放現象寓有天機亭邊魚躍鳶飛妙境皆關神化山色輝生紫蓋水光映自銀塘此中大有人爲開鄢邑二百年之基礎鉅工其告竣矣破蠻水千餘里之天荒但期國器尉成楚材無使晋用從此學堂普及歐風流遍襄江智育體育德育化而成之預備匡時幹畧文學史學圖學盡乎美矣儲成經世文章今者輪奐落成共頌琅環福地文明起點歸功　召伯甘棠生不揣陋庸勉步　元均伏祈斧政指點拂絃俾與方家附登使錄

亷介存心懷四知關西世澤繫人思篆留鶴邑追前度車下鄢城幸此時幃幄早籌經世志閭閻悉唱勸民詩文明提倡開新學大啓樓臺今未遲

池荷水淺玩游魚樂意相關忘毀譽美富宮牆雲霧靄輝煌棟

宇棟剷除珠簾捲雨凝瑤室畫閣藏書擬石渠學界重添新氣
象䟴塘綠漲樂溪漁
戴月披星未暇閒栽成碧玉筍班班千間大廈羅英傑百尺危
樓壯斗山教普邑中賢子弟恩施法外化兒頑名花美卉乘時
發何待秋來桂共攀
努力從今着祖鞭諸君莫負此生緣澤流漢水通千里化被春
風又一年夏屋渠渠游舜日人才濟濟樂堯天滿園桃李蒙培
植會看英華照檻前

高等學生李毓恩敬呈

循良治績上峰知布化從容每再思政在養民先養士教原因
地亦因時四郊悉譜甘棠詠兩載咸歌泮水詩廣厦千間宏建
造經營朞月豈爲遲
造士非同緣木魚單寒大庇人稱譽樓臺高大規模遠學校光
明腐敗除月色入窗雲隱樹荷香滿座水盈渠天然雅致難圖
繪最好池邊看綱漁
堂高百仞非等閒林立樓臺列序班涵映光輝淩漢水巍峩氣
象壓荊花山經培植生靈異石受雕磨化礫頑百尺梯雲懸路
近滿蟾宮桂喜先攀
荏苒光陰快著鞭同沾教澤有前緣文章著述傳千載葑菲栽
培已二年騏驥材呈欣得路鯤鵬羽健奮摩天文明氣象誠非

遠萬里青雲在眼前

高等學生余傳銘敬呈

績著循良世共知黔江遺愛令人思宏敷德澤涵黎庶廣匠人
才輔盛時化日感恩民作頌御雲兆端士賡詩亟行善政何嘗
晚望治雲霓轉恨遲
喜值年豐兆衆魚歌傳四野豈要譽刑輕官舍仁風普聲靜堂
衙陋制除衣被蒼生添枝藝源頭活水濬溝渠使民佚道同誰
怨山不禁樵澤任漁
堂開城北境幽閒萬戶千門各就班美麗風華連北斗光明燦
爛亘南山培成國器綏時事造就羣英化梗頑莫羨文翁稱盛
績神明治化可追攀
欣得名師與執鞭躬逢勝會亦良緣銘心知遇惟今日焦尾琴
音感昔年喜坐春風沾化雨方知矩地合規天樹人豈必百年
遠桃李新陰在目前

高等學生熊兆黃敬呈

荆楚多材大地知高山流水動遐思風流謝絕悲前事俊[illegible]重
興在此時令尹已賡芃棫句儒林齊誦泮宮詩精心傑構新圖
式廣集羣英未覺遲
祥集鱣堂化魯魚三公預兆豈虛譽高堂廣厦宏修建陋習浮
華盡掃除桃李喜新籠院落樓臺倒影映荷渠最欣暇日憑欄

候一片斜陽聽唱漁
監修勤苦度仍開不日工程已就班羣議無知難語海愚公有
志竟移山化行召伯原多術謠詠殷民也太頑試問襄江千百
里宏規如此有誰攀
勵志青春快着鞭門牆與列亦前緣辱臨南國剛三載化被東
風已二年小草滋榮欣得地鴻材栽植望參天蒸蒸士氣日看
上蔚起人文空後前

高等學生兢士燕敬呈

學紹關西懔四知篆留鄢邑動謳思變通科學更前法作育人
材正此時青史光昭循吏傳緇衣朗詠好賢詩大興土木規模

閭命負功成渴洋遲
倚欄閒看戲遊魚樂境忘懷毀與譽百尺危樓森棟宇半竿斜
日映應除欄前遠景山千點門外清光水一渠此郎瑯環眞福
地何須避世羨樵漁
庸流休道宦情閒終日乾乾事就班木樹十年支大廈功成九
仞譬爲山花經種植臨春發石被摩挲化硬頑寄語諸君齊努
力龍門百尺早同攀
春風快馬勉加鞭得入門牆亦夙緣學舍經營成不日琴堂治
化又經年文如滄海難爲水境似桃園別有天濟濟一堂欣頌
禱願公蘭桂發階前

高等學生賈世瑛敬呈

育才養士望誰知大廈經營苦用思基趾先占形勝地亭臺堪
賞娛遊時規模剏始新呈式結構圖成快賦詩日夕憑欄凝眺
久月移花影上遲遲
非關濠上樂觀魚雅意培才副眾譽廣建樓臺連棟廡新栽桃
李滿階除危梯應許登雲路傑閣何殊步石渠合觀艱難思締
造清閒勿但話樵漁
情殷學校肯偷閒科類分門按部班藻鑒空明懸似鏡高文典
麗重如山師資廣造成人德小學蒙開稚子頑造士芳型真未
遠菁莪盛事喜追攀

幽齋猛省快乘鞭造誼嬋心祛俗緣學貫天人微素志功垂竹
帛望青年藥籠謬與眞材選教澤欣逢時雨天點石爲金欣[illegible]
教盡看桃李在門前

高等學生胡文濚敬呈

松筠介節歲寒知廬始圖成費苦思陶器欣觀成器日栽花猶
賴養花時泮宮載詠賢候頌廣廈重賡工部詩期月經營何迅
速只緣意怕育才遲
食火神仙蠹字魚經傳三鱓有聲譽多栽桃李新陰護高建樓
臺陋習除同坐春風吹拂拂安居夏屋詠渠渠湖邊美景遙相
聯課畢閒聽唱晚漁

時臨講舍那偷閒作育人材列馬班學問淵涵深似海文章峭厲削成山鍊才合用金爲礪說法應知石不頑造詣精純規範在同人努力快躋攀

下車鄂邑馬停鞭兩載門墻結夙緣惠澤旁流懷子庶英才造就選丁年移山有志成平地練石存心欲補天最是關情閒咏處花香月映綺窗前

高等學生楊際芳敬呈

清白家聲著四知儲才報國頗勞思富强政策惟新學宏敞規模異昔時共詠斯干築室句羣賡棫樸作人詩千間廣厦欣成構大庇單寒未覺遲

鑿池預養化龍魚教澤涵濡起衆譽士被陶鎔開智慧陰留桃李滿庭除臨窗惟有書盈案拂檻閒看水漾渠漫謂此間無妙趣斜陽返照好觀漁

工程浩大豈閒閒甫到週年已就班守定新章承北闕堅存舊學紹東山精心傑構從洋式善教多方化質頑築就高樓憑眺望蟾宮咫尺快登攀

勉勵前程快著鞭春風得坐亦良緣登龍附驥剛三載借箸紆籌已二年齋舍常留窗外景師儒宛在畫中天鄂城自此開明智生佛家家祝座前

高等學生夏炎昶敬呈

尙武精神締造知經年術買費籌思茲逢創建觀成日正足文明抱點時口誦豐碑羊祜德顏歡廣厦杜陵詩鄂城學務開通早從此圖強尙不遲

鱣啣堂內兆爲魚異日三公頁廣譽大地思膏欣盡被遠貢風雨許攸除參差畫閣同瓊室層疊書樓等石渠境好湖邊供眺賞人來把釣一竿漁

盡日勤勞不肯閒栽來桃李正同班逸才恍似雲中鶴傑構翻疑海上山地胍有靈成俊秀民心向化不愚頑登高眺望新搖首且喜蟾宮桂可攀

不讓人先著祖鞭都蒙教澤亦前緣思吳治共超千載留宦情殷借一年楚北深思懷赤子關西遺訓懍青天曾通知識舊陶廣道岸同登競向前

宜城建學題詠錄

楊邑侯新建學堂歌步屈平九歌原韻二首　廖鳴凰

原湘君

公不爲兮夷猶篤言別兮瀛洲隨花縣兮班修泛自如兮虛舟令鶴峰兮無波使鴻恩兮旁流望鄂垣兮歸來解印綬兮誰思乘肩輿兮北征妥此邦兮不庭雨雪霏兮載塗云歲暮兮駐旌善調停兮龔遂治亂繩兮生靈生靈兮歸極漏春光兮知公消息留㮇篆兮都鄢隱憂公兮反側盜虛聲兮處士宏遠謨兮恥雪蟬經營兮城中起垣墉兮春末心不同兮靡勞志不奮兮輕絕鴆工兮濟濟飛閣兮翩翩得廣廈兮庇寒週一年兮知公以不閒朝驂鶩兮城垣夕盤桓兮堰渚鳥飛兮屋上水繞兮閣下捐公貲兮囊中采英幹兮湘浦舉鄂中兮葑菲將以遺兮下女樂教育兮英才供歲月兮容與

原東皇太一

報最兮賢良室將成兮齋皇指鱗差兮魚瓦羌粉牆兮琳琅芭茂兮百堵自余情兮信芳頌奚斯兮是若發張老兮酒漿於樂兮鐘鼓來譽髦兮升歌引學堂兮浩倡嘉宗工兮締構既底法兮皆堂美輪奐善頌公福祿兮爾康

楊邑侯新建學堂歌　城紳魏體仁

仙吏謫降鳳凰池忠信之長慈惠師本是玉堂清貴器百里羈才屈有司來爲蒼生降霖雨仁風一扇樂無私昔爲鶴牧今鄢宰作育人才心不移但使策謀能濟世縱嗟勞瘁亦不辭憶昔北鄙初弄兵侔繳偕來定太平留權善後欣榮任閭閻安堵治興情願念時局懷杞憂惟有培才第一籌培才必先建學舍紡東瀛與西歐從教平地起高樓更有堂室房所次第修仰面望之畫棟浮俯而觀之池魚遊諸生對此適意不使君遺愛將何酬今日成功慰衆心公之嘉惠徧士林邑之人士肅秉[illegible]歌舞學詠吟黔江漢澤齊稱頌都邑福星喜照臨心思鋼[illegible]智難開緣人不至誰培栽一登斯樓文思湧決若江河沛然來可憐心血灑樓頭百年千載長不朽匡時政美如君侯文章勳名照北斗

宜城縣合建官立師範學堂高等小學堂學務公所記

甲辰之冬，宜城軍戶抗税滋事。勲奉
憲檄隨同查辦。事平，遂接邑篆。前任沈君内治守備，外理兵差，役役無虚日，民事不暇顧問。勲到任，諸務環伺，日昃不遑。雖興學爲當今急務，謀及地方見聞識淺之流，則謂民生凋敝，經費難籌，以前稍有積貲，又爲軍務挪用，措置維艱，在畏難者，似可借此推而緩之矣。不知人才爲立國自强之本，科舉既停，舍學堂無以爲造就之資。斯邑人雖翹秀，而毗隣各壤，風尚悍强，人少讀書。即如此次之釁，亦由鄉愚識字者鮮，煌煌示諭，茫不知解，甘受軍頭鼓惑，幾釀巨禍。使本境多明理文人，隨時開導而詳剖之，或不至此。則

欲變桀鶩爲純良，化頑梗以詩書，舍興學其奚以哉。況予權綰印綬，年時所迫，不得不擇要力振，以副
上台期望。於是謀諸紳耆，城鄉各市，分設初等小學。本城建師範暨高等小學，第學校之立，締造爲先。紫峰書院雖已改爲學堂，惜規模狹隘，屋宇無多，難容多士。又左右爲城垣、黌宫所逼，未能擴充。宜邑當南北要衝，冠蓋往來，屬目者衆，倘不講求構造，其何以壯此觀瞻。正擬覓基另建，沈前宰升伯爲予述曰：本城西北隅有邱家堰地一方，固昔所相及欲購之建堂而未果者也。因偕步行往觀，則見前臨大湖，後連張姓菜圃，左傍驛路，右倚紫蓋山隈，是湖環繞城西之半，水中滿栽蓮藕，隄畔多植垂楊，每當夏秋伏暑之交，則荷花徧開，薰風送爽。對此一鑑晶瑩，消去萬斛塵垢。與沈君占聯曰：十畝風荷香外味，半城烟柳畫中詩，蓋實景也。以弓丈之，有地十畝，頗足全堂位置。由予先捐廉向各業户價購之，合建師範暨高等小學，循湖之西北頭勘石築垠，建學務公所，另爲一院。結構布局，規仿洋式，核而計之，工鉅費繁。一面募捐紳富，並提謝前任所籌紫峰存款，及
宫保憲飭改之新案，隨糧捐，但修造一端，佈置爲要。今之學堂，非昔之書院可比。其一切堂室、樓房、廳廊、場院，高下寬深，聯絡貫穿，光線、色飾諸法，必皆合近時程度，則訓教管理、衛生居處，方克臻妥善，而免乖謬雜亂之嫌。因電致予前在兩湖監造工頭王姓，遴

一上匠來宜，逐日討論，運以匠心，數易其稿，始成今圖。雖不敢稱完備，然求之一邑，亦不易矣。於是專人赴漢購料，鳩合羣工，大興土木。楊君星垣，襄郡每有要工，皆其監作，並開崇盛明木廠於東市，其所蓄料最多，以求速故，商之分認工程，圖捌經年，棟宇皆立，焕然一新。至今城鄉男婦老幼來游觀者，皆欣欣然動色，目咖覘走相告曰：此吾儕向日所未睹也。當歸勉其子弟，以讀書爲能入此堂，居此室，奮此學，以求上進焉爲貴，而守舊之習漸化，維新之風大開。從此儲才有所，培士必多。一以爲訓蒙養正之師資，一以作普通專門之基礎，蔚成材器，以輔治
昇平，豈特爲閭里之光榮抑實

國家所重望矣且公所既立得以日集諸紳衿以講論事治綜權社塾會計緡籌俾官紳氣誼相聯不致有隔閡之慮尤近務之大且亟者然回憶起造以來時與諸工人環集口授而指畫之舉凡一名式一書繪一估籌一督催莫不親諸躬而縈諸慮竭畢歲之經營始得此燦然大備之一境蓋亦幾勞擘畫爾然睹恢宏之氣象則又樂其成而忘其瘁焉願後之來者盡其務而益振之尤予之所厚望也夫

荆楚文库

〔民國〕黄陂縣鄉土志

佚名 修纂

《荆楚文庫·方志編》編纂組

組　　長：劉偉成　陽海清（執行）

副 組 長：劉傑民（執行）　王濤　謝春枝　郝敏　嚴繼東

參編人員（以姓氏筆畫爲序）：

王　濤　李云超　宋澤宇　范志毅　郝　敏　柳　巍　馬盛南

陳建勛　夏漢群　梅　琳　陽海清　彭余焕　彭筱澂　楊　萍

楊愛華　劉水清　劉偉成　劉傑民　謝春枝　戴　波　嚴繼東

編　　審：周　榮

顧　　問：沈乃文　李國慶　吴　格

前言

《〔民國〕黄陂縣鄉土志》四章，佚名修纂，民國抄本。

是志以十欄紅框稿紙抄謄，稿紙版心中間印『第　頁』以供填寫頁碼，下端印『松華樓』字樣，均爲紅字。全稿行書寫就，有句讀，稍有塗改，簡單裝訂，篇幅較小，有書頁編號，止二十六頁。無修纂人信息，無修志始末記載。從記事内容看，有『今則屬江漢道』『陂邑位於武昌省城之東北隅』等字樣，可判斷其修纂時間在民國。

陂邑春秋時屬黄國，得名於北齊，稱黄陂縣，隸屬黄州。該縣明清兩季四修縣志，清末學部頒布《鄉土志例目》，興鄉土志修撰。民國政府較晚清政府更重視鄉土教育，并制度化、規範化。鄉土志書編纂與鄉土教育向全社會普及，鄉土教育對象由童蒙走向成人，鄉土志由學堂走向社會。是志應時修撰，未見刊行。

志分四章，依次爲始論篇、天然篇、人爲篇、旅行篇，又各有下分類目不等。始論篇考沿革及名稱、位置及境域；天然篇紀山脈、水道、氣候、物産；人爲篇叙街衢、市廛、工業、商業、教育、公共建築、古蹟、風俗。旅行篇祇有交通，簡略記載其時全邑之鐵路、水路、郵路情形。旅行篇後置《東京府農工銀行調查録》《珠算》，爲占篇幅最大者。《東京府農工銀行調查録》闡日本東京府農工銀行運營機制，夾議『吾國組織農工銀行者，亦宜循序漸進』，『故我國農工銀行條例，殊有改善之必要，觀於日本……』，叙議結合，意在借鑒。《珠算》係簡易教程，分九課時，以文字及簡圖演繹珠算原理、口訣及各種運算。從其所用計數方式看，阿拉伯數字已經普及，與漢字數字并用。銀行業和珠算在陂邑鄉土志有載，蓋由此邑近商業繁華之『夏口』及省垣武昌交通便利、商業發達之故。

是志《中國地方志聯合目録》收録，言其爲民國初年抄本，《武漢通覽》《武漢通史·民國卷》等亦有載。

兹據四川省圖書館藏民國抄本影印。（楊愛華）

目録

黄陂縣鄉土志

第一章 始論篇

一、沿革及名稱

黄陂古荊地，在春秋時為黄國，在秦屬南郡，漢改稱西陵，魏稱石陽，隸江夏郡，北齊改置黄陂縣，隸南司州，陂之得名自此始，隋改隸黄州，唐隸沔州，宋元沿唐舊，明仍改隸黄州，清雍正七年改隸漢陽府，今則屬江漢道。

二、位置及境域

陂邑位於武昌省城之東北隅，南濱大江，北枕名山，京漢鐵道經其南境，貫其中，水陸交通均便利。西界孝感，東界黄岡，南界武昌，北界河南羅山，西南與夏口毗連，東北與黄安接壤。

第二章　天然篇

一、山脈

本邑山脈來自大別北嶺之餘支也其主幹分二一大悟山脈來自陂北之黃柏山南迤三十里爲兩尖山復南迤爲礦山爲趧鴉山爲分縣山至黃花淤折而東行經於硯首山其支脈自北幹而東南迤者爲金鼓山栢葉山木蘭山鹿耳山自南幹而西迤者爲小悟山伏馬山一爲磨盤山脈出來自黃安南迤十餘里爲鴻累山又南爲鳳凰山爲虎豹山此其支脈也其分支西行者爲响山爲天井山爲馬跡山爲甘露山

二、水道

大江橫過本邑境南灄水直貫中央發源於河南羅山南流至大勝

潭折而西南至韓家坂沙河自黃陂站來會祢撈鸡河至白石坂泊沫港自羅漢寺來会折而東南至張家冲木蘭川自殷家店來会復折而西南經縣城東祢縣河南至塔灘馬家河自武湖來会祢灄至黃花淤後湖注焉至灄口会漢水入江河長二百餘里水盛時帆船可達河口集灄口縣城之間四季皆通航焉湖澤以武湖為最大牛湖次之什湖鴨兒湖留矢湖後湖又次之

三、氣候

本邑居北緯三十一二度及西經二度之間雖不近湖洋而非完全大陸乃尋常溫帶性也氣候溫和夏無酷熱冬罕嚴寒至熱不过攝氏表九十度極寒亦在三十度左右春夏之交雨水頗多常起東南

風水旱之災甚少、秋冬多東北風、每年冬季、至多雨雪二三次、

四、物產

本邑物產以稻麥穎葛木棉為大宗、豆麻黍稷次之、果品蔬菜產額亦鉅、藥材則蒼朮桔梗茯苓、山查丹參、塔河灘之半夏尤稱特產、動物多雞鴨等家禽、牛羊次之、北方大山亦產虎豹豺、唱湖及灄水產魚甚夥、而武湖之銀魚尤著名、礦產金鼓山之煤、伏馬山及水口之寶石、大嘴之金沙、久已馳名鄉里、

第三章 人為篇

一、街衢

本邑街衢凡十五、曰正街、曰河街、曰後街、曰竹子街、曰西街、曰北城街

曰東城街、曰城隍街、曰新街、曰玉帶街、曰戴家巷、曰裴家巷、曰江家巷、曰吳家巷、曰龐家巷，街道甚狹，污物壅塞，途居碍衛生砌屬街闬閎而最不整齊，行旅惟艱。

二、市廛

城內市廛，尚稱繁盛，正街居城之中心，百貨雲集，銀行、錢莊、典鋪、布店均設於此，什子街、河街貿易雖不逮於正街，而米市亦甚發達。

三、工業

本邑工業亦甚發達，尋常日用之具，多由自製，賴葛、棉布等紡織品爲最著，他如陶器、銅器、鐵器、木器、竹器、衣物，亦多能自製，然皆拘守舊法，不事改良，毫無進步。

第3頁

四、商業

吾邑商區以四夥，曰縣城區，全邑商業中心點也；曰長堰，曰大指，居曰許家橋，曰新集，四東鄉商區也；曰河口，曰姚家集，曰長軒嶺，曰研子崗，四北鄉商區也；曰灄口，曰黃花澇，曰五通口，南鄉商區也；曰羅漢寺，曰張家店，曰方家集，西鄉商區也。輸出品以稻、麥、獺、葛、木棉、銀魚、菜蔬為大宗；輸入品以煤油、洋紗、煤炭、竹木、湖磚、食鹽為多。

五、教育

本邑教育甚興，私塾不計外，公私立小學不下百餘所，另高等小學三，曰望魯，曰道明，曰中和，各本校學生約百餘名。城區有乙種商業學校一，學生數十名；有木蘭山學校一，學生百餘名，私立也。

及職業學校二，學生各數十名，近來辦理得人，熱心整頓，有蒸蒸日上之勢。

六、公共建築

吾邑公共建築物分新舊兩種，舊建築以孔廟為最輝煌，關廟次之，佛寺最多，以木蘭寺、甘露寺、白龍寺、磨盤寺、翠微庵、白雲觀此其英者，若資生堂、同新堂，舊建之善堂也。望魯學校、道明學校、木蘭女學校、私立道生學校、全縣學校園及縣公署（原為全縣高等小學校）皆新建之教育塲也。

七、古蹟

望魯台在灄水前川之陰，二程夫子築以望魯者。台南聰明池，池內涵虛亭，其消夏所也。台北雙鳳亭，程母侯夫人夢兩鳳投懷而生二程

第4頁

宋沈靜建以爲紀念者，木蘭墓、唐木蘭女將軍墓也，在縣北木蘭山側，山顛建一廟。每年八月，祀者絡繹於道，雖遠如川、廣、雲、貴人亦來憚也。他於西城子爲黃祖屯兵之塞，雙泉寺爲楊漣讀書之處，諸如此類，不遑枚舉。

八、風俗

陂邑風俗，古稱淳厚，今則日趨浮靡，誠以一日千里之勢，城市居民最奢侈圓滑，近城次之，遠鄉更次之。然鄉人風俗雖遠不如古，尚勤儉可風，且富冒險性，故二十二行省中，罕無我陂人足跡者，故土地雖瘠，而游民尚鮮。

第四章 旅行篇

一、交通

横店在城南二十里，京漢鉄車站之一，由此半時可達夏口，二日可達北京，往来車輛一日數次。漲水当春夏水盛時，大帆船可由縣城北達河口集南通漢口，涸時小帆船亦可暢行。對湖在縣境之南，北接灄水，南通大江，春夏水盛時，小汽船可抵不指店，平時帆船亦可暢行。水陸交通均称便利。電报已分接至邑城，郵政則各大集鎮均有支局焉。

東京府農工銀行調查録

日本之銀行制度係採分業主義，故不動産金融機関中央有勧業銀行，地方有農工銀行。查日本農工銀行，現已設有四十餘所，其成績優良者，不過七八所，不及普通銀行之迅速，論者均謂立法未善。現已提出議會修正。惟日本近四年來，盛倡銀行集中組織，與德國式兼營主義。對於農工銀行與勸業銀行，主張合併。旋因大多數反對，未能見諸實行。但彼邦有鑒於農工銀行成績之不良，識者均謂不動產金融機關改善之必要，將勸農合併問題頗有重大關係也。

我邦於民國四年十月，財政部呈定農工銀行條例，凡四十六條。旋財政部以京兆地方定為模範區域，農工銀行首先成立。查日本以東京府農工銀行為最發達，殆亦所謂首善地方模範區域也。今就調查所及，將東京府農工銀行沿革情形、營業狀況綜其大要，述之如左：

日本在明治十五年，松方正義任大藏卿時，鑒於不動產之金融機關之必要。計每十餘年。逮至明治二十九年。始制定勸業銀行法及農工銀行法。公布。以改良發達農工業。出借資本為宗旨。勸業銀行為農工銀行業金融之中央机関。農工銀行為農工業之地方机関。其業務範圍雖各有廣狹。而二者関係則極密切。同負有發達農工業之責任也

東京府農工銀行設立於明治三十年。其初資本總額定為三十五萬元。當招收股份時。東京府知事及地方公共團体均竭力以輔助之。東京府并認購四千股。以資提倡。且十五年以內所得股利。提充公積金。以鞏固該銀行之基礎。故認購股份者。竟達於定額四倍以上。該銀行為便利中產以下農工業之認購股份。每股款額定為二十元。以期普及。最初股東資格。且以東京府原籍及現在居所者為限。其以後擴張股本。始取消此項限制。至

第6頁

農工銀行之設所以謀該地農工業之發達而增進該地農工業者之幸福，故地方之行政長官及公共團体均應視為當今之職分，不得以尋常商業目之。對於農工銀行之組織，未可謂為與地方無重要之關係也。在該行開業之際，定款資本金四分之一，計八萬五千元，其後業務日臻繁盛，遂陸續增加資本金。大正七年結帳資本金總額現為四百萬元，定款三百五十萬元，創業迄今僅二十一年耳。余觀於日本成績最佳之農工銀行，最初之定款資本金大概不逾十萬元，現今均在二百萬元以上，此皆積日累月漸以盛昌。吾國組織農工銀行者，亦宜循序漸進也。該行資金出借之目的，重在普及於小農工業，因劝業銀行設於東京，中產以上之農工業不患無資金融通之途，故該行力求與中產以下之小農工業業相接

近也前并為東京府金庫市金庫及郡市村町管理地方上出納事項其重要營業録之於左

1、在三十年以内照分期攤還之方法以不動產為抵押為放款

2、在五年以内照定期歸还之方法以不動產之抵押為放款

3、對於市町村以法律組織之公共團体為無抵押之放款

外有二十人以上之農工業者負連帶責任以借資金時亦認為信用確定得於五年以内照定期歸还之方法為無抵押之放款

4、經理定期存款并代人保管生金銀及有價證券

放款業務　該行放款可別為有押抵与無抵押及定期歸还与分期攤还

分期攤还存放款即在三十年以内以田地山林房屋建築与工場財團等

第7頁

不動產為抵押品，於契約期限之中，以一定平等之金額，每年分二次歸還，期限終了時，本利一併清結。其分期攤還之成數與金額，因利率大小及期限長短而異。定期歸還放款，即以上述之不動產與漁業權為抵押品，在五年以內為到期歸還原本，每年付利息二次，此與普通銀行放款相同。該行規定此項定期放款，每件得在百元以上、三十萬元以下，但借主於中途歸還全數或半數者，均可。彼邦農工銀行條例規定之期歸還放款，不得逾於攤分期攤還放款五分之一以上，現因此項限制太嚴，識者均謂為妨礙其業務，現已將定期放款之限制改正，并將分期攤還放款三十年期限，延長為五十年者，本年已提出議會付審查矣。無抵押放款，係對於郡市町村及其他以法律組織之公共團體、耕地整理組合、產業組合、森林組合、商產組合、漁業組合等，得不徵收抵押品，為三十年內之分期攤還，或五年以內之定期歸還的漁抵押放款。又對於二十人以上之農工業者負連帶責任而請求融通，認為作用確寔時，得不徵收抵押而為定期歸還放款。該行對於抵押放款，先將抵押權登記完了後，再行訂約。公共團体，并須以公文為據。該行對於抵押品，先派鑑定員，寔地鑑定抵押品之評價，以收益為主，而參酌借主之資產、作用，以决定放款金額。其房屋與建築物，須由該行認可之保險公司保火險者，方為合格。抵押品鑑定費照放款金額收百分之五，其未滿三百元之放款免收。對於抵押放款，先調查其事業之確否、當事人作用之若何，以為放款之標準。該行放款利率，逐漸低下，最近均在六分五釐以上、八分以下。對於局関公益公共團体之放款，尤較低減。該行自開業以來，對一般小農工業、努力以求放資之普及其有舊負高利率之債款者、該行以低利率借與資金使其借換以清債務関於東京府内農民遇有風雨災害時該行特供給其低利率之資金使之恢復其事業蓋農工銀行之惟一職務在助長農工事業之發達不能專在營利上着想也

代理放款　彼邦農工銀行條例之規定農工銀行為勸業銀行之代理店該行故與日本勸業銀行日締結代理放款契約関於抵押品之鑑定事業信用之調查皆由該行直接辦理俟與借主協定後再由勸業銀行認可施皆行因營業發達欲免周折煩瑣故與勸業銀行協商凡代理放款每件金額不逾二千元者、得由該行決行之不必由其認可因此手續上便利不少

查該行歷年貸借對照表、在前十年間營業均甚寥寥之第一期結帳放款

出僅二萬八千五百五十元又據大正七年下半期結帳該期所有放款現在總額共有一千二百九十四萬九千七百七十六元內計分期攤還放款一千零六十二萬一千零七十三元特別小額分期攤還放款二十四萬六千八百七十二元定期歸還放款二百零四十萬一千八百三十元此外代理放款現在總額共有四百五十七萬零二百二十六元今借（昔相）較其放款業務之增進可謂速矣據大正七年下半期結帳該行收入之放款利息共有四十四萬一千三百六十三元佔總金額十分之六代理放款之手續費共收入二萬三千二百七十九元鑑定費共收入一萬七千二百八十元該行銀借主定期歸還与分期攤還均以工業者放款為多特別小額分期攤還放款農業者較佔多數各項放款合計其為於農業者共有二百五十九萬餘元為於工業者共有五百零八萬餘

第9頁

元、屬於雜項者、共計五百零五萬餘元、屬於公共團体及各種組織合者共計一百餘萬元之譜、至抵押品，就鑑定價格論之，以地宅田畑佔大多數、

農工債券　普通銀行其資金來源係短期的，故其放款亦以短期為主，農工銀行以長期放款為目的，故其資金之來源非求諸長期的不可，農工債券之發行即籌集長期資金之惟一源泉也，該行遵照彼邦農工銀行法，得發行債券，但債券發行總額不得逾放款總額，并不得超过已繳資本之五倍，彼邦農工銀行之債券無彩金之特典，現在正擬改與劝業銀行一律均得加給彩金，該行債券利率最高七分五厘，最低五分五厘，通常均在六分至七分之利率，近年彼邦農工債券之流通甚廣，劝用大著，各官所保證金及一均担保用品，或在各銀行為借款貽現之抵押品，與彼邦劝業債票同為

確实穩善之債券該行自開業以来在前十年間因業務尚未十分發達需要金錢亦属有限故未敢貿然發行債票遅至明治四十三年始發行第一回債券当時各地農工銀行其發行債券多無良好成積獨績該行第一回債券幸均悉數售出最初數回債券發行價格多為九八近来信用昭著均照額面实收彼邦於明治四十五年遞信省令各地郵便局代為募經理債券之募集還本付息等事此舉於各銀行發行債券時便利不少故農工債券之發行故在銀行本身之信用要在募集机関便利方足以助輔行之也

查該行歷年貸借對照表第二十八期結帳其第一回發行債票計為五十萬元至大正七年第四十二期結帳發行債券總額九百零五萬九千八

第10頁

百五十元現農工銀行法正在修正為擴張發行額為已徵資本十倍之說

以上所說述之放款業務及發行係券兩項乃農工銀行主要業務該行另營與普通銀行相同之業務如左

一、存款 該行兼營定期存款往來存款及特別往來存款（儲蓄性質初次存入金額限五元以上）但農工銀行規之除定期存款外其放他存款總額不得超過已徵資本金四額查第四十二期結帳定期存款為一百四十三萬餘元往來存款為一萬五千餘元特別往來存款為八十一萬餘元合計存款總額共為二百二十六萬七千六百八十七元

二、貼現 該行經大藏大臣認可得以為便證券為担保并對公共團体之組合等得無担保而為貼現此項業務漸為增加之趨勢大致觀客以

劝業債票及農工債票請求貼現者居多，查第四十二期結帳，當期貼現總額共計八十六萬六千餘元，收入貼現費一萬餘元。

三、保管　該行辦理密封及開封之保管事業，代人保管生金銀及有價證券，現在保管品以證券為多。

四、代理事務　該行為日本劝業銀行之代理店，辦理左列事項：

（1）劝業債券之募集與售出

（2）劝業債券及儲蓄債券之付利息

（3）代理放款并保證債務

（4）以農工債券為担保代理貼現

該行自開業以來，每屆股利均為年利一分，對於公積金極為重視，查大正七年第

四十二期結帳其公積金如左

損失填補公積金　一、三三七、七〇〇元

股利平均公積金　二〇八、一〇〇

特別公積金　四四〇、〇〇〇

前項公積金共為一百八十八萬五千八百元約當實收資本金十分之五強該行內部組織計設取締役五人中推頭一人監查役三人課長五人秘書役與鑑定役各一人書記共二十三人該行因農工銀行利益微薄營業用費格外節省

按日本農工銀行當局均以農工銀行法限制過於嚴密無從發展其業務近已提出議會修正其修正要點不外乎左列四端

一債券得加彩金并改正定期放款之限制

二債券發行額之制限擴張為十倍

三、分期攤還放款期限延長為五十年

按吾國農工銀行條例大概日本而為日本近日所提出修改者則恰背道而馳今述之如右

一債票發行總額之限制我國規定不得過已繳資本之二倍日本現由五倍擴充為十倍我國則仿照日本規定而縮減為二倍

二分期攤還放款之年限我國規定為五年以內日本現由三十年延長為五十年

三定期歸還放款日本為五年以內我國則為三年以內

第12頁

公益

吾國農工銀行因條例上束縛太嚴，業務無從發展，故我國農工銀行條例殊有改善之必要。觀於日本一般農工銀行頗呈蕭索之現象，一則由於募票不易，資金之來源困難；劝業債券之流通日見增加者，由彩金關係，此農工債券有主張加彩金之說。二則日本之銀行太多，實際上之營業競爭頗為隐烈，小銀行為招攬交易起見，對小農工業之融通且有不以抵押品者，農工銀行之業務頗受其影響，至成績優良如東京、大阪、兵庫、岡山、愛知等處，其進步甚為緩慢，於開業後之最初十年中營業大半虧實了之故。論吾國之組織農工銀行者，須知此非純粹營利的事業，係為地方上農工業者求幸福的機關，而農工銀行之進行，必須持之以毅力，按部就班，決非七八間年所可收効。惟我國農工銀行放款業務所

最不易處理者則為記帳之法未行放款為何保障且募集債券殊為困難故農工銀行之設立雖為急務而業務上改費經營其組織之法亦至困難

珠算

第一課　布算布法

珠盤居九位、十一位、十三位之別、每位皆七珠、中隔橫梁、梁上二珠、梁下五珠、而梁上一珠可當梁下五珠、每相並兩檔、左檔一珠恒比右檔之一珠大十倍、任取某檔均可定單位、惟既定某檔為單位、則左一檔即為十倍、左二檔即為百倍、左三檔、四檔等、即為千倍、萬倍等等、各檔之珠皆靠邊時、在盤中為無數、盤中所記之數、以各位靠梁之珠為

第13頁

珠為準

凡撥珠須以大食兩指，撥梁下之珠，中指撥梁上之珠，而梁之珠食指恒司撥下，大指恒司撥上，藉舉為次。

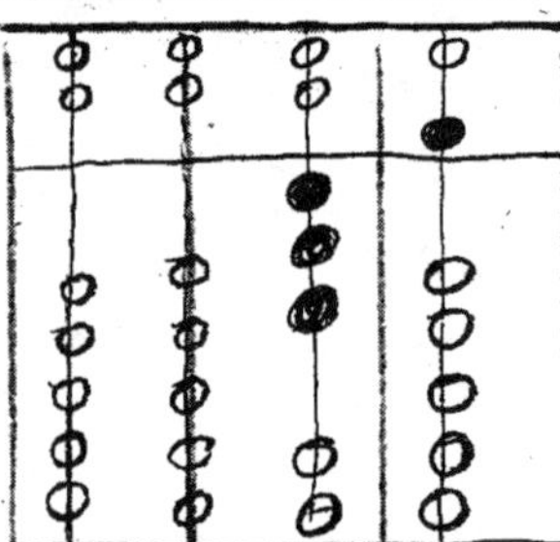

此為395

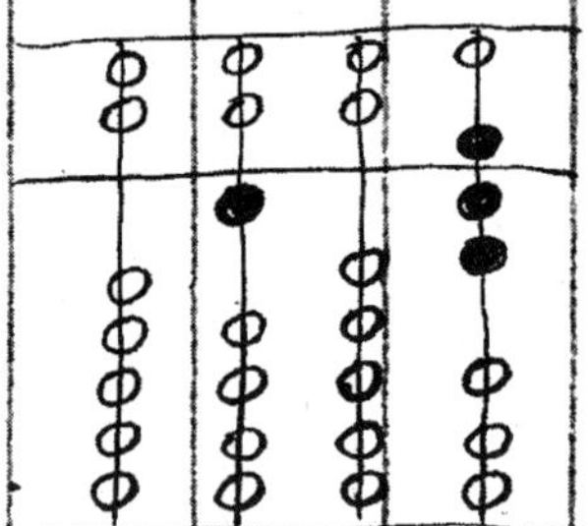

此為107

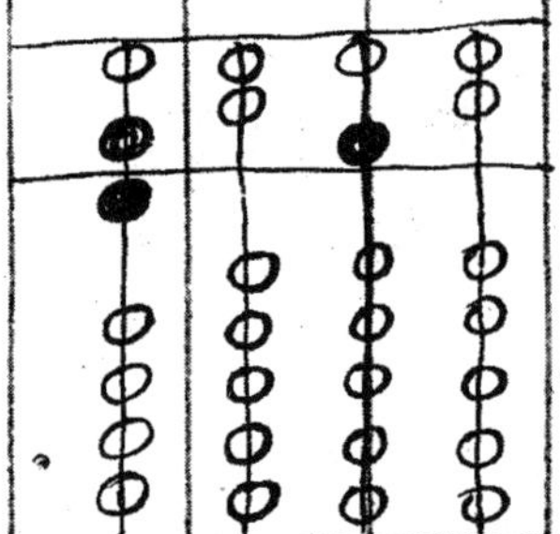

此為6050

(1) 115309試存之於盤

(2) 設以右邊第一檔為單位，而第六檔居下珠四，第五檔居下珠三，第四檔居上珠一、下珠二，則此為何數。

(3) 設以右第五檔為單位，今居數二千三百，應撥珠於何檔。

廿七千二百零三与八十九萬零七百卅兩數試各布之於盤、

第二課 加法口訣

一上一 二上二 三上三 四上四 五上五 六上六 七上七 八上八 九上九

一下五去四 二下五去三 三下五去二 四下五去一

一去九進一 二去八進一 三去七進一 四去六進一 五去五進一 六去四進

七去三進一 八去二進一 九去一進一 六上一去五進一 七上二去五進一

八上三去五進一 九上四去五進一

右訣須讀熟熟、其中四句、為梁下進於梁上之法、後十三句為本位進於上位之法、去者本位去也、進者上位加也、因本位珠已撰滿無從加、故反去以加之上位也、其梁上之上一珠、原以備乘除之不足、若行加減算時不可不用

例、三百四十萬四千八百七十六萬加三百二十八萬七千四百六十七得幾何

法置本數於珠盤次將加數從左端起按同位〻行依次遞行相加

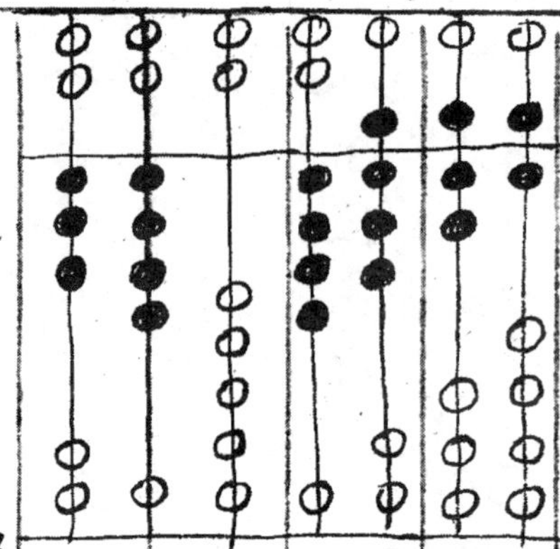

3 4 0 4 8 7 6

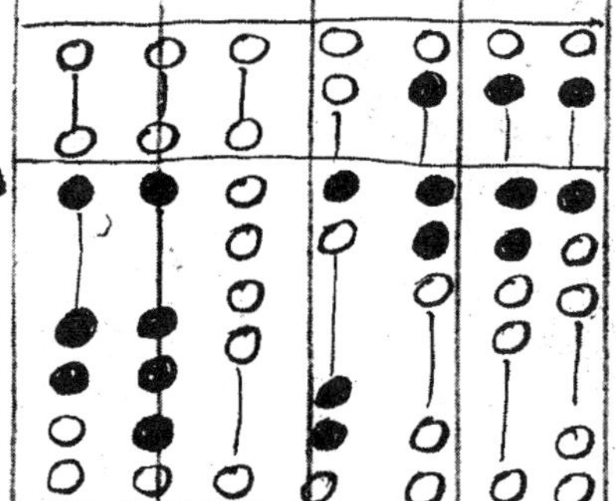

6 6 9 2 3 4 3

七上二去五進一

六上一去五進一

四去六進一

七去三進一

八上八

二下五去三

三下五去二

1、九千九百四十四加一千二百六十九再加九千八百九十七得幾何

2、一万三千八百四十九加八万三千零六十一再加二万五千一百九十得若干

3、六千七百五十六加二千七百八十八得若干

4、二万五千六百零五加一万九千六百五十一再加六千零九十九得若干

第三課　減法口訣

一去一　二去二　三去三　四去四　五去五　六去五　七去七　八去八　九去九

一上四去五　二上三去五　三上二去五　四上一去五

一退一還九　二退一還八　三退一還七　四退一還六　五退一還五　六退一還四

七退一還三　八退一還二　九退一還一　六退一還五去一　七退一還五去二　八退一還五去三

九退一還五去四

右訣中句為梁上退於梁下之法後十三句為上位退於本位之法退者上位退也還者本位加也因本位無珠可退故反加以退上位也

例　八百五十九万四千八百三十四減四百三十六萬五千九百六十七餘几何

法　置被減數於珠盤次將減數從右端起接同位之行換次逐行相減

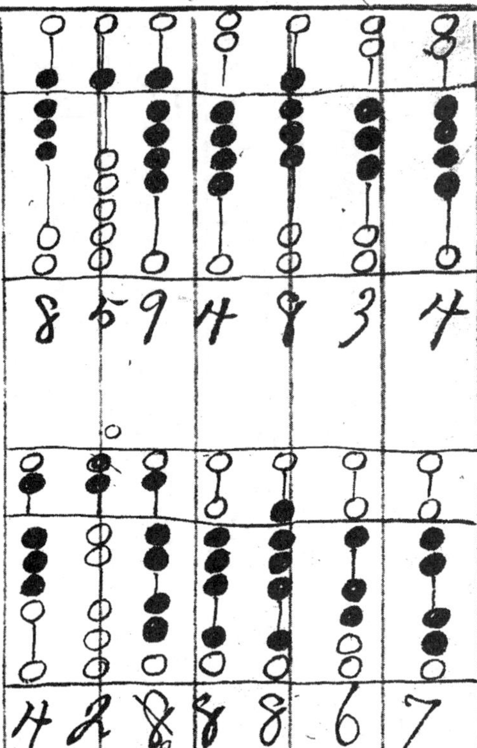

七退一还五去二

六退一还五去一

九退一还一

五退一还五

之六去六

三上十去五

四上一去五

(1)自五万六千七百八十九減五万三千四百四十八餘幾何

(2)七万七千三百八十五減四万八千八百九十六再減一万九千五百九十九再減八千八百八十九餘幾何

(3)七万四千零四十三減五万八千九百八十餘幾何

(4)九萬六千三百四十減六万八千零九十八再減一万九千九百八十九餘幾何

第四課　口訣運用之加法減法

加法進一之時若左檔原居之數本已滿九者則檔更呼口訣而進於再左之檔

例一　一千九百九十九加六得若干

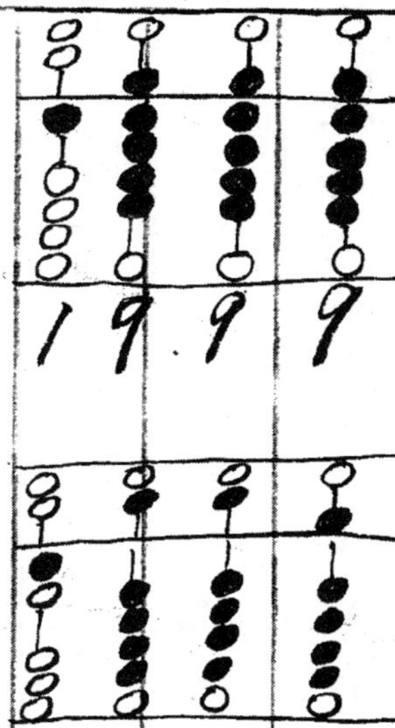

六去四進一

一退九進一

一退九進一

減法退一之時若左檔原居之數居不能徑減一者則當更呼他訣而退之或更用一再

左之檔退一而退之

例二　五十五減六餘幾何

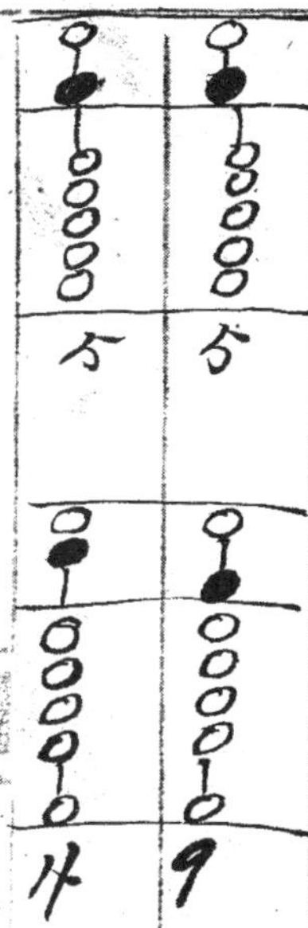

六退一還四

一上四去五

第16頁

例三 二千零五減七餘几何

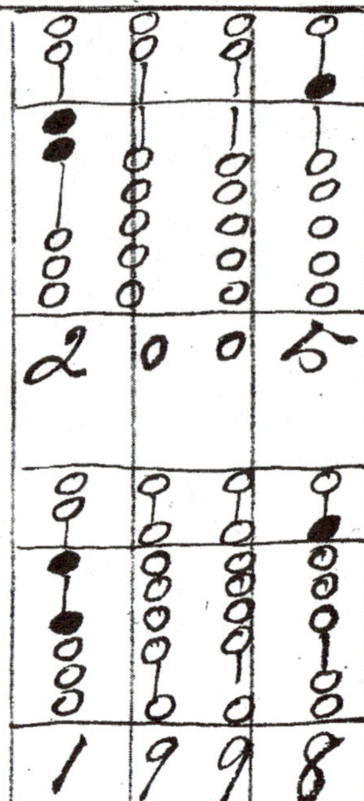

七退一还三 一退一还九 一退一还九

〡、一万七千三百五十三加七万二千七百三十五加九千九百一十二共得若干

〢、六万四千零五減五万四千五百五十〥尚餘若干

〣、七万零九百八十三減二万八千九百九十七再減三万一千九百八十七餘几何

〤、米九千一百七十二石麥四千三百五十〥石豆二千九百八十四石問麥豆二和數比米少若干石

〥、上田一万三千四百〥十七畝中田比上田少四千七百零八畝下田比上田多

三千三百五十不畝問中田下田各若干畝

第五課　九九數及單位乘法

乘法即倍法也有此數依彼數倍之此數名曰實數彼數名曰法數其倍成之數名曰乘積

（九九表省去）

以一位之法數乘多位之實數曰單位乘法置實數於盤從實數之末位起逐位以法數乘之

以法數與實數之任一位數乘即將其位中之珠撥去而將口訣之本位數置於其位之左檔將上一位數置於其位之檔內故算其所用因法訣曰

因法須呼九九表　起首先從末位推　凡十還身如下位　若要還原用九歸

其乘積之單位在實數單位之右一檔

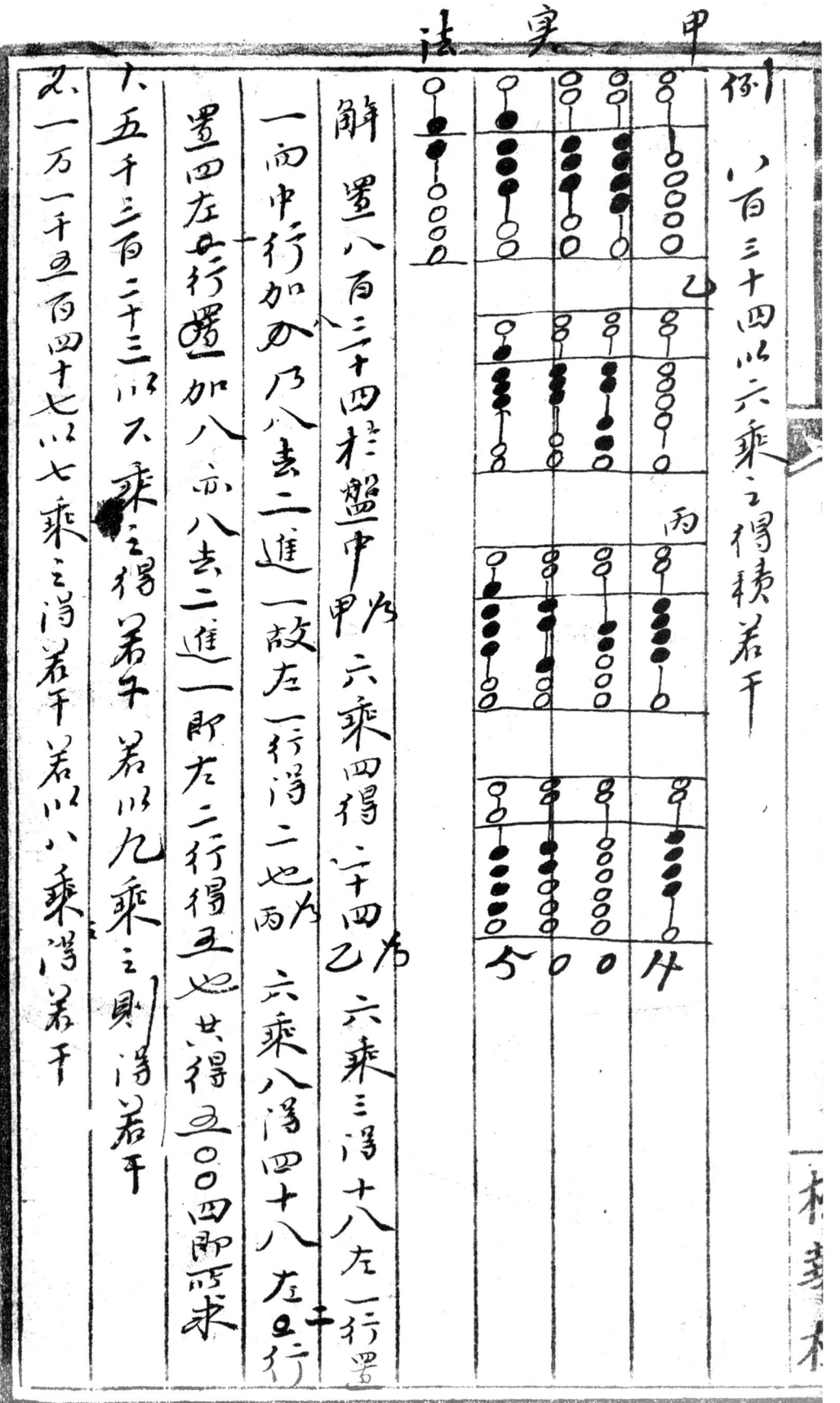

例　八百三十四以六乘之得積若干

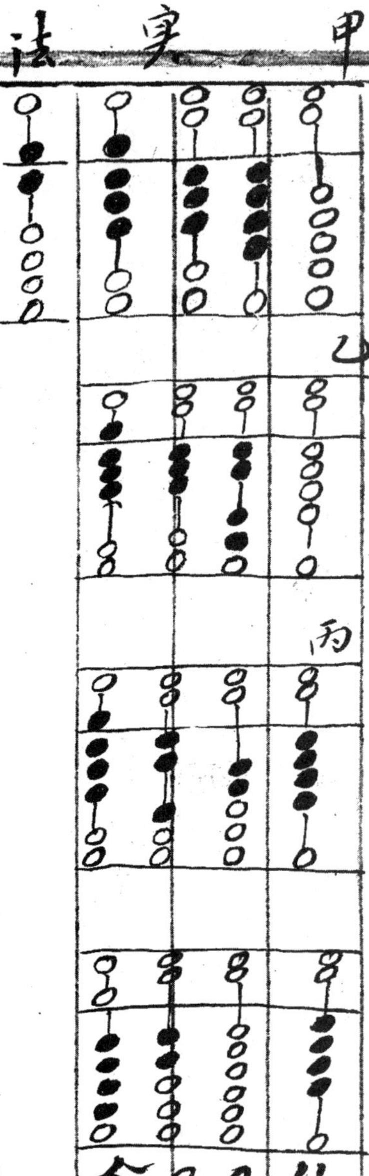

解　置八百三十四於盤中甲乃六乘四得二十四乙乃六乘三得十八左一行置一而中行加二乃八去二進一故左一行得二也丙乃六乘八得四十八左五行置四左五行置加八而八去二進一即左二行得五也共得五〇〇四即所求

又五千三百二十三以六乘之得若干　若以九乘之則得若干

又一万一千五百四十七以七乘之得若干　若以八乘得若干

之十九万九千八百七十九以五乘之得若干若以二乘之則得若干

得九百零六万零八十以四乘之得若干若以三乘之則得若干

第六課　多位乘法

以多位法數乘多位實數曰多位乘法　古名單位乘為因多位乘為乘

乘法又有破頭乘挨身乘隔位乘掉尾乘留頭乘等名目破頭乘係從

法之首位乘起實先消去最易混目挨身乘則用於法首位為一之數甚便

首位非一皆不能用易隔位乘若隔一位竟起法首位乘起依次乘畢始去其

實之一位（日本名曰龜井算法）數雖明法用或太過掉尾乘則便於筆算而不便於珠算

惟留頭乘法最通行而尽善故算者局乘法訣曰

乘相乘之法留頭乘起首先將法二因　三四五來依位編了　却將法首破當身

右訣須讀熟法二者法之第二位也法首者法之首位也留頭者留實之本位而從法之次位起次而呼九九表數乘之乘徧然後將法首乘之以破其本位此法係先從實之尾位乘起實尾以上莫法俱同

凡法之次位與實相乘其相呼之句若遇十則在實之下位相加所謂遇十換身乘也其相呼之句若逢如則在實之再下位相加所謂逢如須隔位也法之三位以下與實相乘則恒遞降一位迨法之各位與實之各位悉乘畢則得乘積其所積之單位視法數有若干位則比原實單位移右若干位

例有數一百八十三以二十四乘之得若干

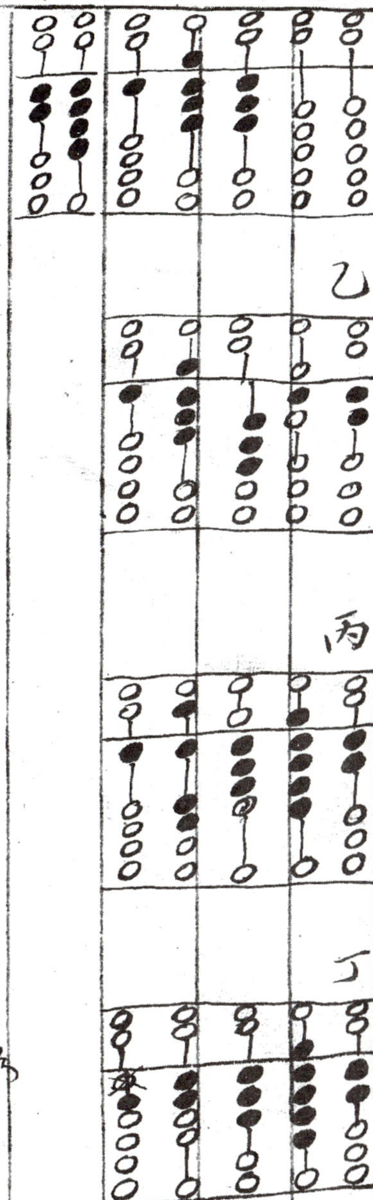

解 置実百八十三於盤中央置法二十四於左端為甲 先以法次位四乘実尾位三得十二置一於実右一行置二於再右一行然後將法首位二乘実三得六即拂去実三而加六於実右一位如乙 次以間法將法乘実次位八 四八三十二 二八十六 遞加前數如丙 又以法乘実首位一 一四如四 一二如二 遞加於前數如丁 因法為二位故積之單位亦移右二位

当呼訣置積時呼得之積數不得与実之原數相混偶遇積數進一將与実數

第19頁

公年実

相混者則切勿進一宜兼用頂上之珠仍加於本檔可也

例 九十八以七十八乘之得乘積若干

法　實

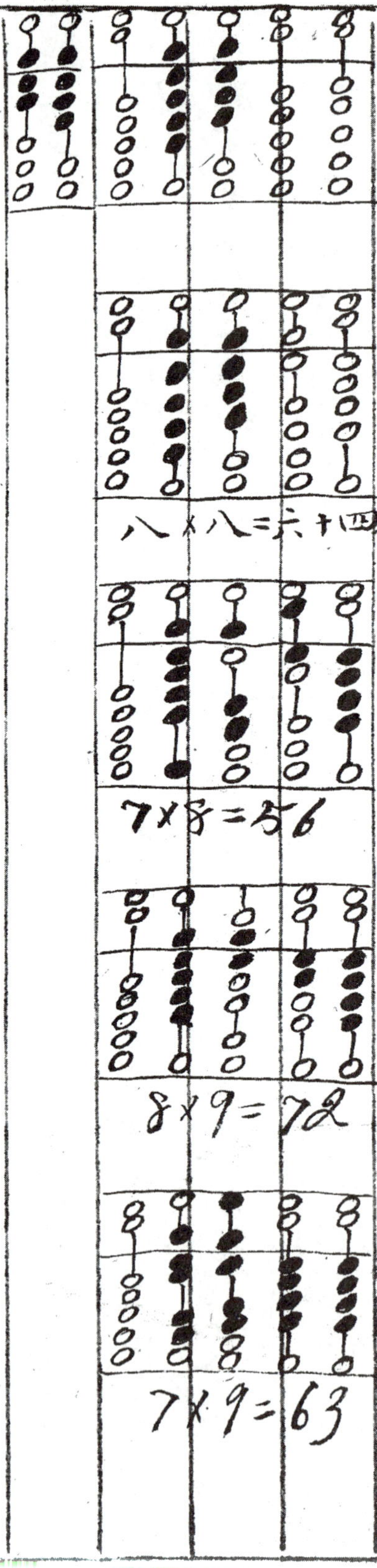

1、二千三百五以九十八乘之得若干

2、五万二千八百八十四以七十五乘之得若干

3、三千九百七十八以九百九十乘之得若干

4、三百四十五以二千五百七十四乘之得若干

5、六千七百四十九以五千二百九十二乘之得若干

6、七千九百二十五以四千三百五十六乘之得若干

7、黄金一兩可換白銀三十二兩今有黄金六千五百七十二兩問可換白银若干兩

8、銀元一元可值錢一串二百文今有銅鐘一口值銀元一千二百元問值錢若干文

9、潮米谷數二千五百六十六斤每斤值錢十八文晒燥之後減[重]二百七十斤每斤價錢則漲三文問可售錢若干文

10、先買棉花三千八百五十八包後售出二千五百六十四包又添買一千三百九十二包每包值錢三千二百八十五文問現存之棉花尚可售錢若干文

第七課　九歸诀及單除法

除法為乘法之還原有此數依彼數除之此數名曰實數彼此數名曰法數其除得之數名曰商數

第20頁

一歸　逢一進一　逢二進二　逢三進三　逢四進四　逢五進五　逢六進六　逢七進七　逢八進八　逢九進九

二歸　二一添作五　逢二進一　逢四進二　逢六進三　逢八進四

三歸　三一三十一　三二六十二　逢三進一　逢六進二　逢九進三

四歸　四一二十二　四二添作五　四三七十二　逢四進一　逢八進二

五歸　五一倍作二　五二倍作四　五三倍作六　五四倍作八　逢五進一

六歸　六一下加四　六二三十二　六三添作五　六四六十四　六五八十二　逢六進一

七歸　七一下加三　七二下加六　七三四十二　七四五十五　七五七十一　七六八十四　逢七進一

八歸　八一下加二　八二下加四　八三下加六　八四添作五　八五六十二　八六七十四　八七八十六　逢八進一

九歸　九一下加一　九二下加二　九三下加三　九四下加四　九五下加五　九六下加六　九七下加七

九八下加八　逢九進一

右訣每五字耳然有法有實有商有餘實如云二一添作五者二是法一是實五是商蓋謂二人分一兩各得五錢而分不能成一整數故不可進但於本位添作五故謂之添作也其云進二者二即實也進一者商數也兩人分二數故各得其一也所謂既為整一則進前一位故謂之進一逢二上宜有二字為法數今云者省文也其云三一三十一者三為法一為實三十為商末一為則餘實也蓋謂三人分一兩各得三錢仍餘一錢此三十之十可當作餘字解三留本位餘實一則置於下位以待再分其五歸倍作云者皆商數在本位倍之與添作五同其六一下加四者六為法一為實六為商數下加四者餘實也假如六人分一兩各得一錢而仍餘四錢以待再分因商數與實數同為一而在本位故即

借實數為商數但加以餘數四於一位也餘仿此

以一位之法數除多位之實數曰單位除法亦曰歸法置實數於盤以法冐實之首位起遍位呼歸訣以除之其商得數之單位在實數單位之左一檔

例一　二百三十二以四除之其商數若干

例二　二百零三以七除之其商數若干

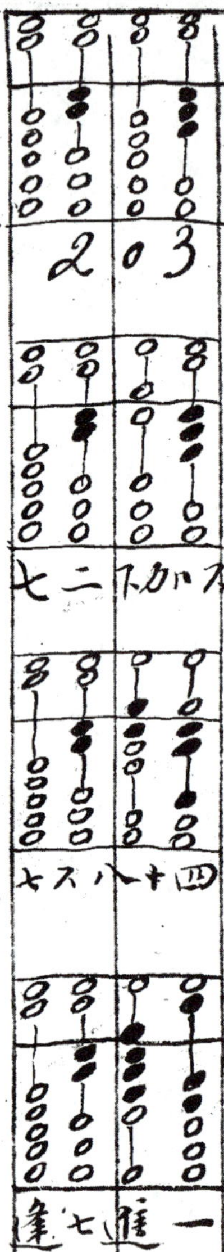

六、六万零九百四十以五除之得若干以四除之得若干

又有一數以三乘之則得四万五千八百七十二問此是何數

又有兩數第一數以三乘之第二數以五乘之其乘積皆為二万八千四百問第一第二兩數各若干

又八万八千一百以六除之其商數若干以七除之其商數若干

又九万四千三百二十八以八除之其商數若干以九除之其商數若干

第八課 多位除法(上)

以多位法數除多位實數曰多位除法舊稱歸除法

先以法之首位呼九歸訣除實之首位而得商數次自法之次位起各依九九數以訣遞位与商數相呼之得之乘積為減數遞次自實數減去其減數之單位由法之次位呼得者宜在商數之右二檔以後則挨次移右一欄檔減畢復將法之首位呼九歸口訣除餘實之首位而得新商數仍自法之次位起遞

位與新商相乘以其積遞次從餘實減去
若商居比法為大之餘實則依前法屢求新商而屢減之
合屢次求得之商是為所得之商數　其單所在視法數居若干位則比原
實單位移左若干位

例一　果物四十八枚共生八百六十四文問每枚幾文

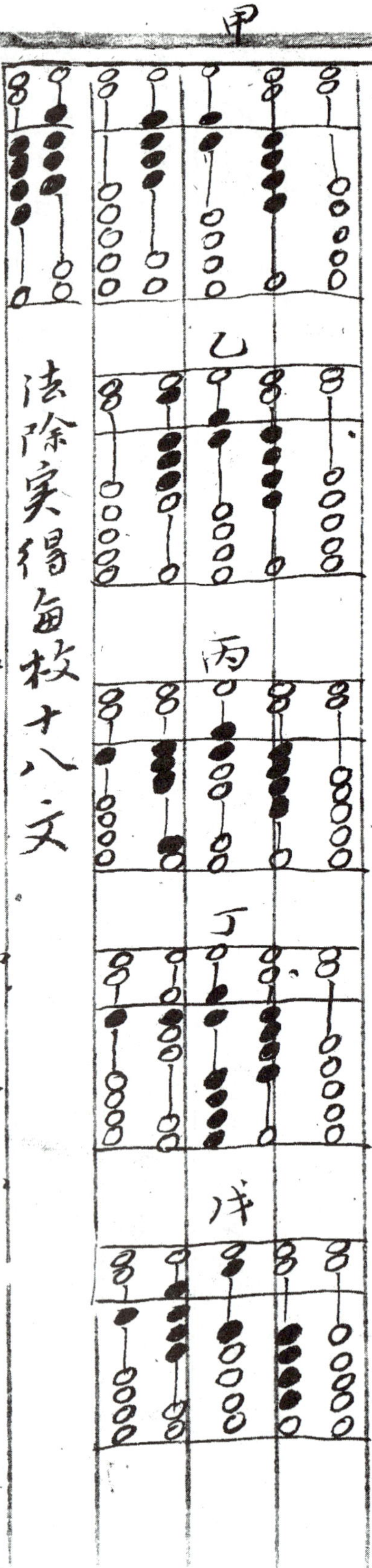

法除實得每枚十八文

解　置實八百六十四於盤中如甲　逢四進一十　如乙　一八除八　如丙　四三七十二　逢四進

第23頁

如丁八八除六十四如戊法為二位單位亦移左二位

例二　果物三十七枚子二千○百五十四文問一枚几文
（旁注：四　四　二）

甲

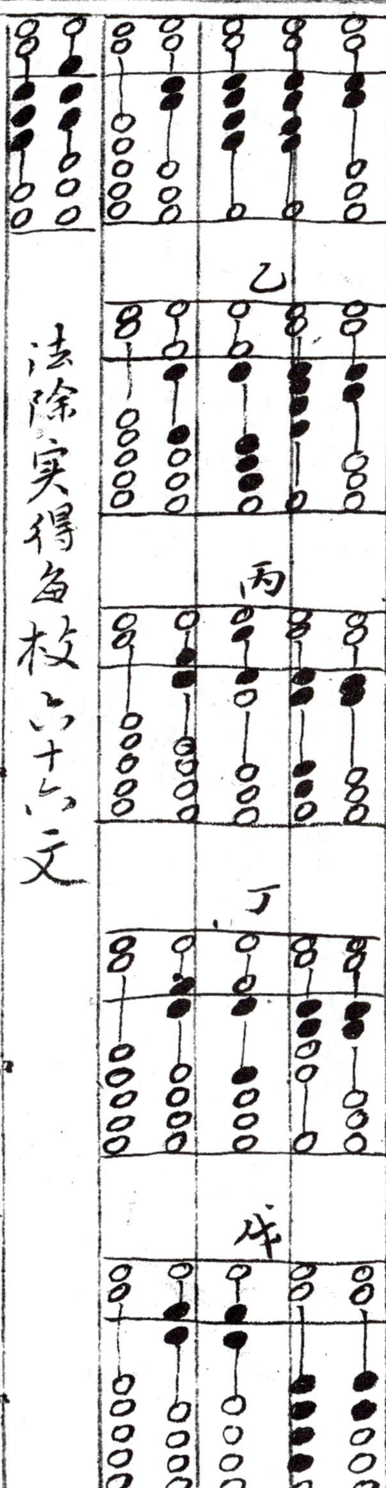

法除實得每枚六十六文

解　置實二千四百四十二於盤中如甲　三二六十二如乙　六七除四十二如丙　三二六十二如丁　六七除四十二如戊

凡以法首位除實首位既經改作之後若實之次位數猶足容法之首位數

則當再以法之首位除之其除得之商數必與從首位除得者居同位然後仍……

常法用此兩次除得之独位商數与法之餘數位相同即實減之

例　五千九百四十三以八百四十九除之得若干

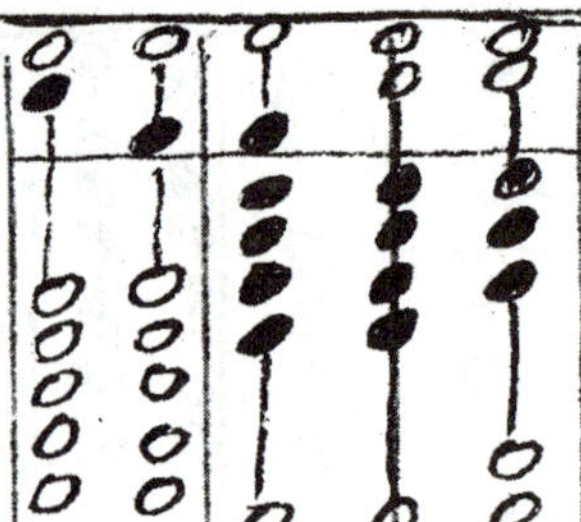

七九去又十三

四七去二十八

逢八進一

八五二六十二

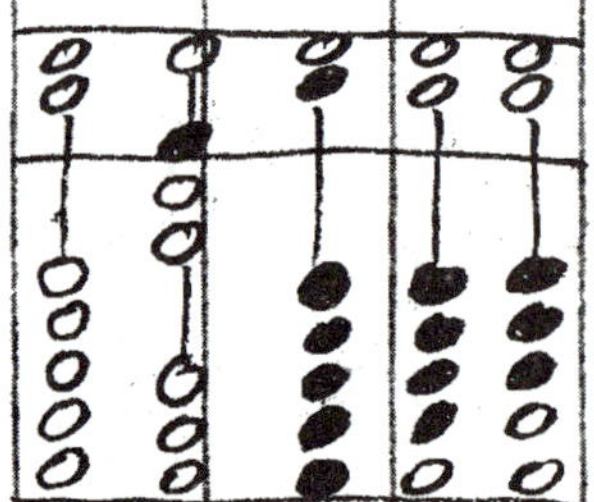

〡、二百二十二以三十七除之得若干

〢、四千五百八十四以五百七十三除之得若干

〣、二万三千七百六十五以四千七五十三除之得若干

〤、五万一千七百一十八以七千三百四十八除之得若干

〥、三百二十七万二千四百以一万零九百零八田除之得若干

6. 四万八千七百二十以六千〇九十除之得若干

7. 二十九万一千以九千七百除之得若干

8. 四十九万九千五百以九千九百九十九除之得若干

9. 八百八十八以三十七除之得若干

10. 二千三百八十五以四五除之得若干

11. 八千一百七十以三十六除之得若干

12. 一万二千五百四十六以八十二除之得若干

13. 一万九千二百七十以九十四除之得若干

14. 二万四千一百八十以七十八除之得若干

第九课　多位除法（下）

凡法實首位數相同而次以後之數實小於法者則當除實首位之時不宜用進九進一訣而當別用下列第一層之口訣

凡以法首位除實首位既依以前各訣求得商數之後而餘實不足容減數者則當減少其商數而用下列第二層之口訣如退一之後餘實仍不足減則可屢次依口訣退之

	第一層	第二層
一歸	見一無除作九一	無除退一下還一
二歸	見二無除作九二	無除退一下還二
三歸	見三無除作九三	無除退一下還三
四歸	見四無除作九四	無除退一下還四

五歸見五去除作九五　去除退一下还五
六歸見六去除作九六　去除退一下还六
七歸見七去除作九七　去除退一下还七
八歸見八去除作九八　去除退一下还八
九歸見九去除作九九　去除退一下还九。
右第一層訣見一去除作九一者可就受除本位改為九而九字下之一則架於本位之右一檔見一之一實也見即逢進九者商數也末一餘實也以數明之如十人分銀十兩逢一進一則十人各得一兩其銀已尽餘一人無可分故不進兩得一作九每人得九十十人得九兩餘一兩以待減去蓋本位之一等於下位之十若將本位之一珠退去而於下位撞滿十珠則可以逢九進九而本位進得九

第25頁

公在

下位剩一是與作九一無異也由是推之見二無除作九二則二應於下位撞滿二十珠而進十八進九作九三則應於下位撞滿三十珠而進二十七進九以至作九九則應於下位撞滿九十珠而進八十一進九雖算盤每項不過十五珠數作九二以下已不可復算然就算理論之則此理自一定不易因進位之後本位恆為九而下位所剩之數恆與法首相等故作者思一省法而作此訣

右第二層訣云除退一下還幾者即將已得之商數減一而於其商數之右一檔加法之首位數也蓋商數之每一珠當原實法首之倍數每商數退一則必以法首之數還加於下位方合

例一　一千二百九十六以一百四十四除之得若干

實　法

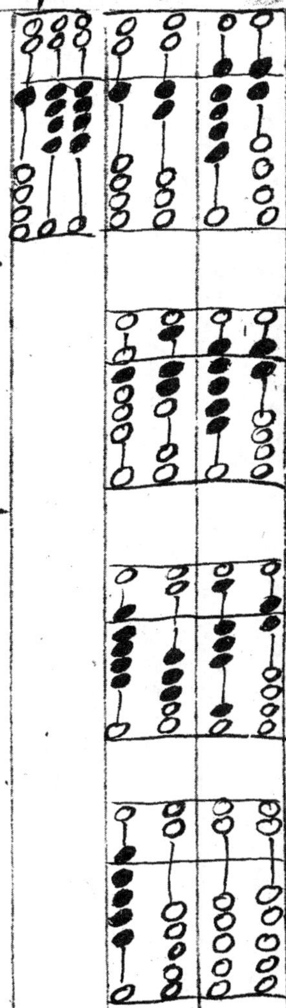

見一五除作九五　四九去三十六　四九去三十六

例二　三百零四以二十八除之得若干

見三三除作九三　三三除退一下還三　八八去六十四

法

例三　四千三百六十六以五十九除之其商數若干

實

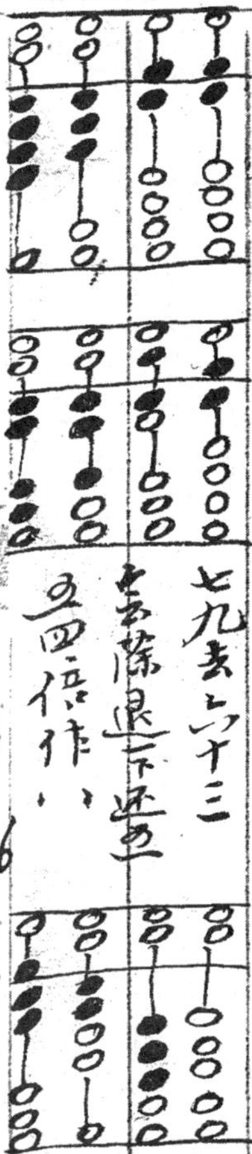

七九去六十三　五五除退一下還五　五四、倍作、

四九去三十六　五二、倍作四

法

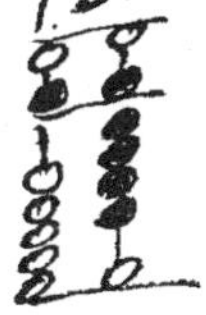

第26頁

1. 六万零五百七十九以六千七百三十一除之得若干
2. 七万零一百一十以七千七百九十除之得若干
3. 六十万零六千二百以八千九百四十除之得若干
4. 一十五万一千二百以一万七千八百除之得若干
5. 三十二万四千五百四十以三千六百零六除之得若干
6. 五千九百一十以一百九十七除之得若干
7. 三万零八百八十以三百四十六除之得若干
8. 三万零三百二十以三千七百九十除之得若干
9. 七万六千四百以一千九百六十除之得若干
10. 五万一千二百七十五以二十五除之得若干
11. 一万七千六百零三以六百零七除之得若干
12. 四万六千七百二十以八百七十除之得若干
13. 七万三千六百以二千三百除之得若干
14. 八万零五百以三千五百除之得若干
15. 八万五千九百六十以二千零七十除之得若干
16. 七万九千一百九十九以二千七百三十一除之得若干

荆楚文庫

〔民國〕棗陽縣鄉土志

馬伯援 編

《荆楚文庫·方志編》編纂組

組　　長：賀定安　陽海清（執行）

副 組 長：劉傑民（執行）　王　濤　謝春枝　范志毅（執行）

參編人員（以姓氏筆畫爲序）：

王　濤　李云超　宋澤宇　范志毅　馬盛南　柳　巍　陳建勛

梅　琳　張文静　張雅俐　陽海清　彭余焕　彭筱澂　賀定安

楊　萍　楊愛華　雷　静　劉傑民　謝春枝

編　　審：周　榮

顧　　問：沈乃文　李國慶　吴　格

前言

《〔民國〕棗陽縣鄉土志》一卷，馬伯援編。民國二十一年（一九三二）鉛印本。

馬伯援，邑人，早年留學東瀛，一九三二年任棗陽縣縣長。

馬伯援頗知教育重要，嘆北伐成功以後，地方縣立各小學均先後破産。其時鄉間最不易得者課本，尤其歷史、地理、公民等科目，遍搜漢滬各書店，已成之書又與地方情形不相及，乃決心以鄉土志代之，取材於《棗陽縣志》《天下郡國利病書》等，編成鄉土志一册。此志正文前有馬伯援序及《棗陽歌》曲譜歌詞，全志分二十四課，包括疆域、山川、民俗、娱樂、人物、列女、鄉賢、義俠、實業、農産、寺觀、古蹟、哀情、水利、交通、祭祀、教育上、教育下、雜税、武備、匪患、團防上、團防下、藝文，書後附邑人汪全邦傳及遺像。全志簡約，多一課一事。教育稍詳，分上下兩課。上課載清順治十六年（一六五九）頒六諭、康熙九年（一六七〇）頒十六諭；下課叙清末廢科舉、興學校，民國間新式教育起伏事。團防亦分上下兩課，顯其時團防重要性。全志新式標點句讀，約一萬字。

《中國地方志聯合目録》《中國地方志總目提要》著録該志，《中國地方志聯合目録》載，中國社會科學院考古研究所圖書館、北京大學圖書館、上海圖書館、湖北省圖書館有藏。

兹據湖北省圖書館藏本影印。（楊愛華）

目録

棗陽縣鄉土誌

棗陽縣鄉土誌序

馬伯援

吾鄂教育、言之可恥、北伐成功後、而地方縣立各小學、均先後破產、吾縣有識之士、只於北二區未破壞各城鎮、謀設完全小學、本年三月、記者歸梓、視察鹿頭、逮家堂兩鎮小學、聞各教員云、鄉間最不易得者課本、尤其是歷史、地理、公民等科、後到漢滬各書店翻閱已成之書、所用教材、與地方情形、可謂『風馬牛不相及也』、乃決心作鄉土誌以代之、取材於棗陽縣誌、天下郡國利病書、及讀史方輿紀要、因摘錄往事、概用文言、非得已也、閱者諒之。

民國二十一年五月於日本東京市外上落合五四七東青莊

棗陽歌

(二)吾棗青史聞人　首當推蔡倫　文化媒介用紙　是他新發明
宅在蔡陽城畔　池以蔡子名　不僅功在東亞　歐美亦風行
吾棗青史聞人　首當推蔡倫　文化媒介用紙　是他新發明

(三)吾棗山川鍾毓　光武獨挺秀　崇尚個人氣節　喜與嚴子友
客星乃犯帝座　美譚千載後　把酒桑麻話舊　雲台恩澤厚
吾棗山川鍾毓　光武獨挺秀　崇尚個人氣節　喜與嚴子友

棗陽縣鄉土誌

第一課　疆域

棗陽縣屬湖北省、位於鄂之西北、距省城五百四十里、東西寬百三十里、南北長百八十里、東界隨縣、西南界鍾祥宜城、西界襄陽、北界河南之新野、唐河、桐柏諸縣、舊稱春陵、又稱章陵、全縣分十區、戶口八萬五千二百六十一戶、男丁二十二萬八千三百九十六、女子一十六萬六千四百八十八、共三十九萬四千八百八十四人、錢糧爲九百六十七兩三錢七分二厘、此係清末調查、民國後襄花瀛車經過縣城、人口約在五十萬左右、列爲中縣。民國十七年迄今、城西南共黨猖獗、於璩家灣蔡陽舖、踞爲根據、北鄉鹿頭鎭、提倡人民自衛、產業合作社、人口雖有由西南移東北之事實、但全縣數目、無若大變遷。

第二課　山川

棗陽無名山大川、其與歷史攸關者、曰赤眉山、曰唐子山、曰棋桿山、曰霸山、其山之最大者曰大阜山、水之著名者曰白水。

赤眉山在縣東北八十里、相傳東漢初、赤眉嘗軍於此、故名。

旗桿山在縣北七十五里、相傳光武起兵時、立幟於上、今山頂有巨石、一孔中穿、爲置旗遺蹟、高百餘丈。霸山又名武王山、世傳楚武王曾獵此。

唐子山在縣北六十里、平原特起、氣象萬千、邑北門戶、爲光武帝牧馬之鄉。

大阜山在縣東北六十里、爲白水發源地、舊誌云、縣有光武舊宅、宅枕白水、張衡所謂龍飛白水、王萬芳云、桐柏東來大阜尊、聖龍石虎繞兒孫、蓋紀實也。

白水外曰瀖水者、出於隨縣栲栳山、曰昆水、者出於聖龍山谷中、此其大較也。

第三課　民俗

陳鍔府志云、棗陽士習敦樸、民風從儉、然禮教未嫻、輕蹈法網而不知、又商賈往來、競習侈靡、飲食燕會之節、陳設甚豐、土著居民、漸且染之、所當諄切化導、使之返樸還醇。記者曰、居今日而讀陳君對於棗俗批評、似覺其開倒車、但北接唐桐、西界襄宜、風氣獷悍、教育鄙陋、民國以來、駐軍擅作福威、非魚翅不宴客、所謂『儉』『奢』二字、見到之論也。婚禮以名柬爲定、女家答柬亦如之、曰『過八字』、以後卜吉期、婿親迎、拜天地、入洞房、及夕、合巹於室、翌晨、拜見舅姑親戚。喪禮、多遵朱子家禮、易素衣、成斂、卜地安葬、擇日受弔、一般人多用僧道諷經禮懺、且因教育幼稚、算命、卜卦、陰陽、風水迷信、深入人民腦海、改善不易。

三

第四課　娛樂

棗俗於前清末、演戲拜會之風甚熾、正月初一、除行後、卽有朝山進香之集團旅行組織、其目的地爲均縣之武當山、往來約半月、正月十五、大鬧元宵、龍燈、竹馬、採蓮船、走馬燈、沿門嬉戲、鉦鼓爆竹之聲、震動閭里、蓋古人儺以逐疫之義、又演戲以助餘興、家家戶戶、咸樂太平。自正月後、各鎭有會戲、所謂二月二、三月三、四月八、或稱燒香會、或曰牛馬會、每於會期、則各商旅雲集、出賣日用器具及農具文房等品、七月十五、城內祀土地、競排高碗、觀者若堵、秋收後農民稍暇、各處唱『皮影戲』、美其名曰『青苗會』、曰『普樂會』、曰『土地會』、乃人民和樂之意、惜年代久遠、漸失敎育作用、今之提倡通俗敎育者、當注意及之。

四

第五課 人物

漢光武帝秀起兵時、初騎牛、殺新野尉、乃得馬、進屠唐子鄉、又殺湖陽尉、軍中分財物不均、衆意恨、欲反攻諸劉、光武斂宗人所得物、悉以予之、後得天下爲天子、與功臣諸侯讌語、從容言曰、諸卿不遭際會、自度爵祿何所至乎、同郡馬武曰、臣以武勇、可守尉督盜賊、帝笑曰、且勿爲盜賊、自致亭長、斯可矣。宋孟宗政字德夫、其子珙、字璞玉、先後守襄棗、擊退金人、爲民族光、又在棗行寓兵於農政策、開鑿水利、溉田十萬頃。記者曰、光武遠識、子張坦率、孟氏父子之殺賊屯田、均棗之人傑也。惜今之武人、旣愛金錢、又護己短、坐食民食、而不能爲民禦寇殺賊、讀光武馬武孟德夫孟璞玉四人遺事、當知有虧。

第六課　列女

吾國誌書、所記載之列女、約分二類、曰節烈、曰節孝、節烈不外孤峭自殺、剪髮毁面、嚴若冰霜、節孝不外孝親訓子、割股嘗藥、紡績苦守、讀東陽誌、亦感此千篇一律之論調、究與社會人心、能發生多大効力否、記者不願妄譚節烈之是非、但求與吾人實際生活有關係者、則惟賴乎賢母焉。明段光美妻璩氏、年二十于歸、生四子而夫歿、氏茹苦含辛、訓子有方、長聞化、季聞章、使從師讀、而督其仲聞魚聞撥耕田、謂之曰、禮義衣食幷重、汝等宜體吾心、勿謂吾有所左右也、諸子安之、諸婦亦無間言。吾鹿郭正青幼喪父、其令母之讀、哥嫂間有以衣食不同、苦勞不均爲言者、郭母慨然曰、耕讀分工、待遇自異、其與段母之主張、若合符節、宜並傳焉。

第七課　鄉賢

孟子曰、不爲一國之善士、當爲一鄉之善士、張炏、馬呈材者、鹿頭鎭之善士也、故樂爲傳焉。張炏、行四、時通呼爲炏四爺、洪楊亂後、與同志邱先利、王光裕等、創修鹿頭石寨、周八百餘丈、不避勞怨、數年竣工、活人無算、其孫培壽、白手起家、買地萬畝、人咸稱爲乃祖之德。馬呈材性寬忍、愛和平、以不訟爲處世『祕訣』、有地十二畝、在鹿頭鎭小西門外、被地鄰佃戶侵占若干、材置不問、年餘、地鄰知之、責佃戶歸還、材以不受則近於矯情、受則實形他人之短、遂施爲義塜焉、其他類此者甚多。記者曰、世道人心、江河日下、急公好義、爲民衆謀利益如張炏者固少、即寬大爲懷、不因一朝之憤忘其身、如馬呈材之爲人者、又安可多見、故特採錄之、謂爲一鄉之善士。

第八課　義俠

唐代岑文本、字景仁、南陽棘陽人、蕭銑僭號荆州、召署中書侍郎、專典文翰、及河間王孝恭定荆州、軍中將士、咸欲大掠、文本進謁孝恭曰、自隋室無道、羣雄鼎沸、四海延頸、以望眞主、今蕭氏君臣、江陵父老、决計歸降者、實望去危就安耳、王必欲縱兵虜掠、誠非郢州來蘇之意、亦恐江嶺以南、向化之心沮矣、孝恭稱善、遂止之。鹿頭鎭附近人郭大賓號宏軒、積學士也、兄弟成家、其長兄某不羈、蕩其產而卒、宏軒收兩侄、爲之授室、後將已產使兩侄與子均分、無偏重焉、子亦翕然安之。記者曰、景仁於民衆遭刼時、慷慨進言、不計利害、俠也。宏軒於兄死侄孤時、分田授室、等於已出、義也。俠義之人、均能犧牲小己、以利羣衆、千百年後、誰不景仰也耶。

第九課　實業

棗陽縣城西四十里、有蔡陽舖者、即古蔡陽縣、縣北半里、有蔡倫宅、宅旁有池、名蔡子池、相傳爲蔡倫造紙池。按中世紀我國輸入歐西之物產有四、曰火藥、曰指南針、曰繇、曰紙、內以紙貢獻其文化最大、蔡氏之功也。清末農間副產、紡線織布、陝甘居民、均以棗布爲必需品、三原太谷經營布店與當舖之巨商、住棗者數十家、騾馬販運於途不絕。現因機器發明、家庭手工、當然淘汰。民國十三年、記者同一技師赴棗調查、彼則曰棗陽多楊柳、其纖維可以編筐箱、居民果注意及之、則爲有望副業。且境內多童山、畜牧森林均宜、養蜂、飼豚、菓木亦宜。民國四年、鹿頭公司、由南湖買得湖桑數萬株、分栽於鹿頭附近、鄉人無知、拘守陳法、未幾失敗、致提倡者受莫大打擊。

第十課　農產

東陽西北接襄、唐、桐柏、土地平坦、多旱地、產麥與棉花、東南界隨、宜、鍾、多水田、產稻、舊志云、棗產稻麥爲夥、餘爲雜糧者此也。蔬之屬、縣特產、(一)曰白菜、白菜以捲心、蹋地、箭杆三種著名、縣城東關、璩家灣、鹿頭鎮、所產最良。(二)曰珍珠花、一名雨花菜、叉名花兒菜、花未開時採之如珠珠顆、故名、本縣東南山中、所產有名。(三)曰甘藷、即番藷、俗名紅藷、縣人呼曰『藷』、有紅白二色、通志云、本出琉球、乾隆時、命中州等地、給種教藝、俾佐糧食、性耐旱、歲收頗豐、其功與五穀埒矣。他若鳥、獸、魚類、花、草、藥品、畧同各地、無特異者、但於此而請國人注意者、棗陽棉花、量多質良、早已成莊、記者民國四年由南京金陵大學、携歸美種甚多、試種兩年、樹高、葉穠、實大、不易開花、未能暢行、誠憾事也。

第十一課　寺觀

白水寺、在縣南四十里獅子山上、鄉人建以祀漢光武、明宣德中、僧眞隆改以正殿供佛、以西偏三楹祀漢光武、旁列雲臺諸將木主。明元樸生白水寺詩、晚來頗恨雨昏昏、待旦週遊喜見暾、白水龍飛遺勝迹、紫微山拱護眞垣、支分桐柏垂雞朵、派合襄樊鎖鹿門、却憶陶公捉脉賦、雲頭穴占不虛言。隨縣羅世材白水寺詩、白水村前白水流、西風瑟瑟逼清秋、漢家陵寢今何在、空見沙隄起白鷗。其二、羣雄掃盡故鄉過、豐沛南陽較若何、諸母故人前置酒、不會學唱大風歌。

椒山寺在縣東北五十里、宋延祐中建、舊有梵宇九層、今廢、元張翥仲舉椒山寺詩、尋幽遠入白雲堆、滿路煙霞撥不開、細討禪關知寂寞、重修樓閣上崔嵬、曇雲瑞繞招提境、琪樹陰遮般若臺、極目遙天成久立、此身恍若到蓬萊。

二

第十二課　古蹟

光武帝舊宅、在縣東南四十里、卽白水村、又曰皇村、後漢書光武帝紀、注光武舊宅、在今隨州棗陽縣東南、宅南二里有白水。邑令鹿啟烈皇村懷古詩云、茅舍低煙亂石旁、行人指點說皇莊、中興事業照前史、一代山河剩此鄉、古刹梵聲仍白水、荒祠鴉影自斜陽、當年望氣稱葱鬱、感慨銷沉古戰場。

臥虎冲在縣北三里許、元劉平以罪戍棗陽、車載其家、夜宿沙河旁、虎啣平去、妻胡氏追及、力持虎足、呼兒付刀刺虎、虎死、平亦斃、扶屍歸葬、今傳其地曰臥虎冲、有胡纘宗作斫虎詩云、曉登漁洋程、夜宿沙河浦、驚見虎啣夫、唾手奮吾武、夫兮婦所天、家兮夫爲主、我生知有夫、寧復知有虎、提戈日可揮、虎猛期必拄、呼兒疾付刀、極力斫若股、虎蹶婦得夫、虎口手能取、縣司表勅旨、婦道名千古。

第十三課　哀情

吳烈女、邑富室吳姓女、幼字史氏、史子長無賴、爲其家所擯逐、女父母憐之、贈以衣裹、女暗脫腕上雙銀釧納裹中、其父母不知、其壻更不知也、以衣質典庫、庫人疑之、鳴於官、官以爲眞盜也、不致詳詰、斃諸杖下、越日女聞之、大哭、投環死、事在咸豐二年、女時年甫十七、邑人每道之、有泣下者、宜賓李香雪哀其志、爲賦銀釧獄一篇、以紀其實、詞云、郎無行、妾薄命、父母誡郎郎不應、妾身未嫁淚流盡、堂前父母贈郎衣、暗脫銀釧爲衣縢、妾心苦、郎性癡、釧藏衣中郎不知、以衣質庫庫疑之、官惡盜賊、不容置辭、血肉狼藉千杖施、不愁打折鴛鴦枝、郎尸僵、妾眉鎖、父母慰兒兒計果、我不殺伯仁、伯仁死由我、斷送粱間花一朶、生不同衾死同穴也可。（下略）

一三

第十四課　水利

邑人邱東陽云、前漢時、召信臣爲南陽太守、好爲民興利、躬耕勸農、出入阡陌、止舍鄉亭、稀有安居、時行視郡中水泉、開通溝瀆、起水門堤閼、凡數十處、以廣灌溉、歲々增加、多至三萬頃、爲民作均水約束、刻石立於田畔、以防紛爭、其化大行、吏民親愛信臣、號之曰召父、後漢時、杜詩治南陽、省愛民役、造作水排、鑄爲農器、用力少、見功多、又修治陂池、廣拓土田、郡內比室殷足、時人方於召信臣、故南陽爲之語曰、前有召父、後有杜母。（中略）按吾縣在漢隸南陽郡、循良之澤、親被久矣、今境內有無召杜遺蹟、年遠莫考、惟縣之西北陂堰、率以人力開鑿、多昔人屯戍故迹、東南陂池林立、又人事地利參互而成者也、乃知民以食爲本、鑿井種田、食方有自、今之執政者、須注意及之。

第十五課　交通

棗陽西北通牛馬車、俗曰大路、東南多水田、交通專恃轎子、民國十年、襄花汽車路開通、行人便焉、若水路僅由襄陽到璩家灣通小船、秋冬水淺、即不能行駛、公文傳遞、古時用驛站、相傳鹿頭店於乾隆時、街首有大阜驛三字猶存、有驛丞司其事。清光緒三十年設郵寄代辦所、後改稱郵政局、在大南街、租屋辦公、現移大東街、除收發信件包裹滙兑外、兼理郵政儲金、代遞電報各事宜、查每月銷售郵票約值洋三百元、滙兑不過五百元之數、鄉鎮如吳家店、興隆集、隨陽店、隆興寺、璩家灣、楊家壋等處、均設分局、其他代辦處所亦多、最近縣城設電話、本可直通漢口、旋因匪禍復塞、爲交通上之一阻、飛機雖過棗陽、但不停止、惟少數軍人、有直飛襄陽之事實。

第十六課　祭祀

民間風俗、中元及歲除、皆祭於堂、清明祭於宗祠、無祠者祭於墓、客戶及貧家、值中元節、於野外以堊圈地、置紙錢於中焚之、族之大者、演戲誦經、不忘祖也、至對神祇、因職業而異、木匠敬魯班、針工祀嫘祖、藥鋪敬藥王與神農、農夫多祀青苗土地、各就其福己者而媚之、人情常耳。官廳方面、則異乎是、每歲以春秋仲月上丁日致祭文廟、與祭各官、皆在家致齋三日、先期一日、各官齊赴聖廟階下、具朝服上香、行三跪九叩首禮畢、教官視滌器、承祭官省牲設香案、獻爵奠酒、宰牲取血、執事生捧送各壇供奉、承祭官俟安設畢一揖退、此前清祭文廟禮、民國廢跪拜禮、於祭孔之外、兼祀關岳、除跪拜外、大同小異、民國十六年、建國軍駐東、文廟武廟、同時破壞、孔丘關岳、同在打倒之列、祭祀之禮、久已廢矣。

第十七課　教育上

清順治十六年、議准譯書六諭、康熙九年、頒諭十六條、按譯書六諭、即孝順父母、恭敬長上、和睦鄉里、教訓子孫、各安生理、無作非爲、聖諭十六條、一曰敦孝弟以重人倫、二曰篤宗族以昭雍睦、三曰和鄉黨以息爭訟、四曰重農桑以足衣食、五曰尙節儉以惜財用、六曰隆學校以端士習、七曰黜異端以崇正學、八曰講法律以儆愚頑、九曰明禮讓以厚風俗、十曰務本業以定民志、十一曰訓子弟以禁非爲、十二曰息誣告以全良善、十三曰誡窩逃以免株連、十四曰完錢糧以息催科、十五曰聯保甲以弭盜賊、十六曰解讐忿以重身命、責成鄉約人等、每月朔望日、聚集公所宣講、所謂士子者、每於考試終場、則默寫若干條、以故薰陶漸染、相習成風、乃最有力之不成文法、家喩戶曉、此承平所由致也。

第十八課　教育下

滿清末葉、廢科舉、興學校、革命風潮、瀰漫神州、民國肇興、五族共和、奴隷教育、完全廢除、公私學校、相繼成立、就吾縣論、民國十二年、已有縣立、公立、私立學校共六十處、中以縣立高等小學校、東鄉私立競智高等小學校、北鄉公立興亞高等小學校之經濟充裕、設備完善。而教育機關、曰勸學所、曰教育會、曰宣講所、曰圖書館、曰閱報處、勸學所在文昌宮東、現改名教育局、教育會無會所、附設勸學所內、宣講所附設勸學所內、以關帝廟前房爲演講地點、圖書館附設文昌宮內、閱報處附設勸學所及商會內。民國十五年、北伐軍占領湖北、各機關及各學校、直接間接、無形停頓、十六年春、雖以縣黨部爲訓練民衆机關、未幾左右之爭、淸黨運動、相繼而至、人民對之、已失信仰、不知司教育之責者、今後如何。

第十九課　雜　稅

清初課稅簡約，革繁苛無藝之徵，與民休息逾二百年，光緒末葉，軍興餉絀，稅額漸增，取民之制，蕩然無存。民國因之，有加無已，名目夥多，閭閻未能盡悉，怨咨厚斂者，固不在賦而在稅焉。就吾縣所已有者言之，曰牙帖，曰印花稅，曰菸酒稅，曰屠宰稅，曰硝磺局，曰特捐，曰營業稅，牙帖捐章程分上中下三等，偏上額定牙捐洋三百元，偏中額二百元，偏下額一百元，短期牙捐洋三十元，長期以十年爲限，短期以一年爲限，年收牙帖捐約洋二千餘元，印花稅，向由商會代收，近由省局派員駐縣經理，每月約銷數百元，菸酒，屠宰，硝磺，營業，年年增加，無法考察，所謂「特稅」，即煙灯捐，與販賣稅，最近棗陽西，北，東各區，大種鴉片，有所謂「窩捐」，及不種煙之「懶捐」，其收入額，爲十數萬元，而中飽者不與焉。

第二十課　武備

邱東陽云、東陽居天下之中、當南北之衝、俗尚義俠、人輕戰鬭、昔光武以八千子弟、首舉義旗、平林陳牧湖陽馬武應之、一時風發雲湧、不數年間、掃清六合、帝里親近、牧豎皆王侯也。宋室南遷、恃襄棗爲門戶、金人虎視鯨吞、勢必欲假道於棗、始則圍城八十餘日、繼則三月七十餘戰、孟德夫父子先後守棗陽、募壯士三萬人、屯田十萬頃、隨方抗禦、卒使金訛可單騎逃遁、不敢復來、棗民之有勇知方、亦風氣使然也。咸豐之季、洪陽餘黨、屢肆蹂躪、始而民不知兵、聞風逃竄、迨後人懷義憤、念切同仇、於是有界牌口觀音坡之大戰、民二白匪陷城以來、全縣城鎮、屢遭匪刼、東北鄉界唐桐、更爲匪人出沒頻繁之區、人民出而自衞、於軍事則前有衞紳寅賓之鄉團、現有鹿頭鎮之保安合作社、時勢造英雄、信哉斯言。

第二十一課　匪患

棗陽位南北要衝、民俗强悍、漢代赤眉、綠林、清朝白蓮教匪、襄邑紅巾土匪、咸同間洪楊餘黨、均擾竄縣境、攻破城寨、荼毒庶民、爲狀至慘、史載赤眉掠唐子鄉、多所殘殺、相傳捻匪竄棗陽、鷄犬不寧、但時代久遠、目未親覩、居今思昔、則唯太息。民國二年、白狼陷棗城、入住縣公署、羣匪帕首握刀、衣婦女服、髮辮垂々、形狀至詭異、初入城意在刼掠後即去、不意鄂軍、豫軍、奉軍繼至、圍而不攻、匪則逍遥城中、日以魚肉小民爲事、事後調查、居民死九十二人、民三白狼竄棗北、袁家寨鄉團禦之、匪怒而攻寨、破之、團首周景山父子遇害、同時死難者百數十人。自後豫匪高保勝、宗萬林、老洋人、安漿糊等、先後破城寨、匪跡所至、閭里爲墟。鹿頭鎮於民國十四年元月八日、爲安匪攻破、拉去肉票百五十名、詳見邑人馬伯援著銜恤錄、較之『多所殘殺』、『鷄犬不寧』、則相去何止十百千里。

第二十二課　國防上

舊志云、粤逆捻匪、迭次滋擾、鄉民不堪、築石土各寨計百七八十處以禦之、得力甚大、惟是寨堡固所以衞民、而團練尤所以衞砦、自古謂客兵不如增主兵、而設主兵又不如練鄉兵、盖鄉兵以本土之人、守望相助、資費旣省、招集亦易、勝於客兵萬萬也、寨分大中小三等、各練鄉勇一百、二百、三百、造具花名清册、居常仍各營生業、有暇則相聚操習、以砦首一人領之、量捐經費以爲津貼練勇之用、又於附近衆砦之中、擇一砦爲總領、使其聯絡衆砦、聲息相通、遇有警報、縣發總領、總領發衆砦、一聞號令、頃刻立至、小警則止發近砦、大警則四鄰畢集、此卽古『寓兵於農』之意、誠能同心共濟、互相應援、則一縣之內、如身使臂、如臂使指、統計各砦練勇、不下五六萬人、卽有寇盜突入、腹背受敵、未有不敗者也。

第二十三課　團防下

團防保甲、自古有之、清咸豐二年、令各省仿照嘉慶年間堅壁清野之法、辦理團練、以資保衞。民國五六年、頒布保衞團組織大綱、吾棗縣鄉鎭、無處無有、結果不能禦匪而轉資匪者、辦理不善耳。查團防特長、曰寓兵於農、曰便於調遣、因此則無惡不作矣。記者洞悉此中因果、主張保安合作社、附於產業合作、何則、保安合作社之範圍、以產業合作社爲集團、無彼此之分、亦無爭奪之弊、保安合作社之經費、以產業合作社爲本源、無索擾之事、亦無困乏之虞、保安合作社之人員、即產業合作社之分子、各有正業、利害一致、有變則禦匪、無故則作工、既無所謂勢力可以憑藉、亦無所謂名義可以假借、蓋保安合作社、乃生產民衆自給自衞之最新最良組織、有百利而無一害、以與團防相較、眞有天上地下之別。

第二十四課　藝文

漢光武者、能文之士也、其報臧宮馬武詔、不僅文章古老、且用意極善、特錄於右、以終吾之鄉土誌焉。其詞曰、『黃石公記曰、柔能制剛、弱能制彊、柔者德也、剛者賊也、弱者、仁之助也、彊者、怨之歸也、故曰有德之君、以所樂樂人、無德之君、以所樂樂身、樂人者其樂長、樂身者不久而亡、舍近謀遠者、勞而無功、舍遠謀近者、逸而有終、逸政多忠臣、勞政多亂人、故曰務廣地者荒、務廣德者彊、有其有者安、貪人有者殘、殘滅之政、雖成必敗、今國無善政、災變不息、百姓驚惶、人不自保、而復欲遠事邊外乎、孔子曰、吾恐季孫之憂、不在顓臾、且北狄尚彊、而屯田警備、傳聞之事、恒多失實、誠能舉天下之半、以滅大寇、豈非至願、苟非其時、不如息人』。且尊崇嚴子陵爲人、不强之仕、後漢氣節、賴之振興者不少、光武所遺於吾人者、豈僅武功乎、願讀者三致意焉。

附汪全邦君傳

汪君全邦、鹿鎮人也。幼失怙恃、家貧、工於馬宅、民國十四年、從馬伯援先生赴日本、充中華留日基督教青年會厨房工人、日工夜讀、不數年能閱報紙、寫白話信、進步甚速。民國二十年、日軍侵東四省、留日學生、紛紛歸國、汪君憤日本横暴、亦思旋里、適其頸生瘡、恐歸後不便就醫、乃於十月十三日、入慶應醫院割治、因出血過多、當晚長逝、時年二十八歲、殊可惜也。翌晨火葬、檢收遺灰、送回故里。其生平所集二千餘金、均由辛苦得來、中華留日基督教青年會、爲愼重保管起見、特請馬伯援陳良魁楊仁壽三先生爲保管委員會委員、決定以一部分贍養其親、餘則均存漢口上海銀行、每年以利息二百元、補助地方青年教育經費、以資勸奬、並爲汪君永留記念。現馬伯援先生考查本鄉沿革、多擇尤發揚、特手編『棗陽縣鄉土誌』、全書二十四課、擬分給各小學、作爲教材、付印五百册、價約國幣六十圓、商得各委員同意、支用前項利息、以符補助後進之初衷、因述其事、並揭汪君之小照於後、以勸世之富者。

中華民國二十一年五月　孝感楊仁壽誌於東京

二六

汪全邦君遺像